Elke Pahud de Mortanges

Unheilige Paare?

ELKE PAHUD DE MORTANGES

Unheilige Paare?

Liebesgeschichten, die keine sein durften

KÖSEL

Hinweis

Die Originalzitate dieses Bandes sind in aller Regel der aktuellen deutschen Rechtschreibung angepasst, um ein einheitliches Bild zu erzeugen. Ausnahmen finden sich lediglich dort, wo die Protagonisten einen deutlich eigenen Umgang mit Schriftsprache hatten, wie etwa Martin Luther und Anna Katharina Emmerick.

MIX
Papier aus verantwortungsvollen Quellen
FSC® C014496

Verlagsgruppe Random House FSC-DEU-0100
Das für dieses Buch verwendete FSC®-zertifizierte Papier
Munken Premium liefert Arctic Paper Munkedals AB, Schweden.

Umschlag: Monika Neuser, München
Umschlagmotiv: Lucas Cranach d.Ä. (1472-1553), Galleria degli Uffizi, Florenz © akg-images, Berlin
Druck und Bindung: GGP Media GmbH, Pößneck
Printed in Germany
ISBN 978-3-466-37006-1

Weitere Informationen zu diesem Buch und unserem gesamten lieferbaren Programm finden Sie unter
www.koesel.de

Inhalt

Vorwort

Als im Dezember 2008 in der Neuen Zürcher Zeitung mein Beitrag zur Edition des Briefwechsels zwischen dem verheirateten reformierten Theologen Karl Barth und seiner Mitarbeiterin und Lebensgefährtin Charlotte von Kirschbaum unter dem Titel »Das strengste Urteil wider mein irdisches Leben« erschien, hat dieser ein unerwartet großes Echo gefunden. Dies auch, aber nicht in erster Linie bei Fachtheologen, sondern namentlich bei Menschen, die sich nach eigenem Bekunden ansonsten nicht besonders für Religion, Theologie und Kirche interessieren. Wer wollte leugnen, dass sich dieses Interesse auch einem klitzekleinen Hauch Voyeurismus verdankte, ist doch die Ménage à trois, die Barth mit seiner Ehefrau Nelly und Charlotte lebte, etwas, das man eher unter Künstlern, nicht aber in Theologen- und Kirchenkreisen erwartet.

Dieses Interesse aber bloß als vermeintliche Bestätigung der journalistischen Maxime »sex sells« zu verbuchen, greift zu kurz. Denn in vielen Gesprächen wurde deutlich, dass diese Geschichte vor allem auch deshalb so in ihren Bann zieht, weil die Leidenschaft zweier Menschen füreinander, weil das damit verbundene Leiden dreier Menschen aneinander unentwirrbar verwoben ist mit ihren religiösen Optionen und theologischen Passionen. Die vermeintlich nur private (Liebes-)Geschichte öffnet den Blick auf die konkreten Zeitumstände, auf die religiösen Lebenswelten und die theologischen Denkräume, die diese Menschen bewohnten, die sie prägten und die sie ihrerseits gestalteten. In diese Welten und Räume gelangt man, ohne dass historisches oder theologisches Vorwissen nötig wäre, über die theologische Hintertreppe.

Weil ich zudem öfters ein fragend-staunendes »Ach was?« hörte, wenn ich erwähnte, dass das lebenslange verzweifelte Ringen der beiden Theologenköpfe Karl Barth und Charlotte von Kirschbaum um eine Lebensform für ihre Liebe keineswegs so singulär ist, wie man vielleicht meinen könnte, habe ich mich ermutigen lassen, den Weg der theologischen Hintertreppe weiter zu beschreiten und dieses Buch über acht Paare zu schreiben, deren weltliche und geistliche Lebensentwürfe bis heute in der Geschichte des christlichen Lebens und Denkens ihren Zauber entfalten.

Beim Schreiben dieses Buches haben mich mehrere Menschen begleitet, denen ich an dieser Stelle danken möchte. Meinem Mann, Professor Dr. René Pahud de Mortanges, der mir in seiner liebenden Zugewandtheit und treuen Weggefährtenschaft immer neu Raum gibt und mich trägt und trägt und trägt. Frau PD Dr. Kathrin Utz Tremp, die mir in meinen Schweizer Jahren zur wichtigen Gesprächspartnerin und treuen Freundin geworden ist und die auch das Entstehen dieses Buches durch konstruktive Kritik begleitet hat. Herrn Winfried Nonhoff, der ohne Zögern und mit berührender Begeisterung sich das Buchprojekt zu eigen gemacht und kurz vor seinem Weggang die Tür zum Kösel-Verlag weit geöffnet hat, sowie Frau Silke Foos, die als Lektorin die Drucklegung des Manuskripts mit Verve, Sachverstand und großem Engagement vorangetrieben hat.

Greng, im März 2011
Elke Pahud de Mortanges

Einleitung

Dass das Herz weit und ohne Grenzen wird in der Begegnung und im Austausch mit einem menschlichen »Du«, das ist eine Erfahrung, die die acht Paare, die in diesem Buch porträtiert werden, verbindet. Es sind Paare aus der christlichen Frömmigkeitsgeschichte, deren Wege sich zu verschiedenen Zeiten in unterschiedlichen geografischen und geistigen Räumen gekreuzt und bisweilen lebenslang verbunden, bisweilen aber auch nach einiger Zeit wieder getrennt haben. Ihrer Wegespur folgend durchschreiten wir nicht nur ein ganzes Jahrtausend, sondern auch halb Europa und gelangen nach Wittenberg und Dülmen (Deutschland), nach Innsbruck (Österreich), nach Annecy, Dijon und Paris (Frankreich), nach Basel (Schweiz) und nach Assisi und Rom (Italien).

Die Menschen, die wir an diesen Orten antreffen und deren Zwiegespräch von Herz zu Herz wir lauschen werden, sind alle sehr verschieden. Sie sind religiöse Schriftsteller, Ordensmänner, Bischöfe und Theologieprofessoren, sie sind Ordensfrauen, Ehefrauen, Mütter, Ärztinnen, Mystikerinnen und Schriftstellerinnen. Manche von ihnen sind noch sehr jung, andere sind bereits in der Lebensmitte angekommen, wieder andere stehen schon am Beginn des âge d'or, als ihre Wege sich kreuzen. Doch so verschieden die Lebensalter und die Zufahrtswege auch sind: Gemeinsam ist diesen Menschen, dass sie sich im Du des anderen suchen und finden und dass diese ihre Passion füreinander untrennbar verwoben ist mit ihrer religiösen Suche und ihrer Passion für den christlichen Weg. Gemeinsam ist ihnen auch ein inneres Wissen, wonach Gott selbst es war, der sie zusammengeführt und einander gegeben hat.

Gestalt und Kontur gewinnen diese Paare der christlichen Frömmigkeitsgeschichte für uns auch heute noch dort, wo sie miteinander im Zwiegespräch waren oder sich und anderen voneinander erzählten: so in ihren Briefwechseln, ihren autobiografischen Skizzen und Erinnerungen. Hunderte Briefe hat so manches dieser Paare über die Jahre hinweg ausgetauscht. An nur einem einzigen Tag flogen bisweilen vier oder fünf Briefe von Herz zu Herz. Unzählige der bisweilen mit großer Ungeduld erwarteten Briefe wurden im Nachhinein wieder verbrannt oder zumindest für die Edition bereinigt.

Der Zustand der Quellen sowie der Zugang zu ihnen ist für jedes Paar verschieden. Ihn gilt es jeweils mitzubedenken, wenn wir diese Zeugnisse zum Sprechen bringen und ihnen lauschen, um zu erfahren, wie diese Menschen sich selbst sahen, welche amourösen und religiösen Passionen sie antrieben und welche sie teilten. Was die wissenschaftliche Forschung darüber an den Tag gebracht hat, das fließt elementar in die einzelnen Porträts ein und wird am Ende eines jeden Kapitels auch in einem Verzeichnis der verwendeten Literatur offengelegt. Da dieses Buch sich mehr als journalistisch-literarischer denn als theologisch-wissenschaftlicher Beitrag versteht und sich nicht vornehmlich an ein Fachpublikum richtet, wurde auf Einzelnachweise im Text verzichtet. Lediglich jene Zitate, in denen die einzelnen Protagonisten (vermeintlich oder wirklich) selbst zu Wort kommen, werden aus den Quellen in Fußnoten am Ende des Buches belegt.

Das Miteinander und auch das »Ohne-einander« dieser Menschen, die geteilte ebenso wie die verschmähte oder nachgetragene Passion füreinander, das alles hat seine je eigene Färbung und seinen unverwechselbaren Ton. Ob frech und kokett oder blumig und tragend, ob leise und innig oder kraftvoll und direkt, das ist natürlich auch eine Sache des Temperaments und der Charaktere dieser Menschen. Es ist zugleich aber auch Widerhall der gesellschaftlichen Gepflogenheiten, der religiösen

Mentalitäten und der politischen Rahmenbedingungen der Zeiten, in denen diese lebten und sich als Paar fanden (und wieder verloren).

Das intellektuelle und geistliche Format wie auch das Mundwerk der Ordensgründerin Heloise und des theologischen »Shootingstars« Abaelard im 12. Jahrhundert sind fraglos ganz andere als die der beiden Ordensgründer Johanna Franziska von Chantal und Franz von Sales in den wirren Zeiten der Gegenreformation im 16./17. Jahrhundert. Selbstentwurf und Weltverhältnis der Ärztin und Mystikerin Adrienne von Speyr und des katholischen Theologen Hans Urs von Balthasar im Basel des 20. Jahrhunderts unterscheiden sich erheblich vom dem der ehemaligen Nonne Katharina von Bora und des Reformators Martin Luther im Wittenberg des 16. Jahrhunderts. Damit zumindest andeutungsweise deutlich werden kann, dass und wie das Suchen und Finden, das Fragen und Sehnen dieser Menschen sich auch den gesellschaftlichen und religiösen Kontexten ihrer Zeit verdankt, wurden den Porträts kleine Informationskästen beigegeben. Diese wollen kurze Sachinformationen zu biografischen Details oder (kirchen-)politischen Hintergründen beisteuern, ohne den Anspruch zu erheben, erschöpfend zu sein.

Auch das ist zu sagen: Nicht alle Paare und Paarungen, die in diesem Buch porträtiert werden, sind Neuentdeckungen. Die Geschichte von Heloise und Abaelard oder die von Klara und Franz von Assisi sind nicht nur weithin bekannt, sie sind auch wieder und wieder erzählt worden. Doch gerade weil im Prozess des Erzählens die »Wahrheit der Geschichte« sich mehr und mehr mit der »Wahrheit der Legenden und Geschichten« verwoben hat, lohnt es sich auch heute noch, über die theologische Hintertreppe nach Frankreich und ins umbrische Spoletotal zu gehen und die Wege dieser beiden Paare erzählend zu bedenken. Andere Paare dieses Buches sind hingegen bis heute immer noch mehr oder weniger unbekannt. Namentlich bei den drei Paarungen des 20. Jahrhunderts war es in Theologen- und Kirchenkreisen lange Zeit üblich, zumindest im öffentlichen Raum über ihre Verbindung zu schweigen. Man glaubte – und glaubt zum Teil noch heute –, dies tun zu müssen, da man sonst nur Öl ins Feuer und vor allem Wasser auf die Mühlen der Verächter der Religion schütte, die deren Geschichte allzu gerne als Chronique scandaleuse geschrieben sehen. Hinter vorgehaltener Hand wurden freilich die vermeintlich pikanten Details genüsslich breitgetreten. Zeitlich weiter zurückliegende Paarungen waren da schon immer etwas unverfänglicher. Vermeintlich oder wirklich Anstößiges ließ sich kurzerhand aus den Quellen streichen. Den verbleibenden Rest überzog man interpretationsreich mit hagiografischem Firnis und projizierte ein Idealbild der exklusiven Gottespassion in den Religionshimmel.

Denn leicht wird in der christlichen Frömmigkeitsgeschichte, ganz gleich ob es sich um Protestanten oder Katholiken handelt, das zum moralischen Debakel, was in der Welt des kreativen Schaffens dem Künstler fraglos eingeräumt wird: dass das religiöse und intellektuelle Suchen eines Menschen ebenso wie sein schöpferisches Schaffen sich nicht nur dem Eros des Glaubens und des Denkens, sondern auch dem Eros des Begehrens verdankt. Und dass die Passion für ein Werk und die Hingabe an eine Sache sich bisweilen mit der Passion für ein menschliches »Du« verschränkt und vermischt. Ein solches Verwobensein wird bei den Paaren und Paarungen dieses Buches nur demjenigen zum Anstoß, der sie mit dem Nimbus des Lauteren und (sexuell) Reinen umgibt und der sie zu Ikonen des Solitären stilisiert. Der meint, ihr geistlicher Lebensentwurf, ihr gläubiges Denken und ihre kirchenamtlich verbriefte Heiligkeit könnten ihr Gewicht und ihre Bedeutung allein aus dem Umstand beziehen, dass sie vermeintlich nur und ausschließlich Gott liebten.

Nachgetragene Liebe

Heloise (um 1099–1164) und
Abaelard (wohl 1079–1142)

»Mag dir der Name ›Gattin‹ heiliger und ehrbarer scheinen, mir war allzeit reizender die Bezeichnung ›Geliebte‹ oder gar – verarg es mir nicht – deine ›Konkubine‹, deine ›Dirne‹.«[1] Diese Worte aus dem Mund der geistlichen Ordensfrau und Äbtissin des Paraklet-Klosters Heloise, die (wohl) Ende des 11. Jahrhunderts zur Welt kam, haben, wie ein Beobachter ebenso treffend wie süffisant bemerkte, auch heute nichts von der in ihrer Eindeutigkeit liegenden Delikatesse verloren. Seitdem sie ausgesprochen wurden, sind acht Jahrhunderte vergangen, während derer sie, so der Beobachter weiter, wieder und wieder zitiert und zum pikanten Detail einer großen Liebe und eines noch größeren Skandals avancierten. Zusammen mit anderen Auszügen aus Heloises Briefen sind sie Teil einer ebenso langen wie widersprüchlichen Wirkungs- und Rezeptionsgeschichte, die ihren Auftakt im Pariser Milieu des beginnenden 13. Jahrhunderts nimmt. Jean de Meun († 1305) war der Erste, der in seinem »Roman de la rose« Heloise als Verfechterin der freien Liebe feierte. Weitere literarische Bezugnahmen aus der Feder von Alexander Pope, Jean-Jacques Rousseau, Alfred de Musset, Rainer Maria Rilke sollten folgen. Doch was von den einen als erotisches Exempel und Verkörperung der »amour-passion« schlechthin gefeiert wurde, wurde von anderen als Inbegriff weiblichen Verfallenseins an die Sünde degoutiert und inkriminiert.

Abaelard – ein intellektuelles Schwergewicht

Der, dem die eingangs zitierten Worte galten, ist einer der bedeutendsten Köpfe und Denker des Mittelalters: Abaelard (auch Abaillard, Abélard, Abaelardus), mit Tauf- und Klerikernamen

Petrus (Pierre), der 1079 in Le Pallet unweit von Nantes in der Bretagne zur Welt kommt. Sein Erbe, den Herrensitz seines Vaters, des Ritters Berengar, auf den er als Erstgeborener Anrecht gehabt hätte, schlägt er zugunsten seiner Brüder aus. Er legt die »Waffenrüstung« nieder, entsagt damit dem Rittertum – »dem Hof des Mars« – und lässt sich »im Schoße Minervas« erziehen. Kurz, er begibt sich in die »Rüstkammer der Dialektik« und wird Philosoph, genauer »ein Nacheiferer der Peripatetiker«[2]. Nach Lehr- und Wanderjahren in der Provinz (Loches, Angers und Tours) kommt er endlich nach Paris und wird dort schließlich an der Schule auf dem Mont Ste Geneviève ein ebenso bedeutender wie begnadeter Lehrer. Er hält Logik-Vorlesungen und er ist – und er weiß es auch und rühmt sich dessen – »hoch gefeiert«[3]. Studenten strömen scharenweise in die Stadt am Seine-Ufer. Bald wird die Rive gauche, wo zuvor noch terrassenförmig angelegte Weinberge Frucht brachten, zum »Ufer der Intellektuellen« – und noch viel später zum berühmten Quartier latin.

Dieser Abaelard, der in der Literatur nicht nur als intellektuelles Schwergewicht, sondern auch als selbstverliebter, arroganter und erfolgssüchtiger Gipfelstürmer beschrieben wird, war nicht nur Heloises Hauslehrer, er wurde auch ihr Liebhaber und der Vater ihres Sohnes Astralabius (Astrolabius). Mehr noch: Der Philosoph wurde zu ihrem (in aller Heimlichkeit) angetrauten Ehemann und, nach dem traumatischen Widerfahrnis seiner Entmannung, Mönch. Alles in allem eine wilde und dramatische »story of sex and crime« eines Liebespaares, das gleich Romeo und Julia nicht zueinanderkommen konnte. Dem nur ein kurzes Glück aus Liebe, Leidenschaft und Wollust gewährt war und dessen Geschichte bis auf den heutigen Tag zur Projektionsfläche sowohl unglücklicher wie glücklicher Liebe taugt. Ob glücklich oder unglücklich – sie war, wovon noch zu sprechen sein wird, auf jeden Fall eine nachgetragene Liebe.

Autobiografie und Briefwechsel – echt oder nicht?

Diese Liebesgeschichte ist einerseits in der Autobiografie Abaelards – der »Historia calamitatum« – und andererseits im Briefwechsel zwischen Abaelard und Heloise dokumentiert. Wer nach ihrem historischen Verlauf fragt, kommt nicht umhin, sich der nicht nur im 20. Jahrhundert, da aber besonders intensiv geführten Echtheits- und Verfasserschaftsdebatte zu stellen.

> Die Autobiografie Abaelards, für die sich in der Rezeptionsgeschichte der Name »Historia calamitatum« eingebürgert hat, hat die Form eines Briefes. Sie ist an einen namentlich nicht genannten Freund gerichtet, dem Abaelard durch den Bericht über sein eigenes Schicksal Trost spenden will (»ad amicum suum consolatoria«). Per Zufall gelangt dieser Trostbrief Abaelards in die Hände von Heloise. Seine Lektüre weckt in ihr den alten Schmerz und schlägt neue Wunden. Sie ergreift die Initiative und schreibt Abaelard. In der Folge tauschen die beiden (wohl) zwischen 1133 und 1135 elf Briefe. Ursprünglich (vermutlich) selbstständig, wurde der Trostbrief später dem Briefwechsel zwischen Abaelard und Heloise eingefügt respektive ihm als erster Brief vorangestellt. Die erste Edition des Briefwechsels im Rahmen einer Gesamtausgabe des Oeuvres Abaelards aus dem Jahre 1616 wurde prompt auf den römischen Index der verbotenen Bücher gesetzt – nicht zuletzt wegen Heloises vermeintlicher Verstocktheit und verächtlichen Haltung gegenüber der Ehe.

Die Fragen der Forschung sind vielfältig: Inwiefern kann man diesen literarischen Repräsentationen der historischen Liebesbeziehung trauen? Ist die Autobiografie wirklich aus der Feder –

und nur der Feder – Abaelards geflossen? Ist sie ein Dokument des 12. Jahrhunderts oder nicht doch vielmehr eine Quelle aus dem 13. Jahrhundert, sind doch alle überlieferten Handschriften ausschließlich in letzteres zu datieren? Handelt es sich bei den Briefen wirklich um Heloises und Abaelards eigene Worte? Ist ihr Briefdialog, ihre Wechselrede, ihr Einander-Befragen und Sich-Austauschen manipuliert? Ist er womöglich ganz und gar fiktional komponiert oder ist er die Abaelards und Heloises Feder entsprungene dichterische Dramatisierung faktisch stattgehabter Vorgänge? Gibt es (k)ein historisches Original? Ist der Briefwechsel, wie von der Forschung gemutmaßt, eine redaktionelle »Bricolage« – aber wessen?

Das Spektrum der Antworten, die die Wissenschaft präsentiert, reicht von »zu schön, um nicht wahr zu sein« bis »zu schön, um wahr zu sein«. Und auch das wurde gefolgert: dass selbst bei historischer Unechtheit der Briefwechsel doch zumindest ein »gefühlsechtes« Zeugnis sei, was immer das auch heißen mag. Als einigermaßen gesichert darf wohl nur gelten, dass, so wurde formuliert, das Briefkorpus, wie es sich heute präsentiert, keine reale, im Originalzustand überlieferte Privatkorrespondenz ist. Wenn im Fortgang mehrfach auf Abaelards Autobiografie und den Briefwechsel der beiden zurückgegriffen und daraus zitiert respektive darauf rekurriert werden wird, steht dies unter dem Echtheits-Vorbehalt (und all den anderen Vorbehalten) der Forschung.

»Mit allem geschmückt, was Liebhaber anzulocken pflegt«

Wir schreiben das Jahr 1116 oder 1117. Abaelard hält mit großem Erfolg nicht nur Logik-Vorlesungen, sondern auch theologische Vorlesungen auf dem Mont Ste Geneviève. Seine Schülerzahlen wachsen rasant. Er ist, noch nicht einmal 40-jährig, auf dem Zenit seines öffentlichen Lehrens. Er weiß um seine Berühmtheit ebenso wie um seine Attraktivität als Mann. Er muss bei der Damenwelt »keine Zurückweisungen«[4] fürchten, wie er in seiner Autobiografie sagen und was ihm auch seine spätere Geliebte und Ehefrau Heloise bescheinigen wird: »(...) wo ist der König oder der Weise, der dir an Ruhm gleichkäme? Welches Land, welche Stadt, welches Dorf war nicht darauf erpicht, dich zu sehen? (...) Sehnte sich nicht jede Frau, jedes Mädchen nach dem Abwesenden? Glühten sie nicht alle für den Anwesenden? Welche Fürstin, welche hohe Dame beneidete mich nicht um meine Freuden, um das Lager meiner Liebe.«[5]

Auch Heloise steht im Ruf außergewöhnlicher Klugheit und Schönheit. Hinsichtlich ihrer Bildung übertrifft sie alle anderen Frauen. Abaelard macht aus seinen eindeutigen Absichten ihr gegenüber keinen Hehl. »Sie, die ich mit allem geschmückt sah, was Liebhaber anzulocken pflegt, gedachte ich nun, da sie eher willfährig war, zur Liebe an mich zu fesseln.«[6] Die Herkunft dieser ebenso intelligenten wie schönen jungen Frau, die gerade mal um die 18 Jahre alt ist, als der 20 Jahre ältere Abaelard sie lieben lernt, liegt im Dunkeln. Bleiben Mutmaßungen, die so manches »wohl« für sich haben, nur eines nicht, den sicheren Beweis. Wohl im letzten Jahr des 11. Jahrhunderts im Norden von Anjou geboren, ist sie wahrscheinlich das Kind einer Nonne, genauer der Adeligen Hersendis de Champagne. Diese war seit 1087 verwitwet und hatte vier oder fünf Jahre vor Heloises Geburt mit ihrem bisherigen Leben gebrochen. Zusammen mit dem Prediger Robert d'Abrissel gründet sie ein Doppelkloster in Fontevrault und wird Priorin der Chornonnen. Ihre Tochter Heloise, die sie wohl als Nonne zur Welt bringt, wächst zunächst im Kloster Notre-Dame d'Argenteuil auf. In der dem Kloster angegliederten Schule wird das Fundament für Heloises erstaunliche Bildung gelegt. Sie erhält ihr intellektuelles Rüstzeug, lernt Griechisch und Hebräisch und wird in der Heiligen Schrift und in den Lehren der Kirchenväter unterwiesen. Auch lernt sie weltliche Autoren wie Ovid und Seneca kennen, wovon später die Briefe der erwachsenen Heloise zeugen werden.

»Keine Stufe der Liebe ließen wir Leidenschaftlichen aus«

Um das Jahr 1116/17 findet das Mädchen Aufnahme bei Hersendis mutmaßlichem (Halb-)Bruder Fulbert, seines Zeichens Domkanoniker an der Kathedrale Notre-Dame in Paris. Diesem ist sehr an einer angemessenen Erziehung seiner talentierten Nichte gelegen. Er engagiert den intellektuellen Kopf Abaelard nicht nur als ihren Hauslehrer, sondern er öffnet ihm auf dessen Begehr hin auch die Türen seines Hauses und nimmt ihn als Logiergast bei sich auf. »Er überließ sie (...) ganz und gar meiner Erziehung und bat mich obendrein dringend, ich möchte doch ja alle freie Zeit (...), sei's bei Tag oder bei Nacht, auf ihren Unterricht verwenden«.[7] Wenn er spüre, dass sie nachlässig und unaufmerksam sei, so solle er nicht zögern, sie rücksichtslos zu züchtigen.

Es kommt, wie es kommen musste. »Unter dem Deckmantel der Unterweisung gaben wir uns ganz der Liebe hin, und unsere

Beschäftigung mit Lektüre bot uns die stille Abgeschiedenheit, die unsere Liebe sich wünschte. Da wurden über dem offenen Buch mehr Worte über Liebe als über Lektüre gewechselt; da gab es mehr Küsse als Sprüche. Nur allzu oft zog es die Hand statt zu den Büchern zu ihrem Busen, und öfter spiegelte Liebe die Augen ineinander, als dass die Lektüre sie auf die Schrift lenkte. (...) Kurz: Keine Stufe der Liebe ließen wir Leidenschaftlichen aus.«[8]

Schwangerschaft – Niederkunft – Heiratspläne

Heloises Onkel ist der Letzte, der von dem Geschehen unter seinem Dach erfährt. Er ist entsetzt. Abaelard wird des Hauses verwiesen. Als Heloise ihren Geliebten »in der höchsten Freude«[9] von der Schwangerschaft unterrichtet, entführt er sie kurzerhand des Nachts aus dem Haus des Onkels. Er bringt sie zu seiner Schwester Dionysia in die Bretagne, wo Heloise die ganze Schwangerschaft über als (verkleidete) Nonne verbringt. Ihrem Sohn geben sie den vieldeutigen Namen »Astralabius«.

Der Name »Astralabius« (teilweise auch »Astrolabius« geschrieben) wird in der Literatur verschieden gedeutet. Meist wird eine Verbindung zu dem gleichnamigen Messinstrument, das im 12. Jahrhundert in der Astrologie in Gebrauch war, abgelehnt. Aus dem Griechischen herleitend übersetzt man ihn mit »einer, der nach den Sternen greift«. Im 19. Jahrhundert findet sich die Bedeutungszuschreibung »Schatten auf der Sonne«, insofern der unehelich gezeugte Sohn einen dunklen Schatten auf die Lichtgestalt des berühmten Vaters wirft. Die Schriftstellerin Luise Rinser, die uns in einem späteren Kapitel dieses Buches wieder begegnen wird, hat in ihrem Ende des 20. Jahrhunderts entstandenen Roman »Abaelards Liebe« Astralabius als Anagramm auf Abaelard entschlüsselt und diesen zum Erzähler der Geschichte von Heloise und Abaelard gemacht. Ob Abaelard in den späten 30er-Jahren des 12. Jahrhunderts wirklich selbst den »Carmen ad Astralabium«, ein umfangreiches Lehrgedicht an seinen Sohn (»Astralabi fili, vite dulcedo paterne«), geschrieben hat, darüber herrscht in der Forschung Uneinigkeit.[10]

Dem hintergangenen und gekränkten Onkel bietet Abaelard schließlich an, dessen Nichte zu heiraten, allerdings unter der Bedingung, dass die Vermählung geheim gehalten werde. Weshalb Abaelard auf der Geheimhaltung bestand, darüber ist in der Forschung viel gerätselt worden. War die Heirat mit Heloise für ihn das, was man eine Mesalliance nennt? War Heloise niedereren Standes als er, gar ein illegitimes Kind und somit vaterlos? Oder hinderte Abaelard kirchliches Recht an einer Heirat, weil er Kleriker war? Jedoch hieß damals Kleriker-Sein nicht automatisch auch Priester-Sein. Zwar trug man als Kleriker die Tonsur, man war jedoch nicht zum Zölibat verpflichtet. Allerdings durfte ein Kleriker nur eine Jungfrau, nicht aber eine Witwe heiraten. War die Heirat mit Heloise also in diesem Sinne inopportun, weil sie bereits Mutter und damit offenkundig keine Jungfrau mehr war?

Heloise will nicht geheiratet werden

Heloise zeigt sich ihrerseits wenig begeistert von Abaelards Angebot. Sie will gar nicht geheiratet werden. Während die einen betonen, Heloise habe Abaelards Ruhm als Philosoph nicht beeinträchtigen wollen, haben andere in Heloises Votum, wonach »die Liebe der Ehe und die Freiheit dem Zwang«[11] vorzuziehen sei, ein vermeintlich modernes Plädoyer für die freie Liebe lesen wollen. In der sogenannten »Heloisenrede« lässt Abaelard sie sagen, der Gelehrte könne sich nicht gleichzeitig der Philosophie und einer Frau widmen und mit ihr einen Hausstand gründen. »Was für ein Zusammentreffen! Schüler und Kammerzofen, Schreibtisch und Kinderwagen! Bücher und Hefte beim Spinnrocken, Schreibrohr und Griffel bei den Spindeln! Wer kann sich der Betrachtung der Schrift oder der Philosophie hingeben und dabei das Geschrei der kleinen Kinder, den Singsang der Amme (...), die geräuschvolle Schar männlicher und weiblicher Dienstboten ertragen? Wer wird die beständige widerliche Unreinheit der Kinder aushalten können?«[12]

Das vorhergehende Zitat gehört der sogenannten »Heloisenrede« an, die Abaelard in seiner »Historia calamitatum« Heloise in den Mund legt. Die Forschung legt Wert darauf zu betonen, dass diese »Heloisenrede« faktisch ein ganzes Sammelsurium unterschiedlichster Argumente antiker wie christlicher Provenienz ist, die alle dem einen großen Plädoyer wider die Ehe und für sexuelle Enthaltsamkeit dienen sollen. Heloises Plädoyer könnte aber widersprüchlicher kaum sein. Denn einerseits ermuntert sie Abaelard wortreich, ein enthaltsames Leben zu führen. Andererseits scheint sie aber an ihrem Status als seine Geliebte nichts ändern zu wollen.

Nichtsdestotrotz heiraten die beiden. Kaum jedoch ist die Eheschließung im Verborgenen – aber im Beisein von Heloises Onkel – erfolgt, bringt Abaelard Heloise ins Kloster. Und zwar dorthin zurück, wo sie einst ihr intellektuelles Rüstzeug erworben hat: nach Argenteuil. Dort wird die 20-Jährige mit dem Ordensgewand eingekleidet, was Fulbert und seine Verwandten glauben lässt, Abaelard habe sie »auf ganzer Linie getäuscht«, indem er Heloise gleich nach der Heirat »zur Nonne gemacht«[13] habe. Das ist so nicht der Fall. Im Gegenteil. Abaelard besucht sie dort und die beiden finden in einem dunklen Winkel des Refektoriums auch als Mann und Frau zueinander, was Abaelard später schamvoll eingestehen wird. »Als du nach unserer Verheiratung bei den Nonnen im Kloster Argenteuil lebtest, kam ich eines Tages privat, um dich zu besuchen, und du weißt wohl noch, was dort die Unbändigkeit meiner Leidenschaft mit dir trieb, und zwar in einem Winkel des Refektoriums selbst, da wir sonst keinen Ort hatten, wohin wir uns hätten zurückziehen können.«[14]

Die grausame Rache Fulberts

Für Heloises Onkel ist das Fass zum Überlaufen voll. Die Verbringung Heloises ins Kloster erzürnt ihn, glaubt er doch, dass Abaelard versucht, sich mit diesem Schachzug Heloises endgültig zu entledigen. Danach überstürzen sich die Ereignisse. Der sich getäuscht fühlende Kanoniker Fulbert sinnt auf Rache. Auf seine Veranlassung hin überfallen mit Geld bestochene Diener Abaelard des Nachts. Abaelard berichtet: Diese nehmen die »grausamste und beschämendste Rache« an ihm vor. »Sie beraubten mich der Körperteile, mit denen ich begangen hatte, worüber sie klagten.«[15] Die leibliche Schändung ist eine furchtbare öffentliche Demütigung für Abaelard. Sie wird die Zäsur schlechthin in seinem wie auch Heloises Leben sein, die sie noch weiter und anders voneinander trennen sollte, als das bislang schon der Fall ist. Der Weg beider führt nun scheinbar unweigerlich und definitiv ins Kloster.

Die Schmach und die Scham

Abaelard – physisch und psychisch verletzt – verliert sich zunächst in tiefer Scham über seine Verstümmelung. Scham und Schande plagen ihn mehr als der Schmerz der Wunde. Aus dem gefeierten Professor und begnadeten Redner, der von der Pariser Frauenwelt vergöttert wurde, ist von heute auf morgen ein körperlich wie seelisch gebrochener Mensch geworden. »Mir trat vor die Seele, in welchem Ruhm ich eben noch glänzte, wie leicht ein schändlicher Vorfall ihn niederwarf, ja ganz auslöschte. (…) Wie weit wird die Kunde von dieser seltenen Schmach die ganze Welt durchlaufen? Blieb mir überhaupt noch ein Ausweg? Wie konnte ich noch die Stirn haben, in der Öffentlichkeit zu erscheinen, da alles mit Fingern auf mich deuten, alles mit der Zunge über mich herziehen musste? Würde ich nicht allen ein ungeheuerliches Schauspiel bieten?«[16]

Er flieht die Stadt Paris mit ihrer intellektuellen Szene und sucht die abgeschiedenen Räume des Mönchsklosters Saint Denis. Wirklich heimisch wird er dort nie. Und als er zu alledem 1121 auf dem Konzil von Soissons auch noch wegen seiner vermeintlichen theologischen Irrtümer in der Frage der Dreifaltigkeit verurteilt wird und man ihn zwingt, »mit eigener Hand« sein Buch »ins Feuer zu werfen«[17], empfindet er dies als erneuten Akt der öffentlichen Demütigung, unter der er nach eigenen Angaben mehr leidet als unter der leiblichen Schädigung. Abaelard verlässt Saint Denis und zieht sich in die Einsamkeit in der Champagne zurück. Er erwirbt ein Gelände im sumpfigen Tal des Flusses Arduzon bei Nogent-sur-Seine.

Abaelard – Mönchsphilosoph und Philosophenmönch

Abaelard bleibt dort nicht lange allein. Bald schon schart sich um ihn eine Scholarengemeinde, die von ihm als Lehrer fasziniert ist und an seinen Lippen hängt. Die Kommunität wächst und trägt sich materiell selbst. »Als das meine Schüler erfuhren, begannen sie von allen Seiten zusammenzulaufen und, nachdem sie ihre Städte und Burgen verlassen hatten, die Einsamkeit zu bevölkern, statt geräumiger Häuser sich enge Hütten zu bauen, statt raffinierter Speisen wilde Kräuter und Schwarzbrot zu genießen, statt weicher Betten sich ein Lager aus Binsen und Stroh herzurichten, statt der Tische Rasenbänke aufzustellen.«[18] Das Ganze wächst sich zu einer regulären Lehranstalt aus, und Abaelard, der in »unerträgliche(r) Armut« lebt, wird von seinen Scholaren mit Naturalien bezahlt. Sie besorgen ihm alles, was er »an Nahrung und Kleidung« braucht. Sie bestellen auch die Felder und pflegen die Gebäude, damit »keine wirtschaftliche Sorge« Abaelard von der Wissenschaft abhalte.[19]

Dieser atmet auf. Er hat Schmach und Demütigung hinter sich gelassen. Nicht zuletzt deshalb, weil dieser gelungene Neubeginn sein Gemüt besänftigt und tröstet, gibt er »in dankbarer Erinnerung an diese Wohltat«[20] der Kapelle der Einsiedelei, die der Heiligen Dreifaltigkeit geweiht war, den Namen »Le Paraclet« (Tröster).

»Es war also nur gerecht« – Abaelards Relecture der eigenen Geschichte

Abaelard ist nicht nur deshalb besänftigt, weil er nun als Mönch zurückgefunden hat zur Rolle des Lehrers, der immer noch Anziehungskraft ausstrahlt. Mehr noch haben sein Intellekt und seine theologische Bildung es ihm erlaubt, die tief empfundene Scham über das Skandalon der Verstümmelung mit der Zeit religiös-theologisch zu deuten und zu verklären. Seine Leidensgeschichte, so die Forschung zu Abaelards autobiografischer Selbstdeutung, liest er als Läuterungsgeschichte, die den »weltlichen Skandal« ins Positive wendet und ihm zum »geistlichen Ansehen« gereicht. Er wird sagen können, dass das, was Gott damals an ihm getan habe – und in der Folge an Heloise –, schon nicht mehr Gerechtigkeit, sondern geradezu Gnade zu nennen sei angesichts der Schamlosigkeit ihrer beider Treiben. Nichts als Betrug und Verrat habe ihre unbändige Leidenschaft hervorgebracht. »Denn so sehr kettete mich die Glut der Begierde an dich (Heloise), dass ich jene elenden Genüsse, deren Namen uns schon erröten macht, Gott und mir selbst vorzog.«[21] Der »Ratschluss der göttlichen Liebe« aber habe ihre Gottlosigkeit göttlich gerichtet durch den »vollkommen gerechte(n) Schlag gegen einen Teil meines Lebens« und dadurch sei seine und Heloises Seele geheilt worden. »Vergleiche miteinander die Gefahr und die Art der Befreiung! Vergleiche die Krankheit und die Heilmittel!«[22] »So bin ich vollkommen gerecht und milde, wenn auch durch den schmählichen Verrat deines Oheims, auf dass ich in vielen anderen Stücken wüchse, um denjenigen Teil meines Körpers verkürzt, welcher der Sitz der Lust war und die Ursache meiner Begehrlichkeit. Es war also nur gerecht, dass das Glied getroffen wurde, das an mir das Ganze begangen hatte, und dass es durch sein Leiden sühne, was es durch seine Freuden verschuldet hatte: Dies hat mich an Leib und Seele von aller Unreinheit abgeschnitten, in die ich versunken war wie in einem Sumpf; und für den heiligen Dienst des Altars machte es mich umso tauglicher, als mich nun kein fleischliches Gelüste mehr störte.«[23]

Heloise wird Nonne und verweigert sich Abaelards Deutung

Heloise selbst hält dagegen. In ihrer intellektuellen Redlichkeit und Hartnäckigkeit wird sie sich ein Leben lang diesen Deutungs- und Spiritualisierungsversuchen verweigern. Sie trägt Abaelard – wovon ihre Briefe zeugen, so sie ihrer Hand entstammen – ihre Liebe in großer Unbeirrtheit nach. Zwar beugt sie sich seinem Willen und tritt 1119 in Argenteuil ins Kloster ein.

Doch noch mehr als eineinhalb Jahrzehnte später, als Äbtissin des Paraklet-Klosters, gesteht sie frank und frei, dass es nicht Frömmigkeit oder Liebe zu Gott, sondern Abaelards »Befehl allein« war, der sie »in blühender Jugend zur Düsternis des Klosterlebens hingezogen«[24] habe. »Gott weiß es, ich wäre auf deinen Befehl ohne Zögern, wenn du dich in die Hölle stürztest, dir vorangeeilt oder gefolgt.« Auf seinen Befehl hin habe sie »mit dem Gewand« auch ihre Seele umgewandelt, nur »um zu zeigen, dass du allein Herr meines Leibes und meiner Seele seist. Nichts habe ich bei dir gesucht – Gott weiß es – als dich selbst: Dich schlechthin begehrte ich, nicht das, was dein war. Kein Ehebündnis, keine Morgengabe habe ich erwartet; nicht meine Lust und meinen Willen suchte ich zu befriedigen, sondern den deinen, das weißt du wohl. Mag dir der Name ›Gattin‹ heiliger und ehrbarer scheinen, mir war allzeit reizender die Bezeichnung ›Geliebte‹ oder gar – verarg es mir nicht – deine ›Konkubine‹, deine ›Dirne‹.

Je tiefer ich mich um deinetwillen erniedrigte, desto mehr wollte ich dadurch Gnade bei dir finden und umso weniger gerade auf diese Weise dem Ruhm deiner Vorzüglichkeit schaden (...). Gott rufe ich an als Zeugen; wollte mich heute der Kaiser, der Herr der Welt, der Ehre seines Ehebetts würdigen und mir zusichern, für immer über die ganze Welt gebieten zu können; für süßer und würdiger achtete ich's, deine Buhlerin zu heißen als seine Kaiserin.« [25]

Zehn Jahre Schweigen und ein unverhofftes Ende

Seit der Trennung im Jahr 1119 haben Abaelard und Heloise keinen Kontakt mehr. Zehn Jahre lang wird kein Wort gewechselt, kein Brief getauscht. Viele Jahre später wird Heloise Abaelard genau dies vorhalten und ihn der Undankbarkeit bezichtigen. Während sie seinem Willen Gehorsam geleistet und nach dem Skandal ins Kloster eingetreten sei, habe er ihr jeden Trost und jedes Wort vorenthalten:

»Nur das eine sag mir, wenn du kannst: Warum ich nach unserem Eintritt ins Kloster, den du allein beschlossen hast, so sehr deiner Nachlässigkeit und Vergesslichkeit zum Opfer gefallen bin (...). Warum das? Sag es, wenn du kannst, oder ich spreche aus, was ich denke, ja, was jedermann argwöhnt! Ach! Begierde mehr als Freundschaft verband dich mir, Glut der Sinnenlust mehr als Liebe. Wo dahin ist, was du begehrtest, ist auch zugleich erloschen, was du um dessentwillen einst an den Tag legtest. Das, mein Geliebter, ist nicht etwa meine eigene Meinung, sondern die aller, keine besondere, sondern eine allgemeine, keine private, sondern eine öffentliche.«[26]

Da bringen die Ereignisse des Jahres 1129 Heloise und Abaelard unverhofft wieder miteinander in Kontakt. Das lange Schweigen hat ein Ende – doch nicht für immer. Der Grund dafür ist, dass der neue Abt von Saint-Denis plötzlich alte Besitzansprüche auf das Kloster von Argenteuil anmeldet und diese, gepaart mit dem Vorwurf des (vermeintlichen) unsittlichen, liederlichen Lebenswandels der Ordensfrauen, zum Anlass nimmt, diese des Ortes zu verweisen.

Das Paraklet-Kloster – Heloises neue Heimat

In dieser Notlage ist es Abaelard – der bereits seit zwei Jahren Abt des Klosters Saint-Gildas en Rhuys in der Bretagne ist –, der, als er davon Kunde erhält, ihnen nicht etwa nur vorübergehend Unterschlupf im verlassenen Paraklet-Kloster bietet, sondern es den Nonnen sogar schenkt. »Es begab sich nämlich, dass der Abt von Saint-Denis jenes Kloster Argenteuil, in welchem Heloisa, jetzt viel mehr meine Schwester in Christo als meine Gattin, einst den Schleier genommen hatte, mit allen Mitteln unter dem Vorwand, dass es von alters her unter die Gerichtsbarkeit von Saint-Denis gehört habe, an sich brachte und mit Gewalt den ganzen Konvent der Nonnen, deren Äbtissin meine Freundin gewesen war, vertrieb. Während diese sich nun heimatlos in verschiedene Richtungen zerstreuten, erkannte ich, dass der Herr selbst mir hier eine Gelegenheit biete, für mein Oratorium zu sorgen. Ich kehrte nun dorthin zurück und lud Heloisa mit den wenigen Nonnen aus der Kongregation, die noch an ihr hingen, nach dem Paraklet ein. Als ich sie dorthin geführt hatte, übereignete und schenkte ich ihnen das Oratorium mit allem, was dazugehörte.«[27]

Das in der Champagne gelegene, von Abaelard 1122 zunächst als Einsiedelei eingerichtete Paraklet-Kloster gibt es heute nicht mehr. Es wurde im Zuge der Französischen Revolution aufgehoben und bis auf die Grundmauern geschleift. Nach Abaelards Weggang im Jahr 1128 war es zunächst verwaist, bis die Nonnen von Argenteuil im Jahr darauf dort Unterschlupf fanden. Die Klostergründung wird 1131 von Papst Innozenz II. offiziell bestätigt. Heloise ist zunächst Priorin, ab 1136 Äbtissin der Frauengemeinschaft. Abaelard verfasst für die Klosterfrauen nicht nur die Ordensregel auf der Grundlage der Benediktinerregel, er schreibt für sie auch geistliche Lieder und Predigten. Das Kloster genoss außerordentliche Privilegien, hielten doch Könige und Päpste ihre Hand darüber.

Die Ordensfrauen siedeln sich im verlassenen Kloster »Le Paraclet« an, wobei die Lebensbedingungen zunächst äußerst dürftig und schwierig sind. Doch die Gründungsäbtissin Heloise mehrt mit glücklicher Hand das Vermögen ebenso wie das geistliche Ansehen der Ordensgemeinschaft. Es gelingt ihr, nicht nur die Schulden der Kommunität abzubauen, sondern darüber hinaus mächtige Gönner für das Kloster zu begeistern und großzügigste Schenkungen zu aquirieren: eine Mühle, ein Haus, einige Morgen Weinberge und Wiesen, Ländereien ebenso wie Nutzungsrechte von Wäldern und Seen, Wegrechte, aber auch jährliche Zinsen in Form von Hafer, Weizen und Hühnern.

Abaelards häufige Anwesenheit im Paraklet-Kloster bringt ihm schamlose Nachrede und »freche Beschuldigung« ein, wonach er »noch immer vom Bann sinnlichen Verlangens erfasst« sei und »den Verlust der einstigen Geliebten schwer oder überhaupt nicht verschmerzen« könne.[28] Diese Vorwürfe sucht Abaelard unter Hinweis auf seine körperliche Unfähigkeit zu sexueller Lust – als Folge der Kastration – zu entkräften. Wie, so fragt er, »da die göttliche Barmherzigkeit mich von solchem Verdacht befreit hat und mir die Fähigkeit, diese unsittliche Handlung zu begehen, geradezu genommen ist, wie bleibt da noch ein Verdacht zurück? (...) Dieser Zustand beseitigt ja doch sonst bei allen jeglichen Verdacht auf diese unsittliche Handlung so gründlich, dass, wer Frauen sorgfältiger beaufsichtigen will, Eunuchen zu diesem Zweck anstellt«[29].

Die Bitterkeit des Herzens

Zwar wurde das zehnjährige Schweigen gebrochen, wie der Briefwechsel der beiden zwischen den Jahren 1133 und 1135 wohl belegt. Letztlich wurde es aber nur unterbrochen. Der Klage Heloises überdrüssig, bittet Abaelard, sie möge doch die Bitterkeit ihres Herzens ablegen und, statt Leib und Seele zu zermürben in der Klage über ihr irrationales Geschick, ein gottgefälliges Leben führen. Verharre sie in der Verbitterung, so werde sie nie zur ewigen Seligkeit gelangen. Rhetorisch fragt er: »Könntest du's ertragen, wenn ich ohne dich dorthin ginge, dem du, wie du bekennst, selbst in die Hölle nachfolgen wolltest? Strebe wenigstens deshalb nach Frömmigkeit, dass du nicht von mir getrennt werdest, wenn ich, wie du glaubst, zu Gott eile.«[30] Heloise ist bereit, auch diesem Befehl Abaelards Folge zu leisten. Sie wird den Worten ihres »maßlosen Schmerzes Zügel« anlegen. Doch wenn sie auch ihrer Feder gebieten kann, davon zu schweigen, so doch nicht ihrem Herzen. »Darum will ich wenigstens beim Schreiben meiner Hand Halt gebieten, wenn ich schon meiner Zunge das Wort nicht verbieten könnte. Wäre doch mein trauerndes Herz so bereit zu gehorchen wie die schreibende Rechte!«[31]

»Was sollen Frauen anfangen mit Vorschriften über Beinkleider?«

Es sind fortan nur noch technische Dinge, die schriftlich verhandelt werden, bevor das Schweigen (zumindest was den brieflichen Austausch angeht) zwischen ihnen wieder Platz greift. Nicht mehr Liebesschwüre und Vorhaltungen, nicht mehr unbändige Trauer über das irrationale Geschick, sondern nüchterne Fragen zur Gestaltung des Klosterlebens sowie biblisch-theologische Themen wie die Auslegung verschiedener Schriftstellen sind Gegenstand ihrer weiteren Korrespondenz.

So schickt er Heloise – »einst in der Welt mir teuer und nun erst recht teuer in Christus« – auf ihre dringende Bitte hin nicht nur Predigten, sondern auch eine Sammlung geistlicher Lieder, die er »aus Ehrfurcht vor eurer Frömmigkeit«[32] eigens für sie gedichtet hat. In ihrer Funktion als Äbtissin bittet Heloise ihn, er möge den Ordensfrauen »eine Regel aufstellen und schriftlich zusenden, welche dem weiblichen Geschlecht wesensgemäß ist und die Einrichtung und Gestaltung unseres Ordenslebens von Grund aus«[33] beschreibe. Die Regel des heiligen Benedikt – die damals eigentlich allen klösterlichen Gemeinschaften zugrunde liegende Regel – sei den besonderen Bedürfnissen von Frauen anzupassen. »Zu der einen Regel des heiligen Benediktus bekennen sich in der lateinischen Kirche die Frauen genauso wie die Männer. Es ist aber klar, dass sie ausschließlich für Männer geschrieben worden ist und darum auch nur von Männern eingehalten werden kann, von Untergebenen wie von Vorgesetzten (...) Was sollen Frauen anfangen mit den Vorschriften über Kutten, Beinkleider, Skapuliere? Wie können sich Frauen die Bestimmung über Unterkleider oder wollene Hemden zu eigen machen, da ihre monatliche Reinigung von überschüssiger Flüssigkeit dies gar nicht verträgt?« Auch taugten Frauen nicht für

Feldarbeit. »Ich möchte nur fragen: Wo in aller Welt ist es Sitte, dass ein Nonnenkonvent hinausgeht, um die Ernte einzusammeln und Feldarbeiten auszuführen?«[34] Heloise bittet Abaelard auch darum, den Ordensfrauen Fleisch und Wein zu erlauben. »Für unsere Schwachheit muss es genug sein und sehr hoch veranschlagt werden, wenn wir enthaltsam und ohne Eigentum leben, mit dem Dienst Gottes beschäftigt, es in Essen und Trinken halten wie die Leiter der Kirche selbst oder wie fromme Laien.«[35]

Die Regel, die der Philosoph Abaelard – im überaus umfangreichen, achten Brief der Sammlung – den Ordensfrauen sodann auf den Leib schneidert, ist dem Geheiß Heloise folgend frei von übertriebenen Askese-Vorschriften. »Wer wüsste auch nicht, dass es aller Vernunft widerstreitet, wenn man den Schwachen die gleiche Last aufbürdet wie den Starken, wenn man von Frauen dieselbe Abstinenz verlangt wie von Männern?«[36] Die Regel erlaubt den Nonnen, unter ihrem Ordenskleid leinene Hemden, Beinkleider und Schuhe zu tragen, im Winter ist ihnen gar ein Lammfell gestattet. Sie dürfen auf Matratzen schlafen mit Kopfpolster, Kopfkissen, Laken und Steppdecke.

Verstummt auf getrennten Wegen

Wie gesagt: Das Schweigen griff wieder Platz zwischen den beiden. Heloise scheint, so die Forschung einmütig, resigniert zu haben. Sie wird verstummen und sich ganz ihrer Rolle als Äbtissin widmen und mit viel Fortune die Geschicke des Klosters lenken – bis zu ihrem Tod im Jahr 1164. Das einzige schriftliche Zeugnis, das noch aus ihrer Hand zu stammen scheint, ist ein Brief, in dem sie nach Abaelards Tod den Abt von Cluny um Versorgung ihres Sohnes Astrolabius bittet.

Abaelard zieht es – nachdem auch seine Zeit als Abt von Saint-Gildas in der Bretagne ein kurzes Intermezzo bleibt, das er flieht – zurück nach Paris. 1135 lehrt er wieder auf dem Mont Ste Geneviève und schart Schüler um sich, die ihm später an Berühmtheit nicht nachstehen sollen und die selbst Geschichte machen und schreiben werden: Johannes von Salisbury, Arnold von Brescia, Otto von Freising.

> Abaelard lehrt nicht nur als Philosoph Dialektik und Logik, sondern er unterrichtet auch Theologie. Seine theologischen Hauptwerke entstehen in der Zeit nach 1135/36. Er verfasst einen Kommentar zum Hexameron und zum Römerbrief, eine »Theologia Scholarium« und die »Ethica«. Sein erstes theologisches Frühwerk, ein Kommentar zum Propheten Ezechiel, gilt jedoch als verschollen.

Das Jahr 1140/41 bringt für Abaelard nochmals große Turbulenzen. Seinem theologischen Widersacher Bernhard von Clairvaux gelingt es, seine Lehren auf dem Konzil von Sens verurteilen zu lassen. Um ein Haar entgeht Abaelard der definitiven Exkommunikation durch Papst Innozenz II. Der solchermaßen Inkriminierte begibt sich auf den Weg nach Rom, um persönlich beim Papst gegen seine Verurteilung zu intervenieren. Auf dem Weg dorthin macht er in Cluny Station, wo er nicht nur in aller Gastfreundschaft Aufnahme findet, sondern in Abt Petrus Venerabilis auch einen Vertrauten, der sich mutig seiner Sache annimmt und sich persönlich beim Papst für ihn verwendet. Abaelard bleibt in Cluny und stirbt, an Hautausschlag und anderen (nicht näher bekannten) Gebrechen leidend, im Alter von 63 Jahren am 21. April 1142 in dem zu Cluny gehörenden Priorat Saint-Marcel bei Chalon-sur-Saône, wohin ihn Petrus Venerabilis zur Erholung geschickt hatte.

Abaelards Leichnam wird auf Bitten Heloises ins Kloster »Le Paraclet« überführt und dort beigesetzt. Heloise selbst hat seit ihrer Vertreibung aus Argenteuil im Jahr 1130 das Paraklet-Kloster nicht mehr verlassen. Sie stirbt 22 Jahre nach Abaelard am 16. Mai 1164 und wird an seiner Seite beigesetzt. Die Legende will, dass Abaelard bei der Beisetzung Heloises seine Arme geöffnet und die Geliebte an sich gezogen hat. Ihre letzte Grabesruhe werden die beiden hier jedoch noch nicht finden. Es steht ihnen eine lange Odysee bevor, bis die Reliquien der beiden schließlich im Juni 1817 in die Grabkapelle auf dem Pariser Friedhof Père Lachaise verbracht werden, die noch heute besucht werden kann.

Postscriptum

Die Frage, was aus dem gemeinsamen Sohn der beiden – Astralabius – geworden ist, hat die historische Forschung nicht ins Zentrum ihres Interesses gestellt. Gesichert ist, dass es ihn gab. Dass er wohl im Jahr 1118 geboren und gemäß dem Nekrolog des Paraklet-Klosters an einem 30. Oktober eines nicht näher bestimmten Jahres verstorben ist. Gesichert ist auch, dass Heloise nach dem Tod Abaelards den Abt von Cluny, Petrus Venerabilis bat, sich für ihn zu verwenden und ihm ein materielles Auskommen in Form einer Pfründe zukommen zu lassen. Zwar nicht gesichert, aber einiges für sich hat die jüngste These der Forschung, wonach Astralabius zunächst Kanoniker an der Kathedrale von Nantes war, später dann als Zisterziensermönch im Burgund lebte, bevor er vierter Abt der – im heutigen Kanton Fribourg (Schweiz) gelegenen – Zisterzienserabtei Hauterive geworden sein könnte.

Die Fantasie der Schriftstellerin Luise Rinser hat im 20. Jahrhundert Astralabius hart mit seiner Mutter und seinem Vater ins Gericht gehen lassen. In ihrem Roman lässt sie Astralabius an seine Mutter Heloise schreiben: »Das Paket, das ich, unerkannt, an der Pforte deines Klosters abgab, enthält die Geschichte meiner Beziehung zu Pierre Abaelard, deinem Ehemann vordem und meinem Erzeuger, und jetzt, nach seinem Tod, erst wirklich mein Vater. Es ist eure Geschichte, aber mehr die Geschichte meiner Leiden an euch beiden, die ihr mich in die Welt gesetzt habt im wahnsinnigen Übermaß eurer Liebe, dann aber abgeschoben zu einer bretonischen Tante, die man als meine Mutter ausgab (...). In eurem Leben zählte ich nicht. Neben euch Großen und euern hohen Aufgaben verschwand ich ins Nichts. Und doch warst du damals, als du dich von Abaelard schwanger wusstest, in Jubel ausgebrochen, die Folgen für dein Kind nicht bedenkend. Schon damals, in deinem Schoß, war ich dir nur Abaelards Liebeszeuge, aber kein Mensch für sich. Ich war nie jemand für mich.«[37]

Verwendete Literatur

Quellen

Abaelard. Der Briefwechsel mit Heloisa. Übersetzt und mit einem Anhang hg. von Hans-Wolfgang Krautz. Stuttgart 2001 (zitiert: Briefwechsel I bis VIII)

Abaelards »Historia calamitatum«. Text – Übersetzung – literaturwissenschaftliche Modellanalysen, hg. von Dag Nikolaus Hasse. Berlin 2002

Sekundärliteratur

Markus Asper, Leidenschaften und ihre Leser. Abaelard, Heloise und die Rezeptionsforschung, in: Abaelards »Historia calamitatum«. Text – Übersetzung – literaturwissenschaftliche Modellanalysen, hg. von Dag Nikolaus Hasse. Berlin 2002, S.105–139

Brenda M. Cook, One Astralabe or two? The mystery of Abelard's Son. St. Albans 1999, in: www.pierre-abelard.com/Astrolabe_fichiers

Luc Deitz, Gebändigte Leidenschaft: zur Interpretation von ›Historia calamitatum‹ 242–370, in: Abaelards »Historia calamitatum«. Text – Übersetzung – literaturwissenschaftliche Modellanalysen, hg. von Dag Nikolaus Hasse. Berlin 2002, S.204–236

Johannes Endres, Der Skandal als literarisches Schöpfungs-Paradox. Abaelard, Héloise und die Kastration des Textes, in: Literatur als Skandal. Fälle – Funktionen – Folgen, hg. von Stefan Neuhaus und Johann Holzner. Göttingen 2007, S.63–74;

Helmut Feld, Heloise. Philosophin und Geliebte, in: Helmut Feld, Frauen des Mittelalters. Zwanzig geistige Profile (Beihefte zum Archiv für Kulturgeschichte 50). Köln 2000, S.78–98 (Literatur)

Hannes Fricke, Stigma und Trauma bei Abaelard. Bewältigungsstrategien eines körperlich und seelisch Verletzten. Ein literaturpsychologischer Versuch, in: Abaelards »Historia calamitatum«. Text – Übersetzung – literaturwissenschaftliche Modellanalysen, hg. von Dag Nikolaus Hasse. Berlin 2002, S.237–259

Mariateresa Fumagalli, Heloise und Abaelard. Aus dem Italienischen von Ursula Knöller-Seyffarth. München 1986

Etienne Gilson, Héloise et Abélard. Paris 1964

Richard Heinzmann, Philosophie des Mittelalters (Grundkurs Philosophie 7). Stuttgart 1992

Eberhard Horst, Heloisa und Abaelard. Biographie einer Liebe. München 2004

Lothar Kolmer, Vernunft und Leidenschaft. München 2008

Peter von Moos, Das Abaelard und Heloise zugeschriebene Briefwerk. Am

Nullpunkt der Zuschreibungsversuche?, in: Peter von Moos, Abaelard und Heloise. Gesammelte Studien zum Mittelalter Bd. 1, hg. von Gert Melville. Münster 2005, S.199–213

Peter von Moos, Heloise und Abaelard. Eine Liebesgeschichte vom 13. zum 20. Jahrhundert, in: Peter von Moos, Abaelard und Heloise. Gesammelte Studien zum Mittelalter Bd. 1, hg. von Gert Melville. Münster 2005, S.215–232

Peter von Moos, Abaelard, Heloise und ihr Paraklet: ein Kloster nach Maß. Zugleich eine Streitschrift gegen die ewige Wiederkehr hermeneutischer Naivität, in: Peter von Moos, Abaelard und Heloise. Gesammelte Studien zum Mittelalter Bd. 1, hg. von Gert Melville. Münster 2005, S.233–301

Ursula Niggli (Hg.), Peter Abaelard. Leben – Werk – Wirkung. Unter Mitarbeit von Hans-Wolfgang Krautz (Forschungen zur europäischen Geistesgeschichte 4). Freiburg i.Br. 2003

Régine Pernoud, Heloise und Abaelard. Ein Frauenschicksal im Mittelalter. Aus dem Französischen von Claire Barthélemy-Höfer und Frank Höfer. München [3]1998

Adalbert Podlech, Abaelard und Heloisa oder Die Theologie der Liebe. München 1990.

Romane

Antoine Audouard, Adieu mon unique. Paris 2000

Luise Rinser, Abaelards Liebe. Frankfurt a.M. 1991

Internetadressen

www.abaelard.de

www.pierre-abelard.com.

Nie mehr getrennt, wenn die Rosen blühen

Klara von Assisi (1194–1253) und
Franz von Assisi (1182–1226)

Es ist nicht übertrieben: Diese Paarung ist alles andere als eine Neuentdeckung. Mehr noch, sie ist, wenn man so will, in Theologen- und Kirchenkreisen ein alter Hut. Dass Klara und Franz, die namensgebenden Gründer des Klarissen- und Franziskanerordens, zusammengehören und das nicht nur irgendwie und zufällig, sondern programmatisch im Theologischen wie auch Persönlichen, ist fast ein Gemeinplatz. Sie sind als »Bruder Sonne« und »Schwester Mond« so etwas wie das Doppelgestirn am katholischen Heiligenhimmel schlechthin, deren Symbiose durch zahlreiche (Volks-)Legenden verbürgt ist. Dass aber dieses himmlische Doppelgestirn der Legenden in der Welt des historisch Verbürgten vielleicht weitaus weniger ein Paar war als bislang angenommen, das hat die jüngste Forschung eindrücklich vor Augen geführt. Und so wird das, was vermeintlich ein alter Hut zu sein scheint, dann doch wiederum zu einer Neuentdeckung – allerdings der anderen Art.

Doch auch der, der von alldem nichts weiß, kennt vielleicht die Hügellandschaft Umbriens und hat schon einmal dort Halt gemacht, von wo aus nicht nur die Geschichte dieses Paares und die von ihnen begründeten Orden, sondern auch das je eigene Leben der beiden seinen Anfang nahm: in Assisi, der Stadt, die seit 2000 zum Unesco-Weltkulturerbe gehört. Hier treffen Klara und Franz wohl im Jahr 1210 erstmals zusammen und gehen in großer Unbeirrtheit und Treue den gleichen Weg, der sie beide in die Arme von »Frau Armut« führt. Sie werden zum »Poverello« und zur »Poverella« und leben das, was man das franziskanische Armutsideal nennen wird – sie verzichten auf Geld und Eigentum und unterwerfen sich einem strengen Fastenregime. Ob die Symmetrie ihrer Wahl auch bedeutet, dass sie den einen gleichen Weg wirklich auch als Paar gemeinsam gegangen sind, ist damit noch nicht gesagt. Doch der Reihe nach.

Das franziskanische Armutsideal ist Teil der im 12. Jahrhundert aufbrechenden großen europäischen Armutsbewegung, die ihre geistliche Mitte in der Nachfolge des »armen Christus« hat und die neue Orden hervorbringt. Neben Orden nach traditionellem Muster (Prämonstratenser und Zisterzienser) entstehen Bettelorden (Franziskaner und Dominikaner). Das Neue am franziskanischen Armutsideal ist, dass nicht nur der Einzelne, sondern die Gemeinschaft als Ganze (zunächst) auf jeden Besitz verzichtet. Einige Zweige dieser Armutsbewegung werden der Häresie verdächtigt und kirchlich verfolgt (Waldenser und Katharer). Wohl auch deshalb, weil sie sich nicht wie die Bettelorden in die offiziellen Kirchenstrukturen einbinden lassen und keine päpstliche Anerkennung für ihre Lebensform einholen.

Die Adelstochter und der Bürgersohn

Klara und Franz werden beide in der Stadt am Fuß des Monte Subasio geboren, die zu einem festen Bestandteil ihrer Namen wird und damals an die 12 000 Einwohner zählt. Es sind 20 adelige Familien, allesamt Lehensherren des deutschen Kaisers, die das Leben in der Stadt zunächst noch beherrschen. Zu ihnen gehören die Favarones di Offreduccio, die Familie, aus der Klara stammt. Franz ist bereits 12 Jahre alt – er kommt 1182 als Giovanni di Bernardone zur Welt –, als Klara (um) 1194 als Chiara di Scifi geboren wird. Die Zeit ihrer Kindheit und frühen Jugend verbringt sie auch, aber nicht nur in Assisi. Zwistigkeiten zwischen dem aufstrebenden Bürgertum und den adeligen Lehensherren lassen die Familie zeitenweise nach Perugia übersiedeln. 1205 kehrt sie zurück, Klara ist da elf Jahre alt.

Während Klara adeliger Herkunft ist, hat Franz bürgerliche Wurzeln. Sein Vater, Pietro di Bernardone, erfolgreicher Kaufmann und Tuchhändler, lässt es dem jungen Franz im Rahmen seiner Möglichkeiten und seines Standes an Bildung nicht mangeln. Franz besucht die Schule der Pfarrei San Giorgio und lernt Lesen und Schreiben und wohl auch etwas Latein. Doch die adelige Klara scheint, da ist man sich einig, ihn an (Schul-)Bildung überragt zu haben. Zeitgenossen haben mit wenigen Strichen nicht nur den Adel ihrer Herkunft, sondern auch den ihres Geistes gerühmt:

»Adelig von Geschlecht, aber noch adeliger durch die Gnade, eine Jungfrau dem Fleische nach, dem Geiste nach ganz keusch; an Alter noch ein Mädchen, aber an Geistesreife eine Greisin, standhaft im Vorsatz und in Gottesliebe brennend von heißem Verlangen.«[1]

Sturm und Drang eines »fils à papa«

Die Hagiografen werden nicht müde, die wilden und stürmischen Jugendjahre Franz von Assisis in grellen Farben zu kolorieren. Ihm, der im Geschäft seines Vaters mitarbeitet, mangelt es an nichts. Er ist stets in gutes Tuch gehüllt, und, so betont man, er sei überaus elegant gewesen und auch das: ein bisschen verschwenderisch und prunksüchtig. Kurz, ein fils à papa. Ob und wie sehr diese Zeichnungen sich (auch) dem Wunsch verdanken, die Radikalität der späteren Abkehr vom weltlich-genussreichen Leben hin zum Armutsideal der franziskanischen Bewegung herauszustreichen, das sei dahingestellt. Wahr ist wohl, dass er ein Leben führt, in dem es an Geld und Vergnügungen nicht mangelt.

Franz ist gerade 20 Jahre alt, als er mit den anderen Männern aus Assisi, das dem deutschen Kaiser untersteht, in den Krieg gegen die dem römischen Papst verbundene Nachbarstadt Perugia zieht. Er gehört zur Kavallerie, gerät in Gefangenschaft und erkrankt schwer. Es ist sein Vater, dem es gelingt, ihn nach einem Jahr gegen Lösegeld freizukaufen. Doch es sind nicht allein dieser Krieg, nicht die Gefangenschaft und auch nicht die Krankheit, die den Prozess einer Wende im Leben Franzens initiieren. Es sind weitere Erlebnisse ganz eigener Art, die, wie das meiste aus seinem Leben, immer schon in der legendenmäßigen Überformung und Ausschmückung überliefert sind, sodass es auch hier nicht ganz leicht ist, das historische Ereignis und die sich darüberlegende dichterische Wahrheit zu entflechten.

»Es war ein Mann in Assisi, einer Stadt im Gebiet des Spoletotales, mit Namen Franziskus« – in diesem Legendenton hebt das erste Kapitel der Lebensbeschreibung des Franz aus der Feder seines Weggefährten Thomas von Celano (1190–1260) an. Die »Vita prima« (abgekürzt: 1 Cel) entstand 1228/29. Knapp 20 Jahre später erscheint 1246/47 die »Vita secunda« (abgekürzt 2 Cel). 1266 ordnet das Generalkapitel der Franziskaner in Paris an, beide zu vernichten. Es soll fortan nur mehr eine einzige, offizielle Lesart der Vita des Franz geben: die aus der Feder des Franziskanertheologen Bonaventura (1221–1274). Erst im 18. Jahrhundert werden die beiden Celano-Biografien wiederentdeckt. Ob die Celano ebenfalls zugeschriebene Legende über die heilige Klara (»Legenda Sanctae Clarae Virginis«) aus dem Jahr 1255 wirklich seiner Feder entstammt, ist fraglich.[2]

Franz' Weg in die Arme von »Frau Armut«

Die Legende will, dass Franz, der sich ekelt vor jeder Form von Aussatz und körperlichem Makel, einem von Geschwüren entstellten Aussätzigen tief bewegt die Hand küsst. Ein Weiteres kommt hinzu. Franz, mittlerweile 24 Jahre alt, hat seine Pilgerfahrt nach Rom hinter sich, wo er selbst gleichsam zur Probe für ein paar Stunden das Gewand und die Rolle des Bettlers überzieht. Zurück in Assisi streift er herum, scheinbar ziellos. Bei einem dieser Streifzüge kommt er in das unterhalb der Stadt in der Ebene gelegene Kirchlein von San Damiano, das sich in einem lamentablen Zustand befindet. Es ist halb verfallen. Franz, der einkehrt, um vor dem Kruzifix zu beten, wird von demselben unvermittelt angesprochen. Der Gekreuzigte ruft »ihn beim Namen« und gibt ihm den Auftrag: »Franziskus, geh hin, stelle mein Haus wieder her; es verfällt ganz, wie du siehst.«[3] Franz nimmt diese Aufforderung an. Er versilbert ungefragt Stoffballen aus dem Tuchlager seines Vaters, kauft Steine und Mörtel und legt eigens Hand an, um das in Ruinen stehende Gotteshaus wieder instand zu setzen. Was, so wurde gemutmaßt, zwar der Anlass, kaum aber der Grund für den definitiven Bruch mit seinem Vater war.

Als dieser von seinen Machenschaften erfährt, sperrt er seinen Filius kurzerhand ein und zerrt ihn alsbald sogar vor die Schranken der bischöflichen Justiz, so wütend ist er ob dessen Treiben. Doch das, was Pietro di Bernardone zur Demonstration seiner väterlichen Macht tut, endet für ihn in einem öffentlichen Menetekel. Trotzig und dem Vater die Stirn bietend, reißt Franz sich – ob vor dem bischöflichen Palast oder aber vor dem Dom San Rufino, da ist sich die Literatur uneinig – vor allen Leuten die Kleider vom Leib, tritt nackt vor die Menschenmenge und erklärt, fortan nur mehr Gott als seinen Vater anzuerkennen.

»Von nun an will ich frei sagen: Vater unser, der du bist im Himmel, nicht mehr: Vater Pietro Bernardone, dem ich nicht nur – schaut her! – sein Geld zurückerstatte, sondern auch alle meine Kleider zurückgebe. Nackt also will ich zum Herrn gehen!«[4]

Öffentlicher und demonstrativer kann ein Bruch mit dem Herkunftsmilieu kaum sein. Nackt auf dem Weg zum Herrn vermählt sich Franz mit »Frau Armut«, wovon sein erster Biograf, Thomas von Celano, berichtet. Von den Menschen gefragt, ob er gedenke, sich eine Gattin zu nehmen, soll Franz geantwortet haben: »Eine edlere und schönere Braut, als ihr je gesehen, will ich heimführen, die an Wohlgestalt alle übrigen weit übertrifft und an Weisheit alle überragt.«[5] Franz lebt fortan im Wald unterhalb von Assisi bei der Portiunkula-Kapelle, die er ebenfalls eigenhändig renoviert und die ihm 1208 der Abt des Benediktinerklosters vom Monte Subasio bzw. der Bischof von Assisi zur Verfügung stellt. Er trägt das Habit eines Eremiten, »versehen mit einem Ledergürtel und einem Stab in der Hand, Sandalen an den Füßen«[6]. Dieses wird er zwei Jahre später gegen das eines Wanderpredigers – die kreuzförmige, mit einem Strick gegürtete Kutte – eintauschen.

»Vorspiele ihrer Heiligkeit« – Klaras Jugend

Spätestens seit dem Bruch mit dem Vater zu Beginn des Jahres 1207, der das Zeug zum öffentlichen Skandal hat und das Stadtgespräch in Assisi beherrscht, weiß auch Klara von den Machenschaften des Sonderlings Franz. Und dieses Wissen trifft in dem jungen Mädchen auf eine religiöse Begabung und eine Sehnsucht, die den Boden für ihre ganz große Passion bilden – die Passion für »Frau Armut« und den Weg des Franz in deren Arme.

Es werden aber noch weitere sechs Jahre vergehen, bis auch Klara mit ihrem Herkunftsmilieu brechen wird. Im Heiligsprechungsprozess, der zwei Jahre nach ihrem Tod angestrengt wird, werden Zeugen aussagen, was auch ihr Chronist erwähnen und als »Vorspiele ihrer Heiligkeit« rühmen wird: Klara habe sich bereits vor ihrem offenkundigen Standeswechsel heimlich in das Leben einer Poverella eingeübt. Schon als junges Mädchen habe sie sich das Essen buchstäblich vom Mund abgespart und es den Armen gebracht. Unter feinem Tuch verborgen, habe sie rauen und groben Stoff auf der Haut getragen und sich immer wieder Bußleistungen auferlegt. Beharrlich habe sie sich den Heiratswerbern, die zahlreich gewesen sein sollen, verweigert.

Erstes Zusammentreffen und heimliche Begegnungen

Das erste tête-à-tête zwischen Klara und Franz ist eingefädelt. Es findet, wie Kommentatoren zu Recht bemerkt haben, bei aller Unkonventionalität der Lebensform Franzens gemäß der Etikette der Zeit in Begleitung von Gefährten statt. Wer es einfädelt, das ist ungewiss. Ist es Franz, der die Initiative ergreift, oder ist es gar Klara? Die zeitgenössischen Dokumente, welche im Prozess zur Heiligsprechung von Klara zur Verwendung kommen, sprechen von Franzens Zugehen auf Klara, wohingegen die jüngste Klara-Forschung von ihrer Initiative wissen will. Der Mittelsmann respektive das Bindeglied ist augenscheinlich ein Cousin Klaras, Rufino di Scipione di Offreduccio, der sich – nachdem er all sein Hab und Gut veräußert hat – Franz im Winter 1210 zugesellt hat. Der ersten Begegnung folgen, wie es in der Legende der heiligen Klara heißt, weitere: »Er besuchte sie und sie öfters ihn.

Die Zeit ihrer Besuche richteten sie so ein, dass jene göttliche Beschäftigung weder von Menschen wahrgenommen noch durch öffentliches Gerede beanstandet werden konnte. Nur eine einzige vertraute Gefährtin begleitete das Mädchen, wenn es aus dem väterlichen Hause fortging, um mit dem Manne Gottes heimlich zusammenzukommen.«[7]

Franz ist zu diesem Zeitpunkt bereits von einer ganzen Reihe von Gefährten umgeben. Zeitweise wandern sie in Zweiergruppen herum, zeitweise sind sie sesshaft. Ein Jahr vor der ersten Begegnung mit Klara – im Jahr 1209 – macht er sich nach Rom auf, um von Papst Innozenz III. die Anerkennung für die von ihm praktizierte und eingeübte Lebensform der »Minderen Brüder« zu erreichen. In seinem »Testament« resümiert Franz diesen Besuch wie folgt: »(...) der Allerhöchste selbst offenbarte mir, dass ich nach der Form des Evangeliums leben müsse. Und ich ließ es in wenigen Worten und einfach aufschreiben, und der Herr Papst bestätigte es mir. Und diejenigen, die kamen, um diese Lebensform auf sich zu nehmen, gaben allen ihren Besitz den Armen; und sie waren zufrieden mit einer Kutte, innen und außen mit Flicken besetzt, mit einem Leibgurt und Hosen.«[8] Die Begegnung mit dem Oberhaupt der Kirche endet nicht ganz nach Franzens Wunsch. Eine mündliche Zusage erhält er zwar. Doch erst ganze 12 Jahre später wird die schriftliche Bestätigung der endgültigen, bullierten Regel des Ordens der Minderen Brüder erfolgen.

Das Original der am 29. November 1223 von Papst Honorius III. bestätigten, sogenannten bullierten Ordensregel befindet sich noch heute in Assisi. In 12 Kapiteln wird darin die Lebensweise der Minderen Brüder geregelt, so das Fasten, das Umherziehen in der Welt, der Verzicht auf Eigentum und Geld, das Bitten um Almosen, die Buße und das Verhältnis der Mönche zu den Nonnen. Daneben kommt auch Organisatorisches zur Sprache, etwa die Wahl des Generalministers oder die Predigt.

Klaras Wahl wird öffentlich

Zwei Jahre nach der ersten Begegnung mit Franz macht die mittlerweile 18-jährige Klara ihre Passion und innere Wahl öffentlich. Sie schließt in der Nacht von Palmsonntag auf Montag (18./19. März) des Jahres 1212 für immer die Tür ihres Elternhauses hinter sich. In Begleitung ihrer Vertrauten Pacifica di Guelfuccio begibt sie sich zur Portiunkula-Kapelle, wo Franz sie erwartet. Sie tauscht nicht nur ihr feines Tuch ein für alle Mal gegen die Kutte aus grobem Stoff. Sie lässt sich auch von Franz das lange Haar abschneiden, womit ihr Standeswechsel unumkehrbar vollzogen ist.

Doch wie es mit ihr weitergehen soll und namentlich wo sie hinsoll, das ist zunächst noch ungewiss. Die Etikette und die geschriebenen wie die ungeschriebenen Gesetze der Zeit lassen es nicht zu, dass eine Frau, die offiziell den Weg des Franz in die Arme von Frau Armut gewählt hat, nun auch mit diesem und seinen Gefährten herumzieht.

Nach zwei kurzen Zwischenstationen – im Benediktinerkloster San Paolo delle Abbadesse und bei den Beginen von Sant' Angelo di Panzo – gelangt Klara zusammen mit ihrer jüngeren (leiblichen) Schwester Agnes (ihr Rufname ist eigentlich Katharina) und ihrer Freundin Pacifica nach San Damiano. »Und so gingen wir nach dem Willen des Herrn und unseres hochseligen Vaters Franziskus zur Kirche San Damiano, um dort zu wohnen.«[9]

Während Franziskus sich definitiv von seinem Vater lossagt, ist Klaras Bruch mit ihrer adeligen Herkunftsfamilie zwar auch dramatisch, aber keineswegs endgültig. Im Gegenteil, mehrere Frauen aus dem Hause Scifi werden ihr nach San Damiano folgen: Klaras verwitwete Mutter Ortolana, Klaras Schwestern Agnes und Beatrice sowie Klaras Cousinen Balvina und Amata bilden zusammen mit ihr den Kern der neuen Gemeinschaft. »Die Mutter lud die Tochter, die Tochter die Mutter zur Christusnachfolge ein; die Schwester begeisterte dazu ihre Schwestern, die Tante ihre Nichten. Alle begehrten in nacheiferndem Verlangen, Christus zu dienen.«[10]

Die »Eingeschlossenen« von San Damiano

Als Klara mit den Schwestern in die von Franz restaurierte und wieder aufgerichtete Kirche von San Damiano einzieht, ist alles noch offen und weit. Die Gemeinschaft von Frauen, die sich mit Haut und Haar der Armut verschreibt, muss sich erst finden und erfinden. Ihr Zusammenleben folgt noch keinem vorgegebenen Muster, es hat noch wenig Struktur. Das Kloster ist, wie man heute weiß, eigentlich noch kein Kloster, sondern wohl eher eine Art Herberge, zu der auch ein geschützter Bereich gehört; dieser heißt zwar »claustrum« (Klausur), hat jedoch noch nichts mit Mauern und Gittern zu tun, sondern meint – wie die Forschung gezeigt hat – lediglich einen Bereich, zu dem Außenstehende keinen Zutritt haben.

Klara, die »Liebhaberin der Armut«[11], führt in San Damiano ein Leben in strenger Zucht »und kerkerte ihren Leib ein, solange er lebte«[12]. Sie hat »ein Bett ohne Federn« und trägt »ein Kleid aus Schweinshaut (...), mit den rauen Borsten gegen das

Fleisch gewendet, heimlich unter dem Gewand«[13]. Sie fastet unmäßig und verschmäht »keinen Magddienst«[14], sie meidet weder Schmutz noch Gestank. Hier in San Damiano wird sie bleiben, lange 41 Jahre lang. Der Volksmund ebenso wie die kirchliche Hierarchie nennen sie und ihre Schwestern deshalb auch »die eingeschlossenen Nonnen vom Kloster San Damiano«. Während die franziskanischen Brüder weiter ein apostolisches Wanderleben führen, werden die inneren Mauern von San Damiano höher und die äußeren Grenzen enger. Bald einmal halten die Nonnen strenge Klausur, obschon für Klara damit das Ideal der Armut infrage gestellt ist. Denn, so hat die Forschung gezeigt: Um Klausur halten zu können, bedarf es des gesicherten Besitzes von Grund und Boden, und genau das kann Klara nicht wollen. Warum sie und die Schwestern dann aber doch einwilligen, darüber hat man gerätselt. Eine plausible Antwort lautet: Franz, der den Schwestern sechs Jahre nach ihrem Einzug in San Damiano eine erste kurze schriftliche Regel gibt, kommt in der Frage der Klausur den Erwartungen Roms und des Papstes entgegen. Will er doch partout vermeiden, dass die Nonnen irgendwie ins Zwielicht geraten. Und das könnte geschehen, wenn ihre Lebensform zu sehr jener gleicht, die von denen praktiziert wird, die als Ketzer gelten und kirchlich verfolgt werden: diejenige der Katharer und der Waldenser.

Wanderleben und körperliche Gebrechen

Während Klara in San Damiano lebt, ist Franz unterwegs. Er und seine Gefährten unterziehen sich keiner Klausur, und von einer klösterlichen »stabilitas loci« nach Art der alten Orden kann keine Rede sein. Die Minderbrüder üben ein apostolisches

Wanderleben. Seit dem Jahr 1212 ist Franz fast ständig auf Reisen, die ihn nach Frankreich und Spanien führen (1213–1215), nach Ägypten und von dort aus in den Orient (1219–1220). Körperliche Gebrechen zwingen ihn immer wieder, seine Pläne zu ändern oder gar umzukehren. Die Malaria, die er sich einhandelt, wird chronisch. Ein juckender Hautausschlag macht ihm bleibend zu schaffen. Ob der Ausschlag Folge einer leprösen Erkrankung ist, bleibt im Dunkeln. Die Infektion der Binde- und Hornhaut, die er sich zuzieht, wird ihn am Ende seines Lebens gar blind machen.

Selten kommt Franz nach San Damiano zu Klara und ihren Schwestern. Franz' Chronist Celano sieht darin Vorsatz, ja mehr noch, eine erzieherische Maßnahme des Heiligen. Franz, so schreibt er, »entzog« den Schwestern »allmählich seine leibliche Anwesenheit«[15], weil er seinen Gefährten, die sich wundern, dass er »die so heiligen Dienerinnen Christi mit seiner leiblichen Gegenwart nicht öfter besuche«, »ein Beispiel«[16] habe geben wollen. Wenn Franz nach San Damiano ging, dann sei dies eher »erzwungen und selten«[17], und sein Besuch ruft bei den Schwestern »nicht geringe Verwunderung« und Enttäuschung hervor, weil er, kaum ist er da, sich ihnen wieder entzieht. Wenn sein Biograf an anderer Stelle davon spricht, Franz habe vor dem »honigsüßen Gift« der Vertraulichkeiten mit Frauen gewarnt und angeraten, solche »vollständig zu meiden«[18], ist es schwer zu entscheiden, ob und wenn ja, inwieweit hier des Chronisten eigener Vorbehalt aus dem Mund Franzens spricht und inwieweit damit auch etwas über das (reale) Verhältnis Franz' zu Klara ausgesagt ist. In der Ordensregel von 1223 wird jedenfalls allen Minderbrüdern untersagt, sich in Gespräche mit Frauen einzulassen, den Dienst von Frauen als Ratgeberinnen anzunehmen oder Frauenklöster zu betreten.

»Von diesem Tag an nie mehr getrennt« – die Poesie der Legenden

Klaras Enttäuschung über Franzens Entzug der leiblichen Anwesenheit ist auch in der zunächst nur mündlich überlieferten und erst im 19. Jahrhundert verschriftlichten Volkslegende von den »Rosen mitten im Winter« verbürgt, die das »selten« ihrer Zusammenkunft in ein poetisches »nie mehr getrennt« transformiert.

Es war die kalte Jahreszeit, Schnee bedeckte ringsum das Land. Klara und Franz waren beim Eindunkeln auf dem Weg von Spello nach Assisi. Sie zogen böse Blicke auf sich, mussten peinliches Geflüster und versteckte Anspielungen hören. Franz sprach Klara an und fragte sie: »Schwester, hast du verstanden, was die Leute von uns gesagt haben?« Klara gab keine Antwort. Ihr Herz war wie von Zangen gepeinigt, und sie spürte, wenn sie etwas sagen würde, hätte sie die Tränen nicht unterdrücken können. Doch Franz insistierte: »Es ist Zeit, uns zu trennen (...). Du wirst noch vor dem Einbrechen der Nacht im Kloster sein. Ich werde allein gehen und von Weitem folgen, wie Gott mich führt.« Klara stand auf, ging gesenkten Hauptes weiter durch den Wald und schaute sich nicht um. Auf einmal aber hatte sie nicht mehr die Kraft, so ohne Trost und Hoffnung, ohne ein Abschiedswort von ihm zu gehen. Sie wartete. »Vater«, sagte sie, »wann werden wir uns wiedersehen?« – »Wenn der Sommer wiederkommt, wenn die Rosen blühen!« Da geschah etwas Wunderbares. »Auf einmal war ihnen, als blühten ringsum auf den Dolden der Wacholdersträucher und auf den von Reif bedeckten Hecken eine Unzahl von Rosen (...). Nach dem ersten Staunen eilte Klara hin und pflückte einen Strauß von Rosen und legte ihn Franz in die Hände. Von diesem Tag an waren Franz und Klara nie mehr getrennt.«[19]

Die Legenden – namentlich jene von den »Flammen himmlischer Liebe«[20] – verbürgen nicht nur ein »Nie-mehr-getrennt-Sein«, sie evozieren auch eine große Intimität der beiden. »Wann immer der selige Vater Franziskus sich in Assisi aufhielt, pflegte er von Zeit zu Zeit Schwester Clara zu besuchen, um sich mit ihr über heilige Dinge ausszusprechen.«[21] Bei diesen Besuchen, so liest man in der zur Zeit Dantes niedergeschriebenen, umbrischen Legendensammlung »Fioretti«, bittet Klara Franz immer wieder, mit ihr Mahl zu halten. Zunächst vergeblich. Doch sie bricht seinen Widerstand, und Franz lässt bei der Kirche Portiunkula den Tisch »auf bloßer Erde« herrichten. Als die beiden Mahl halten, erscheint der angrenzende Wald den »Einwohnern von Assisi, Bettona und den umliegenden Dörfern« plötzlich in einem »lodernden Flammenmeer«[22]. Als Franz und Klara »aus ihrer Versunkenheit erwachen«, sind sie so von »geistiger Süße« gestärkt, dass sie »nach irdischen Speisen kaum noch Verlangen spüren«. Und, so schließt die Legende, seit »dem Tage dieses Liebesmahles in Porziuncula war das Herz der heiligen Clara gestillt mit Trost und heiligem Frieden«[23].

An körperlicher Nähe und sinnlicher Vertrautheit ist auch eine Vision der Poverella reich, von welcher eine Zeugin im Prozess zur Heiligsprechung Klaras zu berichten weiß.

Frau Klara erzählte, dass sie in einer Vision einmal ein Gefäß mit warmem Wasser und ein Handtuch zum heiligen Franziskus brachte. Sie stieg dabei eine hohe Treppe hinauf und tat es so leichtfüßig, als ob sie zu ebener Erde ginge. Als sie bei ihm anlangte, reichte der Heilige der Jungfrau Klara eine seiner Brustwarzen und sagte: »Komm, nimm und sauge!« (…). Was sie daraus sog, war unbeschreiblich süß und köstlich. Nachdem sie zweimal gesaugt hatte, blieb die Rundung der Brust, woraus die Milch floss, zwischen den Lippen der seligen Klara. In ihren Händen wurde es gleichsam zu spiegelklarem leuchtenden Gold, in dem sie sich selbst sehen konnte.[24]

Die Anstößigkeit der Legenden

Die poetische Sinnlichkeit der Vision und der Legenden wurde in Kirchen- und Theologenkreisen als anstößig empfunden und entsprechend weichgezeichnet. Man sang zwar das Hohelied auf dieses Paar, nicht ohne jedoch herauszustreichen, dass die beiden sich zwar in zärtlicher Weise zugetan waren, dass aber der sublime Eros zwischen den beiden frei von allem »animalischen Trieb« gewesen sei und Franz Klara nicht als Frau geliebt habe. Kurz: dass sie nur ein sich »komplementär ergänzendes, geistliches (asexuelles) Freundschaftspaar« waren. Groß war zunächst die Entrüstung, als in den 70er-Jahren des 20. Jahrhunderts ein Rebell unter den Theologen es wagte, von beiden als Liebespaar und von ihrer unterdrückten Lust zu sprechen. Doch sein Blick prägte zunehmend den Blick der anderen. Klara gilt nun nicht mehr nur als die »kleine Pflanze« – wie sie sich selbst bezeichnet hat –, die ihrem übermächtigen geistlichen Vater Franz bedingungslos folgt. Nun ist sie auch die, deren Liebe zu Franz »natürliche, erotische, sexuelle, tragische und verzweifelte Züge« trägt. Die neueste Forschung hat auch hier ihr Veto eingelegt. Die Deutung, wonach die beiden eine verhinderte Liebesbeziehung verband, in welcher Klara den Part der von Franz emotional Abhängigen spielte, steht nun unter dem Verdacht, einer rein androzentrischen Perspektive verpflichtet zu sein.

Der gelehrte Streit darüber, ob Klara und Franz »nur« ein geistliches Freundschaftspaar waren oder »mehr«, ob sie asymmetrisch oder symmetrisch Sich-Begehrende waren oder nicht, ist alles andere als ein Sturm im Wasserglas. Gerade weil es im Leben von Klara und Franz nicht nur sehr wenige Begegnungen und gerade weil es noch weniger historisch Verlässliches gibt, das Auskunft über die Anatomie ihrer realen Beziehung geben könnte. Zeugnisse aus erster Hand, namentlich Briefe, in denen die beiden im Zwiegespräch miteinander sind, gibt es keine. Während in Franz' Schriften Klara nicht ein einziges Mal namentlich erwähnt wird, sondern nur als »Christiana« auftaucht, spricht Klara in ihrem Testament und in der von ihr entworfenen Ordensregel ausdrücklich von Franz. Dass sie es aber gerade nicht so tut, dass darin ihre persönliche Beziehung zu ihm respektive ihre emotionale Abhängigkeit von ihm aufleuchtet, das hat die feministische Relecture der Quellen ins Licht gerückt.

Klara bezieht sich in sehr formell-formalisierter Weise und namentlich mit Bedacht auf Franz. Sie erweist ihm Referenz und partizipiert so an seiner Autorität. Das ist elementar, weil es für ihre Lebensform in der Geschichte des weiblichen Ordenslebens keine Vorbilder gibt – außer das des Franz von Assisi. »Ich, Klara, Christi und der Armen Schwestern des Klosters San Damiano obschon unwürdige Magd und kleine Pflanze des heiligen Vaters, habe mit meinen Mitschwestern unsere höchste Berufung und das Gebot eines so großen Vaters überdacht, zugleich aber auch die Gebrechlichkeit der anderen Schwestern.«[25] Wenn sie sich als dessen »kleine Pflanze« bezeichnet und neben ihn als seinen Ableger stellt, dann um die kirchliche Anerkennung, die sein Lebensweg gefunden hat, auch für den ihren zu reklamieren. Aus der emotional abhängigen und erotisch bewegten Klara der Legenden und Visionen wird in dieser Interpretation der neueren Forschung eine strategisch kalkulierende und operierende Ordensfrau.

Die Koinzidenz der Passionen – das Jahr 1224

Wenn auch die Passion der beiden füreinander letztlich im Vagen bleiben muss, so kann doch mit Bestimmtheit gesagt werden, dass es eine Passion gibt, die sie ein Leben lang uneingeschränkt teilen: ihre Leidenschaft für die Armut. Diese verbindet nicht nur ihre Lebenswege und ist ihnen Wegweiser und geistliches Handgeleit. Sie prägt sich auch ihrer beider Leib ein. In frappierender zeitlicher Koinzidenz widerfährt Klara und Franz im Jahr 1224 etwas, das sie leidend macht und das zu einer Passion wird, die sich unwiderruflich auf ihre Körper legt. Klara wird krank, und zwar so schwer und nachhaltig, dass sie fortan lange 29 Jahre »von der Last der Krankheit niedergedrückt«[26] ans Bett gefesselt ist. Welcher Art ihre Leiden waren und worin diese wurzeln, darüber ist viel gerätselt und noch mehr gemutmaßt worden. Von Blutungen, die durch Geschwulste im Uterus hervorgerufen werden, ist die Rede. Aber auch vom strengen Fastenregime, das sich Klara über all die Jahre hinweg verordnet und das ihren Leib ausgezehrt und entkräftet hat. Manche geben diesem Fasten auch einen modernen Namen: (heilige) Anorexie.

Die prägende Passion, die Franziskus widerfährt, ereignet sich auf jenem Berg im Zentralappenin, der in der Folge zu einem der heiligsten Orte des Franziskanerordens werden wird – dem Berg La Verna (Alverno). Franz steht nach dem Jahrzehnt der ausgedehnten Reisen enttäuscht und erschöpft da. Während seiner langjährigen Abwesenheit haben sich in der Ordensgemeinschaft die Dinge in eine Richtung entwickelt, die er so nicht wollen kann. Mehr und mehr schleichen sich Elemente ein, die das Gemeinschaftsleben der Minderen Brüder den sogenannten alten Orden angleichen. Andere übernehmen Verantwortung und schließlich auch die Leitung.

Franz will nicht mehr. Er entzieht sich und zieht sich zurück. Er geht als Einsiedler auf den Berg La Verna. Dort oben erscheint ihm am 14. September, dem Fest der Kreuzerhöhung, Christus in Gestalt eines Seraphen und prägt ihm seine Wundmale ein. Diese Wundmale, auch Stigmata genannt, werden in der ikonografischen Reproduktion zum Signum und Beweis dafür, dass Gott den »neuen Menschen« Franz erwählt hat.

Da sah er in einem Gottesgesichte einen Mann über sich schweben, einem Seraph ähnlich, der sechs Flügel hatte und mit ausgespannten Händen und aneinandergelegten Füßen ans Kreuz geheftet war (...) Während er sich verstandesmäßig über das Gesicht nicht klar zu werden vermochte (...), begannen an seinen Händen und Füßen die Male der Nägel sichtbar zu werden in derselben Weise, wie er es kurz zuvor an dem gekreuzigten Mann über sich gesehen hatte. Seine Hände und Füße schienen in ihrer Mitte mit Nägeln durchbohrt (...). Ferner war die rechte Seite wie mit einer Lanze durchbohrt und zeigte eine vernarbte Wunde, aus der häufig Blut floss, sodass sein Habit und seine Hose oftmals mit heiligem Blut getränkt wurden.[27]

Gezeichnet ist Franz' Gestalt aber nicht allein durch die Stigmata. Seinen Leib, den er »Bruder Esel« nennt, weil er ihn als störrisch und widerspenstig erlebt, unterzieht er ein Leben lang strengster Zucht. Er traktiert ihn mannigfach und unbarmherzig. Er »geißelt sich aufs Härteste mit einem Strick«, er wirft »sich nackt in den tiefen Schnee«, um das Feuer seines Körpers zu kühlen.[28] Die Lust am Essen verdirbt er sich, indem er diesem Asche oder kaltes Wasser beimengt.

Sein früher Tod und ihre langen Jahre

Sechs Monate nach der prägenden Erfahrung auf dem Berg La Verna trifft Franz im März 1225 in Assisi ein. Er ist in beklagenswerter körperlicher Verfassung. Abgemagert bis auf die Knochen, der Unterleib durch Wasser aufgetrieben, ebenso die Beine. Nur nach mehrmaligem guten Zureden hat er sein Augenleiden in Siena behandeln lassen – mit nachgerade martialischen Methoden und dazu ohne Erfolg. Beim Bischof von Assisi findet er Unterschlupf. Aber wohl ist ihm dort nicht. Franz will weg. Es wird berichtet, dass er in San Damiano Aufnahme findet und von Klara während mehrerer Wochen gepflegt wird. In diesen Wochen der Pflege fließt ihm sein berühmt gewordener »Sonnengesang« aus der Feder, dessen Lobpreis der Gestirne im Laufe der Jahrhunderte zur Metapher für ihn selbst (»Bruder Sonne«) und Klara (»Schwester Mond«) werden wird.

Gelobt *seist du, mein Herr,*
Mit allen deinen Geschöpfen.
Besonders Herrn Bruder Sonne;
Der ist Tag, und du gibst uns Licht durch ihn.
Und schön ist er und strahlend mit großem Glanze,

Von dir, Höchster, gibt er Eindruck.
Gepriesen seist du, mein Herr,
Für Schwester Mond und die Sterne:
Am Himmel hast du sie geschaffen,
hell und kostbar und schön.

SONNENGESANG DES FRANZ VON ASSISI[29]

Wirklich erholen wird Franz sich aber nicht mehr. Als er spürt, »dass die Stunde seines Todes nahe bevorstehe«, lässt er sich das »Evangelienbuch« bringen und daraus vorlesen.[30] In Vorwegnahme dessen, was bald aus ihm werden wird – Staub und Asche –, will er mit Asche bestreut werden. Am Abend des 3. Oktober 1226 stirbt er mit 40 Jahren. Als der Zug mit Franzens Leichnam in der Kirche von San Damiano einkehrt, »wo seine (...) Töchter, die er für den Herrn gewonnen, wohnten«, öffnet sich »das kleine Fenster«, durch das die Nonnen aus der Klausur heraus das heilige Sakrament der Eucharistie zu empfangen pflegen. »Und sieh, es erschien Herrin Klara, die wirklich eine Strahlende war durch ihre Heiligkeit und ihre Verdienste, die erste Mutter der heiligen Jungfrauen; denn sie war die erste Pflanze dieses heiligen Ordens. Sie kam mit den übrigen Töchtern, um den Vater zu sehen, der nicht mehr zu ihnen sprach und nie mehr zu ihnen zurückkehren sollte.«[31] Bereits zwei Jahre nach seinem Tod wird Franz am 17. Juli 1128 heiliggesprochen.

Klara wird Franz um 27 Jahre überleben. Die »Lebenskraft ihres Körpers« ist aber »der Strenge der in früheren Zeiten geübten Buße« erlegen.[32] Über all die Jahre ist sie schwer krank und bleibt ans Bett gefesselt. Das wird sie jedoch nicht hindern, als Äbtissin die Belange der Klostergemeinschaft hartnäckig zu vertreten. Sechs Jahre vor ihrem Tod beginnt sie als erste Frau in der

Geschichte des Christentums, ihren Schwestern und sich eine eigene Ordensregel auf den Leib zu schreiben. Am 9. August 1253 wird diese Regel durch eine päpstliche Bulle anerkannt. Zwei Tage später, am 11. August 1253, stirbt sie im Alter von 59 Jahren. Wie bereits Franz wird auch sie zwei Jahre nach ihrem Tod heiliggesprochen.

Postscriptum

Was als Geschichte eines großen Doppelgestirns am Heiligenhimmel begann, mündet in die nüchterne Feststellung, dass die beiden Heiligen aus Assisi ihre gemeinsame Passion für »Frau Armut« im tatsächlichen Leben wohl jeder für sich gelebt haben. Ob sie diese auch ohneeinander gelebt haben, das ist eine andere Frage, auf die die Legenden eine eigene Antwort bereithalten jenseits aller historischer Verifizierbarkeit. Es ist dies die Wahrheit der Poesie, die sich ihre eigene Wirklichkeit auch in der Welt der Dinge schafft. So kann der, der heute die Stadt am Fuß des Monte Subasio besucht, hinter Glas aufbewahrt die Kutte des Franz bestaunen, die Klara eigenhändig geflickt haben soll.

Verwendete Literatur

Dieses Kapitel verdankt sich in ganz besonderer Weise den grundlegenden Arbeiten von Martina Kreidler-Kos, Helmut Feld und Anton Rotzetter, ohne die es nicht – und vor allem nicht so – hätte geschrieben werden können.

Quellen

Fioretti, Franz von Assisi in der Legende seiner ersten Gefährten. Übersetzung aus dem Italienischen und Bildlegenden von Xaver Schnieper. Luzern 1972

Thomas von Celano, Leben und Wunder des heiligen Franziskus. Einführung, Übersetzung, Anmerkungen von Engelbert Grau (Franziskanische Quellenschriften 5). Werl/Westfalen 1980[3] (Die beiden hierin enthaltenen Lebensbeschreibungen des Franziskus aus der Feder Celanos werden in den Anmerkungen als 1 Cel und 2 Cel zitiert.)

Leben und Schriften der heiligen Klara. Einführung, Übersetzung und Anmerkungen von Engelbert Grau. Erläuterungen von Lothar Hardick (Franziskanische Quellenschriften 2). Werl/Westfalen 1980[5]

Marianne Schlosser (Hg.), Im Spiegel Christi. Die Schriften der Klara von Assisi. Mit einer Kurzbiografie von Johannes Schneider. Kevelaer 2004

Sekundärliteratur

Helmut Feld, Die Eingeschlossene von San Damiano. 800 Jahre Klara von Assisi 1193–1993 (Asketische Schriften 5). Tübingen 1993

Helmut Feld, Franziskus von Assisi und seine Bewegung. Darmstadt 1994

Helmut Feld, Klara von Assisi. Armut und Verlobung mit dem höchsten König, in: Helmut Feld, Frauen des Mittelalters. Zwanzig geistige Profile (Beihefte zum Archiv für Kulturgeschichte 50). Köln 2000, S.134–149

Helmut Feld, Franziskus von Assisi. München 2001

Martina Kreidler-Kos, Klara von Assisi. Schattenfrau und Lichtgestalt (Tübinger Studien zur Theologie und Philosophie 17). Tübingen 2003[2]

Martina Kreidler-Kos – Ancilla Röttger – Niklaus Kuster, Klara von Assisi. Freundin der Stille – Schwester der Stadt. Kevelaer 2005

Niklaus Kuster, Was Franziskus und Klara von Assisi verbindet. Neuere Interpretationen zwischen unzertrennlicher Freundschaft und brüderlichem Desinteresse, in: Dieter R. Bauer – Helmut Feld – Ulrich Köpf (Hg.),

Franziskus von Assisi. Das Bild des Heiligen aus neuer Sicht (Beihefte zum Archiv für Kulturgeschichte 54). Köln 2005, S.195–212

Irene Leicht, Klara von Assisi, Elisabeth von Thüringen und Agnes von Prag im Kontext der franziskanischen Armuts- und Bußbewegung, in: Adelheid M. von Hauff (Hg.), Frauen gestalten Diakonie. Bd. 1: Von der biblischen Zeit bis zum Pietismus. Stuttgart 2007, S.207–230

Walter Nigg, Der Mann aus Assisi. Franziskus und seine Welt. Freiburg i. Br. 1975

Anton Rotzetter, Klara von Assisi. Die erste franziskanische Frau. Freiburg i.Br. 1993

Anton Rotzetter, Klara und Franziskus. Bilder einer Freundschaft. Freiburg i.Ue. 1999[2]

Anton Rotzetter, Franziskus und Klara. Anmerkungen zu einem befremdenden Ritual des heiligen Franz (II Cel 207), in: Dieter R. Bauer – Helmut Feld – Ulrich Köpf (Hg.), Franziskus von Assisi. Das Bild des Heiligen aus neuer Sicht (Beihefte zum Archiv für Kulturgeschichte 54). Köln 2005, S.213–225

Oktavian Schmucki, Das Phänomen Krankheit im Leben des heiligen Franziskus von Assisi, in: Vita Fratrum 21 (1984) 3–19

Oktavian Schmucki, Spiritualität, Askese und Krankheiten nach den Schriften des Franziskus von Assisi, in: Dieter R. Bauer– Helmut Feld – Ulrich Köpf (Hg.), Franziskus von Assisi. Das Bild des Heiligen aus neuer Sicht (Beihefte zum Archiv für Kulturgeschichte 54). Köln 2005, S.71–96

Romane

Hermann Hesse, Franz von Assisi. Berlin 1904

Luise Rinser, Bruder Feuer. Stuttgart 1975

Internetadressen

www.franziskaner.de

www.sanfrancescoassisi.org

Sein »Herr Käthe« und ihr »Herr Doctor«

Martin Luther (1483–1546) und
Katharina von Bora (1499–1552)

Ihn braucht man nicht vorzustellen. Zumindest seinen Namen kennt (fast) jeder. Und (fast) jeder weiß, dass er mit dem 1968 ermordeten, amerikanischen Baptistenprediger und Bürgerrechtler Martin Luther King (1929–1968) nicht verwechselt werden will. Der Martin Luther, von dem hier die Rede ist, wurde im östlichen Harzvorland, genauer in Eisleben, am 10. November 1483 geboren. Er gilt zu Recht als Begründer der »evangelischen« Kirche. Die Mönchskutte, die er im Juli 1505 im Augustiner-Eremitenkloster zu Erfurt anlegte, zog er wieder aus, um zu *dem* Reformator in deutschen Landen zu werden. Wenn auch sein legendär gewordener Thesenanschlag an der Schlosskirche zu Wittenberg am 31. Oktober 1517 vielleicht nur in der Legende stattgefunden hat, so war doch er es, der von diesem Zeitpunkt an das Zepter der Reformation führte. Seine Kritik an der katholischen Kirche und ihrer Praxis (nicht nur des Ablasswesens) hatte die Exkommunikation durch den Papst und die Ächtung durch den Kaiser zur Folge. Mit seinen Bibelübersetzungen und Flugschriften, seinen Schriften und Predigten hat er die religiöse Welt Europas für immer revolutioniert und bleibend verändert. Die Literatur darüber, wer er war und was er geleistet hat, füllt ganze Bibliotheken – und mittlerweile auch Kinosäle (Luther, 2003, Regie: Eric Till).

Von Schatten und Licht

Seine 16 Jahre jüngere Ehefrau, Katharina von Bora, die am 29. Dezember 1499 südlich von Leipzig auf Gut Lippendorf zur Welt kam und mit der Luther bis zu seinem Tod 1546 in der Universitätsstadt Wittenberg lebt, steht lange Zeit in seinem Schatten. Katholische Zeitgenossen zerreißen sich das Maul über die als streit- und herrschsüchtig geltende Frau an der Seite des berühmten Mannes, der der Makel anhaftet, eine dem Kloster entlaufene Nonne zu sein. Während die einen sie ins moralische Zwielicht zu setzen suchen, indem sie das später widerlegte Gerücht kolportieren, sie sei (zu) kurz nach der Vermählung mit einem Knaben niedergekommen, setzen andere sie machtvoll ins Bild, so der in Wittenberg ansässige Hofmaler und Bildchronist der Reformation, Lucas Cranach der Ältere, dem mehr als ein Doppelporträt der beiden geschuldet ist.

Im 19. Jahrhundert von der Öffentlichkeit entdeckt, trat Katharina endgültig aus dem Schatten ihres Ehemannes, als sich ihr Geburtstag zum 500. Mal jährte. Eine Vielzahl von Publikationen und mehrere biografische Romane erschienen. Anders als von Luther sind von Katharina von Bora sehr wenige direkte, persönliche Quellen überliefert, und so eignet sie sich bis heute als Projektionsfläche. Es ist nicht selten der Biografen eigener Geist, der sich in der »Frau Lutherin« spiegelt: »Ihrem Gatten war sie in allen Verhältnissen seines vielbewegten Lebens die liebevollste Gefährtin, in körperlichen Leiden die treuste Pflegerin, in Kümmernissen die sanfteste Trösterin; ihren Kindern die zärtlichste Mutter; ihrem Hauswesen, das Ordnung, Reinlichkeit und Genügsamkeit atmete, die sorgsamste Vorsteherin; ihrer Landwirtschaft die tätigste Leiterin. Freigiebig war sie, ohne bis zur Verschwendung zu gehen, sparsam, ohne in Geiz zu verfallen.«[1] Und so schwankt Katharinas Charakterbild je nach Zeitkontext zwischen der Xanthippe der Reformation, dem Urbild der deutschen Pfarrfrau oder der selbstbewussten emanzipierten Frau, die damit ihrer Zeit voraus war.

Nicht allein Katharina von Bora taugt als Projektionsfläche, sondern auch ihr eheliches Zusammenleben mit Luther. Im Jahr 1900 schreibt ein Biograf: »Es muss doch eine bedeutende Frau gewesen sein, die der große Mann als seine Lebensgefährtin zu sich emporhob und die sich getraute, die Gattin des gewaltigen Reformators zu werden und der es gelungen ist, ihm zu genügen (...). Sie hat ihrem Doktor das schöne Heim geschaffen und das vorbildliche evangelische Pfarrhaus. Und so lebt auch Luthers Käthe als die Genossin von dem Liebling und Stolz unserer Nation in der Seele des deutschen Volkes in gutem Gedenken.«[2] Doch mit den bürgerlichen Ehevorstellungen des 19. Jahrhunderts hatte das gemeinsame Leben von Katharina von Bora und Martin Luther nichts zu tun. Überdies wies so gar nichts darauf hin, dass die beiden überhaupt je ein (Ehe-)Paar werden würden. Führt doch beider Weg zunächst und unabhängig voneinander im selben Jahr ins Kloster und damit in die monastische Lebensform: Sie werden Mönch und Nonne.

Ihrer beider Weg ins Kloster – Nonne und Mönch

Katharina ist ein kleines Mädchen von gerade mal sechs Jahren, als sie ihr Vater 1505 in Brehna bei Bitterfeld im Augustinerinnenkonvent St. Clemens unterbringt. Ihre Mutter, eine geborene Haubitz/Haugwitz, deren Vornamen sie trägt, ist früh verstorben, und ihr Vater, Hans von Bora zu Hirschfeld, ist gerade im Begriff, sich ein weiteres Mal zu verheiraten. Vier Jahre später wird Katharina bereits unter den 43 Nonnen des an Grundbesitz und Reliquien reichen Zisterzienserinnen-Klosters Marienthron in Nimbschen bei Grimma geführt.

Das Kloster Marienthron war 1243 in Torgau durch den Wettiner Markgrafen Heinrich den Erlauchten (1218–1288) gegründet worden. 1251 siedelten die Zisterzienserinnen zunächst nach Grimma, dann in das nahe gelegene Nimbschen um, wo 1264 die Klosterkirche eingeweiht wurde. Das Kloster war materiell gut ausgestattet und hatte namentlich großen Grundbesitz. Katharinas Tante mütterlicherseits, Margarethe, sollte die letzte Äbtissin des Klosters sein. Im Jahr 1536 wird das Kloster aufgelöst. Übrig geblieben und noch heute zu besichtigen sind lediglich ein paar Ruinenreste.

Es ist gut möglich, dass Familieninteressen den Wechsel von Marienthron nach Nimbschen evoziert haben, ist doch Katharinas Tante mütterlicherseits, Margarethe von Haubitz, dort gerade Äbtissin geworden. 30 Gulden zahlt der Vater für der Tochter Aufnahme in Nimbschen, womit diese aus der natürlichen Erbfolge ausscheidet, die sie mit drei Brüdern und einer Schwester hätte teilen müssen. Mit 15 Jahren zieht Katharina den Nonnenhabit an, und ein weiteres Jahr später legt sie die ewigen Gelübde ab.

Martin Luther ist bereits ein junger Mann von 22 Jahren, als er am 17. Juli 1505 in Erfurt den Augustiner-Eremiten als Novize beitritt. Seine Eltern sind über diesen Schritt mehr als entsetzt, hatten der Bergmann Hans Luther und seine Frau Margarethe doch ganz andere Pläne für ihren Sohn, der seit 1501 an der Universität zu Erfurt zunächst die freien Künste, sodann Jura studiert. Doch der ist von seinem Vorhaben nicht abzubringen, seit er bei der Rückreise von Mansfeld nach Erfurt in ein Gewitter geraten war und ein in der Nähe einschlagender Blitz ihn zu Boden warf, woraufhin er gelobt, Mönch zu werden. Ein Jahr nach seinem Klostereintritt wird Luther zum Priester geweiht. 1508 kommt er nach Wittenberg.

Wittenberg war die Hauptstadt Kursachsens. Mit ihren gerade mal 200 Einwohnern hatte sie zunächst eher dörflichen Charakter. Das änderte sich, als 1502 die Universität durch königliches Privileg und mit päpstlicher Bestätigung gegründet wurde. Die Universität, die aus vier Fakultäten bestand – der Artistenfakultät, der juristischen und der medizinischen Fakultät sowie der theologischen Fakultät –, zählte bereits im Jahr ihrer Gründung mehr als 400 Studenten. Jahr um Jahr wurden es mehr und Wittenberg wurde zur führenden deutschen Universität. Die Zahl der jährlichen Neuimmatrikulationen bewegte sich zwischen 200 und 400 Studenten.

An der erst kurz zuvor gegründeten Universität hält Luther Vorlesungen. Drei Jahre später übernimmt er den Lehrstuhl für Theologie und promoviert bald darauf zum Doktor der Theologie.

Luther wird zum Reformator

Luthers legendäres »Turmerlebnis« soll sich irgendwann zwischen 1513 und 1518 in der Studierstube im Südturm des Schwarzen Klosters zu Wittenberg zugetragen haben. Weil es sich historisch aber wohl weniger um ein punktuelles Ereignis denn einen längeren Prozess gehandelt hat, pflegt die Wissenschaft heute von reformatorischer Entdeckung respektive reformatorischem Durchbruch zu sprechen. Egal ob nun punktuelles Turmerlebnis oder Prozess, Luthers Einsicht in die Gerechtigkeit Gottes, gewachsen unter anderem aus der intensiven Beschäftigung mit der Bibelstelle Römer 1,17, wird von nun an Matrix und Konstruktionsprinzip seiner ganzen Theologie.

1520 verfasst Luther drei seiner bedeutendsten reformatorischen Grundschriften: 1. Die Schrift »An den christlichen Adel deutscher Nation von des christlichen Standes Besserung«, von der bereits zwei Wochen nach Auslieferung im August 2000 Exemplare verkauft sind. 2. Die lateinisch verfasste und an die Fachkollegen gerichtete Schrift »De captivitate Babylonica ecclesiae praeludium« (Von der babylonischen Gefangenschaft der Kirche), die im Oktober erscheint und namentlich in der Frage von Luthers Sakramentenverständnis von großer Bedeutung ist. 3. Den Traktat »Von der Freiheit eines Christenmenschen«.

In Briefen an die Bischöfe von Mainz und Magdeburg geißelt Luther die Ablasspredigten des Johann Tetzel und formuliert seine berühmten 95 Thesen. Nach Rom und Augsburg zitiert, verweigert sich Luther der päpstlichen Aufforderung, zu widerrufen. Er flüchtet und findet Schutz bei Kurfürst Friedrich dem Weisen, der sich weigert, Luther der kirchlichen Gerichtsbarkeit in Rom auszuliefern. Der Papst droht zunächst mit Bann (Bulle »Exsurge Domine«), 1521 spricht er ihn aus (Bulle »Decet Romanum Pontificem«). In deutschen Städten brennen nun Luthers Schriften auf Scheiterhaufen, nachdem ein Jahr zuvor in Wittenberg das kirchliche Gesetzbuch der katholischen Kirche, der Codex Iuris Canonici, sowie Schriften von Luthers katholischem Widersacher, Johannes Eck, öffentlich verbrannt worden waren. Als auch noch die Reichsacht über Luther verhängt wird, findet der Vogelfreie als »Junker Jörg« Unterschlupf auf der Wartburg und übersetzt in produktivem Rausch das Neue Testament in nur elf Wochen ins Deutsche.

1522 kehrt Luther nach Wittenberg zurück. Er predigt, er verfasst erste deutsche geistliche Lieder, er hält Privatvorlesungen und fährt fort mit seiner Übersetzung der Bibel. 1524 besteigt er erneut das Professorenkatheder. Er ist mittlerweile der berühmteste Theologe Mitteleuropas und unbestrittenes geistiges Zentrum der Universitätsstadt Wittenberg, was einen Chronisten des frühen 20. Jahrhunderts überschwänglich sagen lässt: »Der Sonne gleich stand Luther in dem Mittelpunkte des regsten geistigen Lebens, alles beseelend und mit seiner Kraft durchdringend, das strahlende Gestirn des Tages und seiner heißen Kämpfe. Milderen Glanzes stand neben ihm Melanchthon wie neben der Sonne der Mond, von ihr sein Licht empfangend, aber auch wieder ausstrahlend und mit seiner klaren Wissenschaftlichkeit das Dunkel der Nacht erhellend.«[3] Noch trägt er, wenn er in der Öffentlichkeit auftritt, die Mönchskutte. Erst im Oktober 1524 legt er sie endgültig ab.

Ein Mädchen wird zur Frau

Hinter den Klostermauern von Nimbschen ist während dieser für Luther äußerlich und innerlich so ungemein bewegten Zeit das Mädchen Katharina von Bora zur jungen Frau gereift. Seit ihrem Klostereintritt mit sechs Jahren lebt sie mit den anderen Nonnen, die allesamt aus den adeligen Geschlechtern der Region stammen und meist wie sie bereits im Kindesalter ins Kloster gebracht worden waren. Sie hat lesen und schreiben und wohl auch etwas Latein gelernt. Die monastischen Gebetszeiten – Matutin, Terz, Sext, Non am Mittag, Vesper und Komplet am Abend – strukturieren ihren Tag. Die kirchlichen Festtage und die mit Ablässen verbundenen Wallfahrten zu den zahlreichen Reliquien des Klosters strukturieren ihr Jahr. Die Hausarbeit wird von den Laienschwestern und Klostermägden erledigt, Bauern aus den umliegenden Dörfern verdingen sich auf den Feldern des Klosters. Den adeligen Nonnen bleibt das weite Feld des Nähens und Stickens. Katharina aber hat wohl durch die zum Kloster gehörenden Güter und Ländereien ihre erste Lektion in Sachen landwirtschaftlicher Betriebsführung erhalten. Auch das Amt der »Siechenmeisterin« hat man ihr schon zugeschrieben.

Waghalsige Entführung in der Osternacht 1523

Der monastischen Wohltemperiertheit ihrer Tage und Jahre wird in der Nacht von Karsamstag auf Ostersonntag des Jahres 1523 durch eine spektakulär anmutende Aktion ein Ende bereitet. Luthers Bericht über die Geschehnisse dieser Nacht ist recht nüchtern, doch Fantasie und Volksmund bereichern ihn bald um farbige Details. So heißt es schließlich, Leonhard Koppe, seines Zeichens Kaufmann und Ratsherr zu Torgau, sei mit einem Versorgungswagen im Kloster Nimbschen vorgefahren, wie er es ab und an tat, um in Fässern Hering und Stockfisch ans Kloster auszuliefern. Ob es nun 12 Nonnen oder nur neun waren, die sich in der Geschäftigkeit der Osternachtsvorbereitungen davonstahlen und im Schutz der Dunkelheit auf ihn warteten, um unter der Wagenplane versteckt das Kloster zu verlassen, ist nicht ganz sicher. Sicher aber ist, dass Katharina von Bora unter ihnen ist. Drei Tage später werden sie in Wittenberg eintreffen.

Martin Luther bekennt sich in seiner Schrift »Ursach und Antwort, dass Jungfrauen Kloster göttlich verlassen mögen« ganz öffentlich dazu, Drahtzieher und Hintermann dieser kühnen Entführung zu sein:

»Pfui, pfui! werden sie sagen, der Narr Leonhard Koppe hat sich durch den verdammten ketzerischen Mönch fangen lassen und fährt zu und führt neun Nonnen auf einmal aus dem Kloster, und hilft ihnen, ihr Gelübde und klösterlich Leben zu verleugnen und zu verlassen. Hier werdet ihr abermal sagen: Das ist wahrlich heimlich gehalten und wohl verborgen. Ja, verraten und verkauft, dass auf mich gehetzt werde das ganze Kloster zu Nimbschen, weil sie nun hören, dass ich der Räuber gewesen bin! (...) Dass ich aber solches ausrufe und nicht geheim halte, tue ich aus redlichen Gründen. Es ist durch mich nicht darum angeregt, dass es heimlich bleiben solle, denn was wir tun, tun wir in Gott und scheuen uns des nicht am Licht. Wollte Gott, ich könnte auf solche oder andere Weise alle gefangenen Gewissen erretten und alle Klöster ledig machen.«[4]

So überraschend die Flucht auch von außen anmutet – der Schritt, die bergenden Klostermauern zu verlassen, war wohl alles andere als unüberlegt. Wie er vorbereitet wurde, namentlich wie die Kunde von der reformatorischen Erneuerung nach Nimbschen kam, darüber kann nur gemutmaßt werden. Plausibel klingt, dass Luthers Schriften im Kloster offen oder heimlich zirkulieren und sich sein Verständnis vom Evangelium im Herzen jener Zisterzienserinnen Macht verschaffen kann, die sich dann zur Flucht entschließen. Nahe liegt auch, so die Forschung, dass persönliche Verbindungen mitspielen, leben doch in Marienthron die Schwester von Luthers Freund Johann von Staupitz sowie die beiden Schwestern des ehemaligen Priors des Augustiner-Eremiten-Klosters zu Grimma, Wolfgang von Zeschau.

Luther war nicht von Anfang überzeugt, dass man sogar den Mönchen »Weiber« geben solle. Erst allmählich rang er sich zu dieser Ansicht durch. Namentlich die 1521 entstandene Programmschrift über das Mönchsgelübde, »De votis monasticis iudicium«, könnte dann auch in Nimbschen Wirkung gezeigt haben. Darin legt er dar, dass die drei Grundpfeiler des Ordenslebens »Gehorsam, Armut und Keuschheit« für alle Christen ganz unabhängig von ihrem Stand Geltung haben. Und führt weiterhin aus, dass die Ordensgelübde zu brechen dann keine Sünde darstelle, wenn diese dem Glauben, der evangelischen Freiheit, dem Wort Gottes und der Vernunft widerstreben.

So schnell wie möglich unter die Haube

Die waghalsige Entführung, auf die nach dem 1523 in Kraft gesetzten Reichsrecht die Todesstrafe stand, ist zwar gelungen. Doch wohin soll Katharina, wohin sollen die anderen mit ihr geflohenen Nonnen, haben sie doch weder weltliches Gewand noch ein Unter- und Auskommen? Der Weg zurück zu ihren Verwandten im Herzogtum Sachsen, das Luther und der reformatorischen Sache im Gegensatz zum kurfürstlichen Teil Sachsens feindlich gesinnt ist, ist ihnen versperrt. Zudem ist Katharinas Vater zum Zeitpunkt ihrer Flucht wohl bereits tot; ihre Stiefmutter lebt mit den Brüdern in ärmlichen Verhältnissen. Es sind Freunde Luthers in der Universitätsstadt Wittenberg, die einspringen und Logis gewähren. Luther selbst schickt Geld-Bettelbriefe herum und versucht, die nunmehr im rechtsfreien Raum lebenden ehemaligen Zisterzienserinnen unter die Haube zu bringen.

Binnen Jahresfrist sind alle der geflohenen Zisterzienserinnen verheiratet, bis auf zwei: Die eine ist Margarethe von Staupitz, die lange unverheiratet bleibt und die Leitung der ersten Mädchenschule Mitteldeutschlands in Grimma übernimmt, und die andere Katharina von Bora, die in Wittenberg in zwei Haushalten Unterschlupf findet: dem des Magisters Reichenbach sowie dem des Hofmalers des Kurfürsten Friedrich des Weisen, Lucas Cranach dem Älteren.

Lucas Cranach der Ältere hat die Wittenberger Reformatoren im sogenannten Reformationsaltar in der Stadtpfarrkirche St. Marien verewigt, der am 24. April 1547 der Gemeinde übergeben wurde. Er zeigt in vier Bildtafeln 1. den taufenden Philipp Melanchthon; 2. Martin Luther, als »Junker Jörg« dargestellt, und Lucas Cranach zusammen mit Jesus am Abendmahlstisch; 3. den Stadtpfarrer Johannes Bugenhagen, der die Beichte hört, und 4. Martin Luther, der predigt. Im vierten Bild ist auch Katharina von Bora dargestellt. Sie sitzt unter den Gemeindemitgliedern und hält einen ihrer Söhne an der Hand.[5]

Lucas Cranach der Ältere ist aber nicht nur der Maler der Reformation, sondern auch Ratsherr, Kämmerer, Bürgermeister und reichster Bürger der Stadt, der eine Apotheke, Weinschenke sowie eine Druckerei in Wittenberg betreibt. In seinem Haus lernt Käthe König Christian II. von Dänemark, den Schwager Kaiser Karls V., kennen, der ihr sogar einen Ring verehren wird.

Katharinas erste Liebe und andere Heiratskandidaten

Im Haus von Luthers engem Mitarbeiter Philipp Melanchthon kommt Katharina, die als wissbegieriger Kopf gilt, in Kontakt mit den Studenten.

Philipp Melanchthon (1497–1560) ist, als Katharina von Bora in seinem Haus verkehrt, bereits seit fünf Jahren an der Universität zu Wittenberg als Professor für Griechisch tätig. Seit seiner Heirat im Jahr 1520 mit Katharina Krapp wohnt er in einem Haus in der Collegienstraße. Nach Wittenberg war der hochbegabte Humanist, der bereits mit 12 Jahren an der Universität zu Heidelberg (und später auch in Tübingen) Griechisch und Latein studiert hatte, auf Empfehlung seines Lehrers und Mäzens Johannes Reuchlin gekommen. Er sollte hier aber nicht nur Sprachen unterrichten, sondern bald zu Martin Luthers wichtigstem Mitstreiter in Sachen Reformation werden. Melanchthon wird Luther zu Disputationen begleiten und ihn an Reichstagen vertreten. 1530 wird er die bedeutende reformatorische Bekenntnisschrift »Confessio Augustana« verfassen.

Unter den Studenten ist auch Katharinas erste Liebe, Hieronymus Baumgartner (1498–1565). Der aus Nürnberg stammende Student ist im Frühsommer 1523 bei seinem Lehrer Melanchthon zu Gast, als sich zwischen Katharina und Hieronymus eine zarte Romanze anbahnt. Als Baumgartner Wittenberg verlässt, stellt er seine baldige Rückkehr in Aussicht. Katharina wartet. Vergeblich. Der Widerstand der Eltern des Nürnberger Patriziersohns ist zu groß. Auch die Intervention des sich als Heiratsvermittler betätigenden Luther läuft ins Leere. Luther schreibt Baumgartner am 12. Oktober 1524, er solle doch – »wenn du deine Käthe von Bora halten willst« – die Sache beschleunigen, »ehe sie einem andern zugeführt wird, der bei der Hand ist«. Käthe, so Luther weiter, habe die Liebe zu ihm (Baumgartner) noch nicht überwunden und er, Luther, würde sich freuen, »wenn ihr beide einander heiraten würdet«.[6] Luthers Intervention verhallt ungehört.

Es ist wiederum Luther, der einen neuen Heiratskandidaten ins Spiel bringt: Kaspar Glatz, Pastor zu Orlarmünde. Den will Katharina jedoch partout nicht heiraten, weil, so sagen manche, dieser als unangenehmer Geizkragen galt. Sie lässt Luther ausrichten, dass sie entweder ledig bleibe oder aber den Mittelsmann Nikolaus von Amsdorf oder eben ihn, Martin Luther selbst, zu heiraten gedenke.

»Dass es mich nicht zur Heirat zieht« – Luther zögert

Luther, der als Theologe und Reformator nach kurzem Zögern den Abgesang auf das ehelose Leben von Priestern und Ordensleuten intoniert und das Hohelied des Ehestandes singt, drängt es persönlich nicht zur Heirat. Noch im April 1525 – zwei Monate vor der Heirat mit Katharina am 13. Juni 1525 – schreibt er seinem Freund Georg Burckhardt aus Spalt (genannt Spalatin), er möge sich nicht darüber wundern, »dass es mich nicht zur Heirat zieht, der ich doch so ein famoser Liebhaber bin«[7]. Luther freilich wundert sich sehr über sich selbst, »dass ich, der ich so oft von der Ehe schreibe und mich unter die Frauen mische, noch nicht schon längst selbst zur Frau geworden bin, geschweige denn nicht selbst eine heimgeführt habe«[8].

Dieser Diskrepanz eingedenk scheint es, Luther habe sich durch das Werben Katharinas, mehr aber noch durch das beharrliche Drängen von Geistlichen und so mancher seiner Freunde, schließlich doch dazu hinreißen lassen, die Wahrheit seiner Lehre durch eine beherzte Tat zu bekräftigen. Er gibt sich geschlagen und schreibt seinem Schwager, dass er bereit sei, »zum Exempel vorherzutraben (...) und sollt's nicht weiter denn eine verlobte Josephsehe sein«[9].

Käthe – die dritte Wahl

Die letzte Entscheidung für eine Heirat mit Katharina trifft Luther mitten in den Wirren der Bauernaufstände, die eigentlich seine volle Aufmerksamkeit brauchten. Ist doch das Jahr 1525 für die reformatorische Sache ein wirkliches Krisenjahr. In apokalyptische Farben getaucht ist denn auch die von Luther im Mai 1525 geäußerte Absicht, Käthe zu ehelichen. Die Bauern seien »allzumal Räuber und Mörder, die das Schwert aus eigener Durst und Frevel nehmen und wollen Fürsten, Herrn und alles vertreiben, neu Ordnung machen in der Welt, deß sie von Gott weder Gebot, Macht, Recht noch Befehl haben«[10]; er aber hoffe, dass er dem Teufel »zum Trotz (...) meine Käthe noch zur Ehe nehmen« werde, »ehe ich denn sterbe, wo ich höre, dass sie (sc. die Bauern) fortfahren«[11].

Doch von Liebe, die er später in einer seiner Tischreden öffentlich bekennt – »Ich habe meine Käthe lieb (...), und ich weiß, dass ich sie lieber hab denn sie mich, das heißt, ich wollt lieber sterben denn dass sie und die Kinder stürben«[12] –, ist da noch keine Rede, wie Luther später selbst einräumt: »Meine Käthe hatte ich dazumal nicht lieb; denn ich hielt sie verdächtig, als wäre sie stolz und hoffährtig.«[13] Seine erste Wahl ist und bleibt Ave von Schönfeldt, Katharinas ehemalige Mit-Nonne aus dem Nimbschener Kloster, die dann aber den Medicus Basilius Axt heiraten sollte. Auch die zweite Wahl ist Katharina nicht: Das war wohl eine namentlich nicht näher bezeichnete Alemannin, von der Luther gar als seiner Verlobten gesprochen und die im Januar 1525 anderweitig geheiratet haben soll.

»Als sollte ich ein Ehemann worden sein« – die Hochzeit

Gefreit hat Doktor Martinus Katharina von Bora kurzfristig, wohl am Tag des Gelöbnisses selbst, dem 13. Juni 1525. Es wird im Haus des Stadtschreibers Reichenbach in der Bürgermeistergasse – anderer Überlieferung zufolge im Schwarzen Kloster – in Anwesenheit von vier Zeugen vorgenommen.

Dem Brauch der Zeit folgend werden die Brautleute nach dem sich anschließenden kleinen Nachtessen durch die wenigen Traugäste, unter ihnen Lucas Cranach der Ältere und seine Frau, bis ins Ehegemach geleitet, wo sie sich zu Bett begeben und die Ehe rechtliche Gültigkeit bekommt.

Die Hochzeitsfeier und der damit verbundene Kirchgang folgen erst 14 Tage später, am 27. Juni. Groß ist die Hochzeitsgesellschaft nicht, und die persönlichen Einladungsschreiben Luthers entbehren nicht der Selbstironie. Irgendwie scheint er selbst erstaunt, sich nun im Stand der Ehe zu finden. »Gestrenger, ehrenfester, lieber Herr und Freund! Es ist ohne Zweifel mein abenteuerlich Geschrei zu Euch gekommen, als sollte ich ein Ehemann worden sein. Wiewohl mir aber dasselbige fast seltsam ist und selbst kaum glaube, so sind doch die Zeugen so stark, dass ich's denselben zu Dienst und Ehren glauben muss.«[14] Unter den Gästen ist auch der selige Räuber von einst, der die folgenreiche Flucht aus Nimbschen im Auftrage Luthers ausführte: Leonhard Koppe. Es lassen, so Luther, »mein Herr Caterin und ich gar freundlich bitten«, er möge doch auf ihre Kosten »ein Fass des besten torgischen Biers«[15] zum Festmahl mitbringen.

Uneinig ist sich die Forschung, ob Luthers Freund und Mitstreiter Melanchthon geladen ist oder nicht. Wenn nicht, dann wohl deshalb nicht, weil er zu jenen gehört, die zwar nicht den grundsätzlichen Schritt der Heirat, wohl aber die konkrete Wahl des Reformators bedauern. »Wenn ich nicht insgeheim geheiratet hätte, dann hätten alle es verhindert. Denn alle meine Freunde riefen: ›Nicht die, sondern eine andere‹.«[16] Katholische Gegner Luthers bringen Spottverse und Schmähgedichte in Umlauf und bedienen sich des reformatorischen Mediums der Flugschriften, um die Ehe zwischen dem ehemaligen Mönch Martin Luther und der entsprungenen Nonne Katharina von Bora als Sakrileg zu geißeln. Das böse Wort von der Mönchshure macht die Runde. Johannes Eck, der katholische Widerpart Luthers, wird die Verse und Schmählieder gar sammeln und 1527 eigens ein Buch daraus machen. Spätere Chronisten glaubten gar um Verständnis für dieses Vorgehen werben zu müssen. »Es muss den Zeitgenossen sonderbar vorgekommen sein, einen Mönch und eine Nonne öffentlich als Mann und Frau zu sehen – heimlich war der Fall nichts weniger als neu – und daher dürfen wir es den Gegnern nicht so übel nehmen, wenn sie von dem Kätherle nicht anders sprachen, als von einer Hure, und von Luthers eheleiblichen Kindern nicht anders als von Bankerten.«[17]

Das Schwarze Kloster – Wohnheim, Mensa, Studierstube und Hospiz

Wohnung nimmt das Ehepaar im Schwarzen Kloster zu Wittenberg, dem ehemaligen Domizil der Augustiner-Eremiten, das aus einem imposanten dreistöckigen Hauptgebäude besteht. Luther wohnt dort bereits seit 1508, zunächst als Mönch. Später, als das Kloster säkularisiert und aufgelöst wird, bleibt er mit der Bewilligung des Kurfürsten mit anderen dort wohnen, 1532 wird das Haus in seinen Besitz übergehen.

Das ehemalige Schwarze Kloster, heute meist »Lutherhaus« genannt, gehört seit 1996 zum Unesco Weltkulturerbe. Es kann ebenso wie die Wohnhäuser Philipp Melanchthons und Lucas Cranachs in Wittenberg besichtigt werden. Neben einem biografischen Rundgang mit zahlreichen Exponaten (Handschriften, Gemälde) ist im »Lutherhaus« auch des Reformators Studierzimmer, die »Lutherstube«, rekonstruiert.

Die beiden bleiben nicht lange allein. Das Haus füllt sich spätestens seit 1529 mit Kostgeld zahlenden Studenten, denen das Schwarze Kloster Wohnheim, Mensa und Studierstube in einem ist. Ebenfalls im Haus wohnen Freunde, die Lehrer der Kinder, Verwandte und auch Gesinde, sodass die Haus- und Tischgemeinschaft mitunter bis auf 40 Personen anwächst. Neben den eigenen Kindern werden auch Pflegekinder – es ist von elf die Rede – aufgenommen. Bisweilen finden flüchtige Nonnen und sogar eine dänische Prinzessin Unterschlupf, auch ohne dass sie dafür bezahlen, was Chronisten von einem »Asyl für Abtrünnige« sprechen lässt.

Sie alle aber wollen untergebracht sein, weshalb das Haus, das sich zum Zeitpunkt, wo Käthe einzieht, in schlechtem baulichen Zustand ist, alsbald renoviert und erweitert wird. Im Laufe der Jahre kommen Badstube und Keller ebenso dazu wie Stallungen und ein Brauhaus. Auch an Hausrat mangelt es an allen Ecken und Enden, und so werden Bettzeug, Federn und Leuchter angeschafft, sowie allerlei Küchengerät. Luthers Gehalt ist allerdings bescheiden. Im Jahr verdient er zunächst 200 Gulden, dann später 300, dazu kommen seit 1527 Naturalien in Form von Getreide, Gerste, Holz und Heu. Diese müssen verarbeitet werden, wie auch all das, was man im eigenen Garten als Selbstversorger produziert. Käthe hält Schweine, Kühe, Ziegen und Hühner, sie bestellt Garten und Ackerland, wo neben Melonen und Kürbissen sogar Safran gedeiht. Sie verarbeitet mithilfe der Mägde und Knechte die Früchte der Kirsch-, Birn-, Apfel- und Pfirsichbäume. Sie macht Butter und Käse, lernt Brot backen und Bier brauen. Darauf spielt Luther in seinen Ehebriefen an, wenn er sie seine »Brauerin«, »Gärtnerin« und »Saumarkterin«[18] nennt. Zum »normalen« Betrieb kommen festliche Bankette bei Promotionen hinzu sowie Hochzeiten, die Katharina von Bora ebenfalls ausrichtet und ihr nicht selten eine Hundertschaft von Gästen ins Haus bringen.

»Mein Herr Käthe«

Käthes Tüchtigkeit beschränkt sich nicht auf die täglichen Herausforderungen des Haushaltens und Wirtschaftens. Sie plant vorausschauend, kauft Grundstücke im Nordosten der Stadt Wittenberg, unweit des Schwarzen Klosters, und übernimmt später sogar den ehemaligen Besitz ihrer Familie in Zöllsdorf, südlich von Leipzig. Sie hält das Geld zusammen, das ihr Doktor Martinus allzu leicht ausgibt oder gar einfach verschenkt. Mehr noch: Sie mehrt es, sodass Luther bei seinem Tod einer der reichsten Bürger der Stadt gewesen sein soll. Katharinas Tante väterlicherseits, genannt »Muhme Lene«, geht ihrer Nichte bei der Verwaltung des großen Hauses zur Hand. Heilkundig wie sie ist, braut sie Kräuter- und Gewürzsud, um Zipperlein ebenso wie schwere Krankheiten zu kurieren. Sie ist es auch, die Katharina zur Seite steht, als im Jahr 1527 die Pest ausbricht und Pestkranke im Haus zu pflegen sind und das Schwarze Kloster auch zum Hospiz wird.

Legendär geworden ist Luthers Rede von »mein Herr Caterin«[19] bzw. »mein Herr Käte«[20], womit – so die meisten Interpreten – dieser Katharinas Regiment und Oberhoheit im Haus anerkennt. »Gut hat Gott für mich gesorgt, der mir eine solche Ehefrau gab, die sich um die häuslichen Angelegenheiten kümmert, sodass ich mich davon fernhalten kann.«[21] Weniger Wohlmeinenden bestätigt die Rede vom Herrn Käthe darüber hinaus, dass sie, die er auch »Dominus meus Ketha«[22] oder auch »Dominus mea«[23] nennt, nicht nur die Herrin der Hauswirtschaft, sondern auch der Predigten, der Theologie und der Personalentscheidungen Luthers ist. Nennt er sie in seinen Briefanreden doch auch »Doctorin«, »allerheiligste Frau Doctorin« und »Predigerin«.[24] Belegt ist jedenfalls, was sich zu dieser Zeit nicht von selbst verstand, dass sie an den Tischgesprächen teilnahm, die von den anwesenden Studenten und Magistern aufgezeichnet wurden und die als Tischreden überliefert sind. Noch weniger verstand es sich, dass sie selbst das Wort ergriff zur Nachfrage oder zum Protest – die Überlieferung diesbezüglich ist denn auch mehr als dünn. Gelehrige Schülerin sei sie gewesen, so heißt es, und sie habe profitiert von seiner Gelehrsamkeit. Wie sollte sie auch nicht.

Kinderjahre

Auch wenn Luther vor der Heirat eine verlobte Josephsehe – womit man eine sexuell enthaltsame Ehe zu bezeichnen pflegt – nicht ausschloss, so wird die Ehe mit seiner Käthe doch alles andere als das. Innerhalb von acht Jahren (1526–1534) bringt Käthe sechs Kinder zur Welt. Im Jahr 1540 folgt eine Fehlgeburt, von der sie sich nur schwer erholt. Bei der Geburt des ersten Kindes Johannes ist der Reformator 43 Jahre alt und Katharina 27, beim letzten ist Luther 51 und seine Frau 35. Unterrichtet werden die

Kinder von Hauslehrern, die ebenso wie die Studenten im Haus wohnen. Zwei der drei Mädchen sterben noch im Kindesalter – Elisabeth mit nur zehn Monaten, Magdalena mit knapp dreizehn Jahren.

> Die sechs Kinder von Katharina von Bora und Martin Luther sind Johannes, genannt Hans (1526–1575), Jurist; Elisabeth (1527–1528); Magdalena, genannt Lenchen (1529–1542); Martin (1531–1564), Theologe; Paul (1533–1593), Leibarzt des Kurfürsten von Sachsen; Margarethe (1534–1570), Ehefrau des preußischen Gutsherrn Georg von Kunheim (1532–1611).

Die religiöse Unterweisung der Kinder erfolgt anhand von Luthers »Kleinem Katechismus«, den er zusammen mit dem »Großen Katechismus« im Jahr 1529 fertigstellt. 1534 veröffentlicht er seine erste Gesamtübersetzung der Bibel. Neben seiner Publikationstätigkeit ist Luther Universitätsprofessor, 1535 wird er Dekan der theologischen Fakultät. Dieses Amt behält er bis zu seinem Tod. Er hält Vorlesungen, nimmt an akademischen Disputationen teil und predigt – bisweilen viermal die Woche, was dazu führt, dass er zwischen 1510 und 1546 an die 2000 Predigten hält.

Ehejahre – Ehegespräche

Über das Eheleben von Katharina von Bora und Martin Luther im engeren Sinn ist wenig überliefert. Er, der zu Beginn so offen eingeräumt hat, dass es nicht Liebe war, die sie zusammengeführt hat, sollte später jedoch sagen können: »Ich wollt meine Käthe nicht um Frankreich noch um Venedig dazu hergeben, zum Ersten darum, da Gott sie mir und mich ihr gegeben hat. Da ich oft erfahre, dass an andern Frauen mehr Mangel ist als an meiner Kethen; und obwohl sie schon etliche Mängel hat, so stehen dem doch viel größere Tugenden dagegen.«[25]

Im direkten Zwiegespräch erleben wir Martin Luther und Katharina von Bora jedoch nie. Es sind aus seiner Hand gerademal 21 Briefe an sie erhalten, von ihr kein einziger an ihn. Die seinen, die er bisweilen mit »dein Liebchen Martin Luther«[26] oder »dein altes Liebichen«[27] unterzeichnet, erstrecken sich zwar über einen Zeitraum von fast 16 Jahren, doch letztlich gewähren sie Einblick nur in kleinste Zeitfenster respektive Perioden ihres gemeinsamen Lebensweges.

> Die Forschung pflegt Luthers Ehe-Briefe in drei Gruppen einzuteilen. Neben den Coburg-Briefen, die er auf der Veste Coburg anlässlich des Augsburger Reichstages im August/September 1530 schrieb, stehen die Weimar-Eisenach-Briefe vom Juli 1540, sowie die Eisleben-Briefe (Januar bis Februar 1546) aus Luthers letztem Lebensjahr.

Der Reformator berichtet darin über die politischen Ereignisse rund um die Marburger Religionsgespräche und den Augsburger Reichstag. Praktische Alltags- und Familienangelegenheiten nehmen breiten Raum ein, und auch die Kinder finden in allen Briefen zumindest grußweise Erwähnung. Luther gibt Anweisungen, lässt Nachrichten an die Freunde in Wittenberg übermitteln oder bittet seine Frau, seine Briefe diesen zu lesen zu geben. Auch sein leibliches Wohlergehen spart er nicht aus, so schreibt er am 16. Juli 1540: »Euer Gnade solle wissen, dass wir hier (gottlob) frisch sind, fressen wie die Böhmen (doch nicht sehr), saufen wie die Deutschen (doch nicht viel), sind aber fröhlich.«[28]

»Lass mich zufrieden mit deiner Sorge«

Käthes Sorge um seine körperliche Verfasstheit ist nicht unbegründet und während der ganzen Ehe präsent. Luther wiegelt schnell einmal ab und mahnt sie zu mehr Gottvertrauen und Gelassenheit: »Lass mich zufrieden mit deiner Sorge, ich hab einen bessern Sorger, denn du und alle Engel sind, der liegt in der Krippen und hänget an einer Jungfrauen Zitzen, aber sitzt gleichwohl zur rechten Hand Gottes, des allmächtigen Vaters. Darum sei zufrieden. Amen.«[29]

Zeitlebens plagen ihn akute Depressionen. Die Seelennöte und die »Teufel«, die ihn bedrängen, kann, wie er selbst sagt, auch seine Käthe nicht mildern. Dazu kommen immer wiederkehrende Ohnmachtsanfälle, Ohrensausen, Schwindel. Mindestens zweimal ist er ernsthaft krank und sicher, dass er nicht überleben werde: im Juli 1527, dann 1537 erneut in Schmalkalden. 1537 sind es Nierensteine, die ihn plagen. Seinen Tod vor Augen bittet Luther in einer Art Testament seinen Schüler und Freund Melanchthon: »Tröste meine Käthe. Sie soll es so tragen, wie sie auch 12 Jahre mit mir fröhlich gewesen ist. Sie hat mir gedient, nicht nur wie eine Ehefrau, sondern wie eine Dienerin. Möge Gott es ihr vergelten! Ihr aber sorgt für sie und die Kinder, wie es geboten ist.«[30] Luther stirbt nicht. Es soll der Fahrt über holprigstes Gelände geschuldet sein, dass sich seine Nierensteine lösten.

Furios, seelenwund und ausgebrannt – Luthers späte Jahre

Die 40er-Jahre sind ereignisreiche Jahre. 1540 kann Käthe den ehemaligen Familienbesitz Zöllsdorf, zwei Tagesreisen von Wittenberg entfernt, erwerben. Im selben Jahr erleidet sie eine Frühgeburt, die sie niederringt und lange Zeit krank sein lässt. Zwei Jahre später stirbt ihre Tochter Magdalena im Alter von 13 Jahren. Ihr Tod reißt eine große Lücke und in Luther ringt der Theologe mit dem Vater. Er gesteht, »fröhlich im Geist, aber nach dem Fleisch (...) sehr traurig« zu sein, denn »das Scheiden vexiert einen über die Maßen sehr«. Es sei ein »Wunderding«, sie einerseits dort aufs Beste in Frieden zu wissen und andererseits doch solchen Schmerz zu empfinden.[31] Auch die politischen Entwicklungen ebenso wie die innerreformatorischen Streitigkeiten machen ihm zu schaffen. Er verfasst 1537 im Auftrag seines Landesherrn die Schmalkaldischen Artikel, 1540 seine sogenannte Türkenschrift. 1543 erscheint seine letzte Schrift »Von den Juden und ihren Lügen«, in welcher er die furchtbaren antisemitischen Ressentiments und Vorwürfe seiner Zeit reproduziert: Die Juden seien verstockt und böswillig, dem Reiche Satans zugehörig und ihre Synagogen sollten mit Feuer angesteckt, ihre Häuser zerstört und den Rabbinern das Lehren verboten werden. Der große Reformator ist furios geworden.

Dazu ist er seelenwund und ausgebrannt. »Ich habe ausgearbeitet und ausgelebt, der Kopf ist kein Nutz mehr. Ich begehre Gnade und Barmherzigkeit«[32]. Dass er aber wirklich so unglücklich war, wie manche behaupten, hat die Forschung mittlerweile entkräftet. Gewiss ist, dass Luther der Verhältnisse in Wittenberg überdrüssig ist. Das einstige Provinzstädtchen mit seinen gerademal 200 Studenten hat sich zu einer veritablen Universitätsstadt mit 2000 Studenten ausgewachsen. Das dortige Treiben der Studenten widert ihn an. Er droht, Wittenberg zu verlassen, was der Rat der Stadt und die Universität jedoch zu verhindern wissen.

Am 18. Februar 1546 stirbt Luther im Alter von 63 Jahren in Eisleben. Katharina besteht darauf, dass sein Leichnam nach Wittenberg überführt wird. Er wird in der Schlosskirche zu Wittenberg unter der Kanzel beigesetzt, woran heute noch eine Bronzeplatte erinnert. Sie trägt in lateinischer Sprache die Inschrift: »Hier ist begraben der Leib des Doktors der heiligen Theologie Martin Luther, der im Jahre Christi 1546 am 18. Februar in seiner Heimatstadt Eisleben starb, nachdem er 63 Jahre 2 Monate 10 Tage gelebt hatte.«

Die bevormundete Witwe

Katharinas Trauer ist groß. Diese bringt sie im Brief an ihre Schwägerin Christina von Bora, den sie mit »Catharina des Herrn Doctor Martinus Luthers gelassene Wittfrau« unterzeichnet, so ins Wort: »Denn wer wollt' nicht billig betrübt und bekümmert sein, um einen solchen teuren Mann, als mein lieber Herr gewesen ist? Der nicht allein einer Stadt oder einem einigen Land, sondern der ganzen Welt viel gedienet hat. – Derhalben ich wahrlich so sehr betrübt bin, dass ich mein großes Herzeleid keinem Menschen sagen kann. Und weiß nicht, wie mir zu Sinn und zumut ist. Ich kann weder essen noch trinken. Auch dazu nicht schlafen. Und wenn ich hätt' ein Fürstentum und Kaisertum gehabt, sollt mir so leid nimmermehr geschehen sein, so ich's verloren hätt', als nun unser lieber Herrgott mir, und nicht alleine mir, sondern der ganzen Welt, diesen lieben und teuren Mann genommen hat.«[33]

In ihre Trauer mischt sich rechtliches Ungemach. Sie verliert mit dem Ehemann auch ihre gesellschaftliche Stellung als die »Lutherin«. Zwar hat Luther sie in seinem Testament als Universalerbin eingesetzt und als Vormund für die Kinder bestimmt. Da dies aber nicht den rechtlichen Usancen entspricht, werden sowohl ihre vier noch lebenden Kinder – der 20-jährige Hans, der 15-jährige Martin, der 13-jährige Paul und die 12-jährige Margarethe – als auch sie selbst bevormundet. Käthe will in Wittenberg im Schwarzen Kloster bleiben und auch weiterhin Studenten beherbergen, was sie auch tut, unterbrochen durch zwei Fluchten. Im November 1546 flieht sie vor den kaiserlichen Truppen nach Magdeburg (mit Ziel Dänemark) und im April 1547 erneut vor denselben nach Braunschweig. Zurückgekehrt findet sie ihre Güter zum Teil verwüstet vor. Auch sonst ist ihre wirtschaftliche Lage alles andere als entspannt, wozu auch Missernten beitragen. Namentlich Philipp Melanchthon und der Wittenberger Stadtpfarrer und Reformator Johannes Bugenhagen setzen sich für Katharina ein. Auch der dänische König, den Katharina in ihren frühen Jahren im Hause Lucas Cranachs des Älteren kennengelernt hatte, unterstützt die in Bedrängnis geratene Witwe mit jährlichen Zuwendungen. Herzog Albrecht von Preußen gewährt dem ältesten Sohn Hans ein Stipendium für das Jurastudium. Gleichwohl hat die Rede von den bitteren und schweren Witwenjahren der Katharina von Bora ihr eigenes Recht.

Katharinas Abgang

Als 1552 die Pest in Wittenberg ausbricht, zieht die ganze Universität nach Torgau um. Katharina von Bora harrt zunächst aus und pflegt die Pestkranken; doch als sich die Todesfälle häufen, flieht auch sie im Oktober mit den Kindern Paul und Margarethe. Kurz vor Torgau stürzt sie vom Wagen. Sie wird sich von diesem Sturz nicht mehr erholen und am 20. Dezember 1552, neun Tage vor ihrem 53. Geburtstag, sterben. Sie, die nach dem Tod Luthers ins gesellschaftliche Abseits geraten war, trotz der (finanziellen) Unterstützung so mancher, wurde in der Marienkirche zu Torgau beigesetzt. Noch heute zeugt davon eine lebensgroße, steinerne Relief-Wandplatte. Sie zeigt Katharina von Bora lebensgroß, Kopf und Leib eingehüllt in faltenreiches Tuch, das fast an den Habit einer Nonne gemahnt, ein aufgeschlagenes Buch in den Händen, links und rechts über ihrem Haupt das Wappen der Boras und das Luthers.

Postscriptum

Martin Luther, der zur Heirat mehr äußerlich gedrängt als innerlich gezogen wurde, hat immer wieder als Hochzeitswerber und Ehevermittler gewirkt. So auch bei seinem engen Mitarbeiter Philipp Melanchthon (1497–1560), den es wie Luther selbst nicht recht zum Heiraten drängte, wähnte er sich doch bereits glücklich verheiratet mit der ihn beseelenden Wissenschaft. Bereits fünf Jahre vor Luthers eigener Heirat gelingt es ihm, Melanchthon mit der Tochter des Wittenberger Ratsherrn und Bürgermeisters, Katharina Krapp, zu verkuppeln. Als er und Käthe dann 1525 heiraten, wohnen die »Luthers« und die »Melanchthons« in Wittenberg fast Tür an Tür. Nicht nur die Kinder der beiden Familien haben Umgang miteinander, wie man aus den Briefen Luthers erfährt. Namentlich Philipp Melanchthon ist häufiger und gern gesehener Gast an Käthes Tisch. Ob Käthe auch mit Katharina Melanchthon verkehrte, darüber ist wenig bekannt. Katharinas Biografen wollen jedenfalls von Missstimmungen zwischen Luther und Melanchthon – wegen der »Weibertyrannei« – wissen. Uneinig sind sie freilich darüber, welche der beiden Katharinas denn gemeint war. Katharina Melanchthon, so wollen andere Chronisten wissen, habe sich zurückgesetzt gefühlt, da Luthers Käthe im Lichtstrahl ihres Mannes zu große Schatten auf sie geworfen habe. Und das nicht nur in Sachen Kleiderordnung, die im Universitätsleben streng geregelt gewesen sei und wonach es nur der Frau eines Doktors, nicht aber der eines Magisters – und Melanchthon war »nur« ein Magister –, gestattet war, goldene ungefütterte Hauben sowie Samt- und Seidenborten zu tragen. Ob hier wirklich weibliche Streitsucht am Werk war oder es sich vielleicht doch nur um Männergeschwätz über vermeintliche Weiberranküne handelt, das ist im historischen Rückblick nicht mehr aufzuklären. Ranküne hin oder her – es war Philipp Melanchthon, der der verwitweten Lutherin beherzt unter die Arme griff.

Verwendete Literatur

Quellen

Wilhelm Martin Leberecht de Wette – Johann Karl Seidemann (Hg.), Dr. Martin Luther's Briefe, Sendschreiben und Bedenken. 6 Bde. Berlin 1825–1856

D. Martin Luthers Werke. Kritische Gesamtausgabe. Weimar 1883 ff. (Weimarer Ausgabe, zitiert: WA)

Martin Luther hat nicht nur einige Werke, sondern auch manche seiner Briefe in lateinischer Sprache verfasst. Da, wo das Original Lateinisch ist, wurde es ins Deutsche übersetzt. Ansonsten wurde versucht, das Lutherdeutsch in seiner Schreibweise und Interpunktion heutigen Sprachgewohnheiten anzupassen, ohne jedoch den sprachlichen Duktus zu verändern.

Sekundärliteratur

Dick Akerboom, Katharina von Bora und ihr Einfluss auf Martin Luther, in: Lutherische Kirche in der Welt 52 (2005) 83–119

Roland H. Bainton, Frauen der Reformation. Von Katharina von Bora bis Anna Zwingli. Zehn Porträts. Aus dem Englischen von Marion Obitz. Gütersloh 1996[3]

Albrecht Beutel, Martin Luther. Mönch, Professor, Reformator, in: Martin H. Jung – Peter Walter (Hg.), Theologen des 16. Jahrhunderts. Humanismus – Reformation – Katholische Erneuerung. Darmstadt 2002, S.47–64

Martin Brecht, Martin Luther. Bd.1: Sein Weg zur Reformation 1483–1521. Stuttgart 1981; Bd. 2: Ordnung und Abgrenzung der Reformation 1521–1532. Stuttgart 1986; Bd.3: Die Erhaltung der Kirche 1532–1546. Stuttgart 1987

Peter Freybe (Hg.), Mönchshure und Morgenstern. Katharina von Bora, die Lutherin. Wittenberg 1999

Friedrich Gottlob Hofmann, Katharina von Bora oder Dr. Martin Luther als Gatte und Vater. Ein Beitrag zur Geschichte der Priesterehe sowie des ehelichen und häuslichen Lebens des großen Reformators nach den Quellen bearbeitet. Leipzig 1845

Martin H. Jung, Philipp Melanchthon. Humanist im Dienste der Reformation, in: Martin H. Jung – Peter Walter (Hg.), Theologen des 16. Jahrhunderts. Humanismus – Reformation – Katholische Erneuerung. Darmstadt 2002, S.154–171

Friedrich Wilhelm Kantzenbach, Martin Luther. Der bürgerliche Reformator. Göttingen 1972

Anne-Katrin Köhler, Geschichte des Klosters Nimbschen. Von der Gründung 1243 bis zu seinem Ende 1536/1542. Mit einem Exkurs »Zisterzienserinnen zwischen Saale und Neisse im 13. Jahrhundert und ihre Stellung zum Orden« (Arbeiten zur Kirchen- und Theologiegeschichte 7). Leipzig 2003

Ernst Kroker, Katharina von Bora. Martin Luthers Frau. Ein Lebens- und Charakterbild (Biographien bedeutender Frauen 6). Berlin 1906

Bernhard Lohse, Luthers Theologie in ihrer historischen Entwicklung und in ihrem systematischen Zusammenhang. Göttingen 1995

Heiner Lück, Art. Wittenberg, in: TRE 36 (2004) S.232–243

Claudia Medert – Ute Mennecke, Luthers Briefe an seine Frau, in: Luther 54 (1983) 124–145

Erwin Mülhaupt, Sieben kleine Kapitel über die Lebenswege Luthers und Käthes, in: Luther 57 (1986) 1–18

Stefan Rhein, Katharina Melanchthon geb. Krapp, in: 700 Jahre Wittenberg. Stadt, Universität, Reformation, hg. von Stefan Oehmig. Weimar 1995, S.501–518

Katharina Rutschky, Glückwunsch, Frau Lutherin! Katharina von Bora – die Frau, die Luthers Männerwelt liebevoll zum Einsturz brachte. Zum 500. Geburtstag eine Gratulation, in: www.zeit.de/1999/05/Glueckwunsch_Frau_Lutherin

Heinz Scheible, Melanchthon und Frau Luther, in: Ders., Aufsätze zu Melanchthon. Tübingen 2010, S.373–391

D. Albrecht Thoma, Katharina von Bora. Geschichtliches Lebensbild. Berlin 1900 (Neudruck Teddington 2006)

Martin Treu, Die Frau an Luthers Seite. Katharina von Bora – Leben und Werk, in: Luther 70 (1999) 10–29

Karl Julius Weber, Die Möncherey oder geschichtliche Darstellung der Kloster-Welt. Bd. 3/1. Stuttgart 1820

Hellmut Zschoch, Katharina Luther als Frau der Reformation, in: Luther 72 (2001) 137–157

Romane

Eleonore Dehnerdt, Kloster, Pest und Krippenspiel. Das Leben der Katharina von Bora. Neukirchen-Vluyn 1999

Asta Scheib, Kinder des Ungehorsams. Die Liebesgeschichte des Martin Luther und der Katharina von Bora. München 2008 (Erstveröffentlichung 1985)

Eva Zeller, Die Lutherin. Spurensuche nach Katharina von Bora. München 2000

Internetadressen

www.martinluther.de

www.wittenberg.de

Mein Verlangen, Sie zu lieben

Johanna Franziska von Chantal (1572–1641) und Franz von Sales (1567–1622)

Es ist eine Liebe in den kirchenpolitisch wirren Zeiten der Gegenreformation, die Johanna Franziska von Chantal und Franz von Sales verbindet. Beide sind sie Kinder ihrer Zeit, nicht nur was das strenge religiös-geistige Milieu und Klima angeht, in dem sie groß geworden sind. Er, der Spross aus adeligem Haus in Thorens bei Annecy und Bischof der Diözese Genf, gilt als »Homme de lettres (spirituelles)«, als »Meister der Seelenführung« und »Gentleman« unter den Heiligen, der sich im Kampf gegen die Reformation calvinistischer Prägung bewährt hat. Sie, die Tochter des burgundischen Parlamentspräsidenten Bénigne Frémyot in Dijon, gilt als »Dame parfaite« und ebenso kultivierte wie fromme Aristokratin von vollendeter Haltung, die als Gründerin eines Ordens der neuen Art verehrt wird.

> Die Stadt Genf nahm die Reformation 1536 zusammen mit Lausanne an. Am Vorabend der Reformation durch Jean Calvin (1509–1564) verließ der (katholische) Bischof von Genf die Stadt und zog 1535 nach Annecy ins Exil, das bald darauf als das »Rom von Savoyen« gelten sollte. Franz von Sales wird von 1602–1622 dort als (expatriierter) Bischof von Genf residieren.

Ehefrau und Mutter auf Schloss Bourbilly

Als die beiden sich im März 1604 erstmals begegnen, liegt bereits ein ganzes (Familien-)Leben hinter der 32-jährigen Johanna Franziska. Früh, sehr früh wird sie zur Halbwaise. Sie ist 18 Monate alt, als ihre Mutter bei der Geburt ihres Bruders André stirbt. Die verwitwete Schwester ihres Vaters nimmt sich ihrer Erziehung an und sucht die Mutterrolle auszufüllen. Spät, sehr spät – zumindest gemessen an den Usancen der Zeit – heiratet Johanna Franziska mit 21 Jahren Christophe de Rabutin, Baron von Chantal. Zuvor hat ihr religiöser Eifer sie, wie ihre Chronisten zu wissen meinen, einen hugenottischen Bewerber zurückweisen lassen mit dem Bemerken, sie werde lieber tausend Tode sterben als einen Feind der Kirche zu heiraten. Das heruntergekommene Schloss Bourbilly nahe Semur, wo das Ehepaar Wohnung nimmt, verwaltet sie nahezu allein wie auch die dazugehörenden Güter. Ihr Mann ist als hoher Offizier im Dienst am königlichen Hof häufig abwesend. Johanna Franziska muss allein ihren Mann stehen. Dazuhin wird sie sechs Kinder zur Welt bringen, von denen jedoch zwei kurz nach der Geburt (1593 und 1594) sterben. Es bleiben ihr der Sohn Celse-Bénigne (*1596) und die drei Töchter Marie-Aimée (*1598), Françoise (*1599), Charlotte (*1601).

Der verfeinerte religiöse Sinn und der geistliche Zuschnitt der späteren Ordensfrau scheint, schenkt man ihren Hagiografen Glauben, bereits in diesen Familienjahren auf. Als Lichtgestalt und »gute Frau von Bourbilly« wurde die Schlossherrin gezeichnet. Man rühmte, dass sie nicht nur tüchtig gewirtschaftet, sondern täglich die heilige Messe besucht und eigenhändig Essen an die Armen ausgeteilt habe, die von weit her kamen und teils einen Fußmarsch von mehreren Kilometern auf sich nahmen, um zu ihr zu gelangen. Selbst eine Wand habe sie durchbrechen und ein Krankenzimmer einrichten lassen, um in Zeiten der großen Hungersnot den Andrang der Bedürftigen und Kranken bewältigen zu können.

Das Jahr 1601 wird ihr zum Schicksalsjahr. Ihr Ehemann, seines Zeichens begeisterter Jäger, stirbt im Januar – nur 15 Tage nachdem Johanna Franziska ihre jüngste Tochter Charlotte zur Welt gebracht hat – an den Folgen eines Jagdunfalls. Die durch Geburt und Wochenbett noch ganz wunde Johanna Franziska hadert mit ihrem Schicksal. Sie stürzt in eine tiefe Depression. 1602 zieht sie notgedrungen, damit ihre Kinder des väterlichen Erbes nicht verlustig gehen, zu ihrem Schwiegervater und wohnt fortan auf Schloss Monthelon in der Nähe von Autun. Dort ist sie, die bislang gewohnt war, die Geschäfte zu führen und ihren Mann zu stehen, nur geduldet. Andere, namentlich die Hausangestellte, mit der ihr Schwiegervater mehrere Kinder hat, führen das Zepter. Solchermaßen ins Abseits gestellt wird ihr das Leben dort zur Hölle.

Franz und die Pläne des Vaters

Auch der knapp fünf Jahre ältere Franz hat, als er Johanna Franziska erstmals begegnet, bereits ein halbes Leben hinter sich. In den Jahren seiner Kindheit auf Schloss Sales ist das religiöse Klima so aufgeheizt, dass die Konfessionen sich nicht nur mit dem Wort, sondern auch mit dem Schwert bekämpfen. Es sind die Jahre der Hugenottenkriege in Frankreich. Das häusliche Milieu, in dem er aufwächst, ist zwar streng katholisch. Auch schickt man den Erstgeborenen von insgesamt 12 Kindern zu den Jesuiten nach Paris ins Collège Clermont, um ihm eine solide Erziehung zu ermöglichen. Doch dass Franz, der sein Studium der Rechtswissenschaft mit dem Doktorhut abschließt, sich den Karriereplänen seines Vaters widersetzt, den Sitz im Senat von Chambéry ausschlägt und stattdessen eine geistliche Laufbahn einschlägt, kam gleichwohl (fast) einem Affront gleich. Dem väterlichen Widerstand zum Trotz studiert Franz auch noch Theologie und wird Geistlicher.

Mit Haut und Haar verschreibt er sich als Priester und Dompropst von Annecy dem Projekt der Gegenreformation. Er will jene Teile der Diözese Genf, die im Zuge der Reformation zunächst calvinistisch geworden waren, für den Katholizismus zurückgewinnen. Er bereist als Prediger und Missionar zu diesem Zwecke das südöstlich des Genfer Sees gelegene Chablais sowie Pfarreien in der Waadt und im Gebiet von Gex.

Franz von Sales war von 1602–1622 (expatriierter) Bischof der Diözese Genf mit Sitz im savoyischen Annecy. Zuvor war er dort Dompropst (1593–1602). Bereits in dieser Funktion widmet er sich dem Projekt der »Rekatholisierung«. Während vier Jahren – zwischen 1594 und 1597 – reist er unermüdlich herum, predigt, diskutiert und sucht mit der Waffe des Argumentes das Chablais, eine Region, die 1564 von den reformierten Bernern an den katholischen Herzog von Savoyen abgetreten worden war, zur Rückkehr in die römisch-katholische Kirche zu bewegen. Er bedient sich dabei auch jenes Mediums, das der Reformation nicht unwesentlich zum Durchbruch verholfen hat: der Flugschriften.

Coup de foudre in Dijon

Die erste Begegnung von Johanna Franziska und Franz am 5. März 1604 kommt einem Coup de foudre gleich, was selbst diejenigen unter den Chronisten einräumen, die ansonsten besonderen Wert darauf legen, dass ihre Freundschaft rein platonischer und spiritueller Natur gewesen sei. Bischof Franz steht auf der Kanzel der Kirche zu Dijon und hält die Fastenpredigt. Die ganze feine Gesellschaft Dijons ist gekommen. Madame de Chantal, die zu Gast bei ihrem Vater ist, sitzt in ihrem Witwenhabit gegenüber der Kanzel. Und es schlägt ein wie der Blitz: Ihre

Blicke finden sich. Sofort erkundigt sich Franz nach dem Gottesdienst beim ebenfalls anwesenden Erzbischof von Bourges – André Frémyot – nach der Dame, die seine Aufmerksamkeit geweckt hat. Dieser soll ihm lächelnd geantwortet haben: »Es ist meine Schwester.«

Damit war alles gesagt und ein erster gesellschaftlicher Kontakt eingefädelt. Man sitzt tags darauf nicht nur im Hause Frémyots gemeinsam zu Tisch, sondern begegnet sich in den folgenden Tagen öfter bei gesellschaftlichen Anlässen. Und es findet sich auch die Gelegenheit zum Austausch unter vier Augen: Die Baronin sucht, so heißt es, in innerer seelischer Not um ein (Beicht-)Gespräch nach. Ihr gemeinsames Projekt haben die Baronin und der Bischof zum Zeitpunkt ihres ersten Zusammentreffens allerdings noch vor sich. Die Legende will, dass sie beide unabhängig voneinander in Gesichten ihre gemeinsame Gründung vorausgesehen haben: den Orden der Heimsuchung Mariens, auch Salesianerinnen genannt.

Frankophone Blumigkeit und ein bereinigter Briefwechsel

Ein zuverlässiges Bild der sich hier in Dijon erstmals kreuzenden Lebenswege zu zeichnen und namentlich die Anatomie dieser Verbindung auszuloten, ist alles andere als leicht. Sind doch die zahlreich vorhandenen Lebensbeschreibungen von Franz von Sales und Madame de Chantal vielfach von frankophoner Blumigkeit und bisweilen (noch) mit hagiografischem Firnis überzogen. Bei so manchem weitschweifigen, teils opulent ausgeschmückten Lebensbild führt mitunter ein nicht offengelegtes Interesse apologetischer Natur die Feder.

Selbst zu Wort kommen Madame de Chantal und der Bischof dort, wo sie im Gespräch miteinander sind. Während 18 Jahren, von ihrer ersten Begegnung bis zum Tod Franz' von Sales im Jahr 1622, tauschen sie sich intensiv miteinander aus. Der Bischof wird zu ihrem Seelenführer – fast (s)ein Leben lang. Als Franz von Sales stirbt, besitzt Johanna Franziska an die 500 Briefe aus seiner Hand, wobei diese nur ungefähr ein Fünftel dessen zu sein scheinen, was sie je von ihm empfangen hat. Den Rest übergab sie, um den Bischof zu schützen, dem Feuer. Die erste erhaltene, kurze Briefnotiz schreibt er ihr am 26. April 1604 noch bei der Rückreise von Dijon nach Annecy, sozusagen auf den Knien, bei der ersten Rast und, wie es den Anschein hat, noch voll von ihren ersten Begegnungen: »Gott, so scheint es mir, hat mich Ihnen gegeben; das wird mir jede Stunde gewisser. Das ist alles, was ich Ihnen sagen kann. Empfehlen Sie mich Ihrem guten Engel.«[1]

Nennt Franz von Sales Johanna Franziska zu Beginn noch förmlich »Madame«, wechselt er bald zum vertrauteren »Madame, meine sehr liebe Schwester« und später dann zu »meine liebe Tochter«, »meine sehr liebe Tochter«.[2] Dies, obschon er noch im November 1604 meint, auf die förmliche Anrede nicht verzichten zu können: »Ich kann das Wort ›Madame‹ nicht fortlassen (...). Dennoch will ich Ihnen verbieten, mich ›Monseigneur‹ zu nennen.«[3] Seine eigenen Briefe unterzeichnet er bald mit »Ihr demütigster und ergebenster Diener Franz, Bischof von Genf«[4]. Später dann heißt es: »Ich bin für ewig ganz der Ihre, Gott weiß es, der es so gewollt hat und der es mit seiner erhabenen Hand so ganz besonders gefügt hat« oder »Mit Gott, meine Tochter, ja, meine wahre Tochter in demjenigen, dessen Liebe mich verpflichtet, ja ganz geweiht hat, für immer als der Ihre und völlig der Ihre zu sein, zu leben, zu sterben und wieder zu leben«[5].

Wie Madame de Chantal Franz von Sales in den Jahren von 1604 bis 1610 anspricht, wissen wir nicht, hat sie doch ihre eigene Korrespondenz sukzessive vernichtet. Erstmals verbrennt sie im Jahr 1605 oder 1606 während eines akuten (depressiven) Krankheitsschubes, in Erwartung ihres eigenen Endes, Schriftstücke und Briefe aus ihrer eigenen und aus Franzens Hand, die ihr unziemlich und zu vertraulich scheinen. Nach des Bischofs Tod 1622 vernichtet sie erneut eigene Briefe, sodass der erste erhaltene Brief aus ihrer Feder aus dem Jahr 1611 datiert und mit ihrem Klostereintritt und Standeswechsel von Madame de Chantal zu Mère Chantal einsetzt. In den Briefen ab 1611 dominiert die Anrede »mein teuerster Vater und Herr«, »mein armer, teuerster Vater«.[6] Zwar sind vom Bischof von Genf noch Briefe ab 1604 erhalten, doch auch bei diesen bestand Johanna Franziska darauf, dass all jene, welche »Worte der Liebe« enthielten, beseitigt würden, weil die Welt »die unvergleichliche Einheit der Liebe dieses Heiligen doch nicht fassen« könne.[7]

»Ihre Seele stets zu lieben« – Geistliche Vermählung in Saint-Claude

Johanna Franziska ist, als sie den Bischof von Genf kennenlernt, ohne Perspektive. Bei ihrem Schwiegervater auf Schloss Monthelon ist sie, die Witwe mit den vier Kindern, lediglich geduldet und zur Passivität verdammt. Es sind andere, die wirtschaften und haushalten und namentlich das Sagen haben. Johanna Franziskas frommer Sinn schlägt Kapriolen und lässt sie skrupulös das eigene Denken und Wollen hinterfragen. Ihre Depressionen verstärken sich, ebenso ihr Eifer und ihre Ungeduld in geistlichen Dingen. Sie sucht nach Halt und Führung.

Beides findet sie beim Bischof von Genf. Nach dem ersten Treffen vergehen nur wenige Monate, und schon ist Franz von Sales ihr Seelenführer. Zuvor jedoch muss er sie von ihrem ersten geistlichen Begleiter, einem Kapuzinerpater, lösen, der sie durch vier Gelübde exklusiv und rigoros an sich gebunden hatte. Die neue Seelenführerschaft besiegeln die beiden in der Kirche von Saint-Claude, auf halber Strecke zwischen Annecy und Dijon gelegen, am 25. August 1604. Johanna Franziska gelobt, von nun an ganz Gott zu gehören und den Weisungen ihres Seelenführers kindlichen Gehorsam zu leisten. Franz seinerseits verspricht, fortan ihre Seele stets zu lieben und mit aller Sorgfalt und Treue zu leiten. Beide legen sie das Gelübde ewiger Keuschheit ab. Ihr Versprechen händigen sie einander später auch schriftlich aus.

Die wirklichste Wahrheit

Glaubt man dem Echo in den Briefen Franz' von Sales, dann hat Johanna Franziska noch eine ganze Weile diesen in Saint-Claude besiegelten Seitenwechsel hinterfragt. Er jedoch beschwichtigt und bittet sie inständig, nicht mehr an der Richtigkeit ihrer Entscheidung zu zweifeln und den Gang der Dinge als untrügliches Zeichen für Gottes Willen zu nehmen. Sie möge bedenken, so Franz, »was ich Ihnen schon einmal sagte, dass mir Gott schon im Anfang (...) eine große Liebe zu Ihrer Seele eingegeben hat. Als Sie sich mehr im Einzelnen bei mir aussprachen, fühlte meine Seele einen wunderbaren Zwang, die Ihre immer mehr zu lieben, und ließ mich Ihnen schreiben, dass Gott mich Ihnen gegeben habe. Ich glaubte damals nicht, dass zu der Liebe noch etwas hinzukommen könnte, die mein Geist empfand, besonders wenn ich zu Gott für Sie betete. Aber jetzt, meine liebe Tochter, ist ein gewisses Neues hinzugekommen, das ich nicht recht benennen kann. Seine Wirkung ist eine große innere Süßigkeit, die ich empfinde, wenn ich Ihnen die vollkommene Liebe Gottes und die anderen geistlichen Segnungen wünsche. (...) Jede Liebe hat ihren besonderen Unterschied vor den andern; die, die ich zu Ihnen empfinde, hat eine gewisse Besonderheit, die mich unendlich tröstet und die, um alles zu sagen, für mich von höchstem Nutzen ist. Halten Sie das für die wirklichste Wahrheit und zweifeln Sie nicht mehr daran. Ich wollte nicht so viel darüber sagen, aber ein Wort gibt das andere, und dann glaube ich, Sie werden vorsichtig damit umgehen«[8].

Eine Alliance dieser Art wurde nur Madame de Chantal zuteil, nicht aber den anderen weltlichen Damen und Ordensfrauen, deren Seelenführer Franz von Sales ebenfalls war respektive wurde: Madame de Soulfour, Madame Brûlart, Madame de Charmoisie, Madame de Limojon, Madame de la Fléchère, Madame de Cornillon, Madame de Granieu, Madame Villesavin. Der »Meister der Seelenführung« hat 20 bis 25, bisweilen gar 40 bis 50 Briefe pro Tag geschrieben, insgesamt in seinem Leben an die 20 000. Verwendung und Eingang finden die in diesen sogenannten »Seelenführungsbriefen« niedergelegten Gedanken in seinen beiden Büchern, die binnen kurzer Zeit zum Bestseller avancieren: die »Anleitung zum frommen Leben« sowie die »Abhandlung über die Gottesliebe«.

> Die um die Jahreswende 1608/09 erschienene »Introduction à la vie devote« – im deutschen Sprachraum oft auch kurz »Philothea« genannt – ist, modern gesprochen, eine Einführung in die Spiritualität des Alltags. Sie hat, wie Franz von Sales im Vorwort selbst schreibt, die Frömmigkeit derer im Blick, »die in der Stadt, im Haushalt oder bei Hof leben und

durch ihren Stand notwendigerweise oft mit anderen zusammenkommen« und bei denen man »oft die irrige Ansicht« findet, »ihnen sei das Streben nach Frömmigkeit unmöglich«. Der 1616 erschienene »Traité de l'amour de Dieu« – im deutschen Sprachraum oft kurz »Theotimus« oder »Abhandlung über die Gottesliebe« genannt – gilt als sein theologisches Hauptwerk.

Am Entstehen des letzteren Werkes lässt Franz von Sales Johanna Franziska teilhaben. Als sie 1614 davon hört, dass seine Arbeit daran ins Stocken geriet, reagiert sie darauf mit Bedauern. »Es ist für mich ein großer Kummer, wenn ich erfahre, dass man Sie daran hindert, an dem Buch von der Gottesliebe zu schreiben, der Liebe, die mein Herz immer glühender ersehnt.«[9] Im März 1615 berichtet er ihr: »Ich tue mein Möglichstes für das Buch. Glauben Sie mir, dass es eine sehr große Pein für mich ist, nicht die dafür erforderliche Zeit gewinnen zu können; dennoch komme ich rasch vorwärts und glaube, dass ich meiner sehr teuren Mutter gegenüber Wort halten kann.«[10] Für die Überarbeitung und Neuauflage der Philothea bittet er Johanna Franziska bereits Mitte Februar 1609, ihm seine Briefe leihweise zu überlassen. »Bringen Sie mir alle Briefe und Erinnerungen mit, die ich Ihnen jemals schickte, wenn Sie sie noch haben (...), denn wenn die Anleitung neu gedruckt werden soll, wird mich das sehr entlasten, weil ich darin vieles finden werde.«[11]

»Schreiben Sie mir, sooft Sie können«

Anfangs ermutigt der Bischof Madame de Chantal, ihm doch ja oft zu schreiben: »Ich bitte Sie, schreiben Sie mir oft, sooft Sie können. Und mit allem Vertrauen, das Sie haben können. Ich habe ein so großes Verlangen nach Ihrem Wohle und nach Ihrem Fortschreiten, dass ich Betrübnis empfinden würde, wenn ich nicht oft erführe, wie es damit steht.«[12] Bisweilen lässt er sogar Ungeduld erkennen, wenn Briefe länger auf sich warten lassen. Und zeigt sich überschwänglich erfreut, wenn sie dann doch endlich eintreffen. »Zehn volle Wochen lang habe ich nicht eine einzige Nachricht von Ihnen bekommen, meine liebe, meine sehr liebe Tochter. (...) Das Gute aber ist dabei, dass meine liebe Geduld nahezu aus dem Gleichgewicht kam, ja ich glaube, sie hätte es wirklich verloren, wenn ich mich nicht erinnert hätte, dass ich sie festhalten muss, um sie ohne Hemmung andern predigen zu können. Aber endlich gestern, meine sehr liebe Tochter, kommt ein Paket bei mir an, wie eine Flotte aus Indien, reich an Briefen und geistlichen Liedern. O wie freudig wurde es aufgenommen, wie liebkoste ich es!«[13] Erst später wird er unter Berufung auf Zeitnot und überbordende Pflichten die Kürze seiner Schreiben respektive die längeren Intervalle zwischen den einzelnen Briefen immer öfter zu rechtfertigen haben, bis es dann im Jahr 1616 zur schmerzhaften Zäsur kommen wird.

Besänftigung und Ermahnung

Die Intention, Johanna Franziskas Geist und ihr Wollen zu besänftigen, führt Franzens Feder. Ihrem ungestümen Suchen und Drängen nach Heiligkeit, ihrem Leiden am Unvermögen ihrer eigenen Seele begegnet er mal sanft und ermutigend, mal belehrend und (fast) hart. In seinen frühen Briefen ermahnt er sie immer wieder, Geduld mit sich selbst zu haben. Er wünscht sich, sie hätte eine »etwas härtere Herzenshaut«, und bittet sie, sich »vor Eilfertigkeit, vor Melancholie und Ängstlichkeit« zu hüten. Sie solle die beständige »Erregung ihres Herzens« meiden, die nur ihre Kräfte erschöpfe.[14]

Er gibt ihr ganz praktische Ratschläge zur Strukturierung ihres Alltags und genaue Anweisungen für ihr tägliches geistliches Exerzitium. Er bittet sie, sich der langen Gebete ebenso zu enthalten wie der »gewaltsamen, ins Einzelne gehenden, langen Vorstellungen«. »Ich billige Ihre Enthaltsamkeit am Freitag, aber ohne Gelübde und ohne zu großen Zwang. Mehr noch billige ich, dass Sie in Stunden, in denen nichts Wichtiges Sie beschäftigt, solche Handarbeiten machen wie Spinnen und Ähnliches, und dass Ihre Arbeiten für die Altäre oder für die Armen bestimmt sein sollen.«[15]

Auch erteilt er – auf die konkrete Anfrage hin – Johanna Franziska, der auf Schloss Monthelon überhaupt nicht wohl ist, die Erlaubnis, »Ihren Aufenthalt zwischen Ihrem Herrn Vater und Ihrem Herrn Schwiegervater«[16] aufzuteilen. Wenn der Aufenthalt in Dijon bei ihrem Vater länger dauere, so schade das nichts. Auch, so sein Rat, bringe sie den bevorstehenden Winter (1604/05) wohl besser in Dijon zu.

»Dass Sie mein ganzes Inneres sehen«

Franz berichtet mit der Zeit auch von sich, will er doch, »dass Sie mein ganzes Inneres sehen«. »Und nun will ich Ihnen einiges von mir erzählen, meine Tochter, weil Sie es so sehr wünschen und mir sagen, dass es Ihnen dienlich ist. Aber nur Ihnen. Ihnen allein.«[17] Er lässt Franziska teilhaben an seinen bischöflichen Amtsgeschäften, erzählt von seinen Visitationsreisen, von Predigten, die nicht gelingen wollen, ebenso von seinem inneren Wohlergehen und geistlichen Hader mit sich selbst. Er spricht bisweilen mit ihr, so schreibt er selbst, wie mit seinem eigenen Herzen. »Ich kam am Samstagabend hier an, nachdem ich sechs Wochen lang das Land durchwandert hatte, ohne an einem Orte länger zu verweilen als höchstens einen halben Tag. Gewöhnlich habe ich jeden Tag gepredigt, häufig zweimal am Tage. (...) Aber ich kann in Wahrheit sagen, dass ich, außer zu Pferde und bei einigen Nachtwachen, nicht viel Zeit hatte, über mich nachzudenken und den Zug meines Herzens zu betrachten, so schnell folgten so viele wichtige Geschäfte einander. Ich habe zahllose Leute gefirmt; und an all den Gütern, die auf diese einfachen Seelen herabgekommen sind, haben Sie (sc. Johanna Franziska) immer teilgenommen, so wie an allem Übrigen, was in dieser Diözese geschieht und geschehen wird, solange ich sie verwalte.«[18]

Purpur, in Liebe gefärbt

Johanna Franziska ihrerseits ist Franz fürsorglich zugetan. Sie, die von ihm zu Handarbeiten für den Altar und die Armen ermutigt wurde, webt ihm zwei Jahre nach ihrem Kennenlernen mit eigener Hand einen geistlichen Habit. Da sie zu ahnen scheint, dass Franz vielleicht nicht nur tief berührt, sondern zugleich auch befremdet sein könnte, versieht sie das Geschenk mit der Bitte, den materiellen Gegenwert den Armen zu geben. Franz von Sales ist in seinem brieflichen Dank an sie hin- und hergerissen. »Aber wer soll es mir nach seinem gerechten Werte einschätzen? Denn wenn ich den Armen seinen Preis geben sollte, wie ich ihn einschätze, so besäße ich nicht so viel, wie es wert ist, das versichere ich Ihnen. Niemals hielt ein Gewand mich so warm wie dieses, dessen Wärme bis zum Herzen geht, und es will mir scheinen, dass es nicht violett, sondern purpur und scharlachrot ist, weil es, glaube ich, in Liebe gefärbt ist.« Gleichwohl bittet er sie, es damit sein Bewenden haben zu lassen und keine weiteren Gewänder für ihn anzufertigen, da er »nicht alle Jahre Kleider machen lasse«, sondern nur dann, wenn er ihrer bedürfe.[19]

Dass Franziska sich auch sonst um sein leibliches Wohl und Wehe sorgt, kann – mangels Schriftzeugnissen aus der Feder Franziskas in der Zeit vor ihrem Standeswechsel – lediglich aus dem Echo in Franzens Briefen gefolgert werden. Er berichtet nicht nur von Zipperlein und Krankheiten, die ihn in seiner Arbeitswut bremsen. »Seit einigen Tagen fühlte ich mich halb krank; ein Tag der Ruhe hat mich geheilt.«[20] Er verspricht ihr an anderer Stelle, künftig für seine Gesundheit mehr Sorge zu tragen und auch das nächtliche Schreiben zu unterlassen. Franziskas diesbezüglicher Wunsch, so der Bischof, habe »an diesem Entschluss großen Anteil. Denn ich liebe so sehr, Ihnen Befriedigung und Trost zu geben, jedoch in aller Freiheit und Aufrichtigkeit des Herzens, sodass diese Liebe mir wie ein Tau erscheint, der still und sacht mein Herz benetzt«[21].

»Töne intimer Herzlichkeit«

Da ist aber noch etwas in diesen Briefen: etwas, das zur Folge hatte, dass man bei der 1929 erschienenen ersten deutschen Übersetzung der Briefe Franz' von Sales glaubte, dem Wunsch der kirchlichen Behörde entsprechen zu sollen und gewisse Stellen und Ausdrücke zwar sinngemäß, aber nicht wortgetreu wiederzugeben. Etwas, das die Herausgeberin veranlasste, zu betonen, dass die »Töne intimer Herzlichkeit« und der »Ton zarter Vertrautheit zwischen Führer und Geführten«, wie sie in diesen Briefen anklingen, den Gepflogenheiten der französischen Frömmigkeitsliteratur des 16./17. Jahrhunderts entsprächen und keineswegs mit der Elle des 20. Jahrhunderts gemessen werden dürften. Diesem Plädoyer und namentlich der damit verbundenen, unausgesprochenen Vorstellung von Heiligkeit verpflichtet, geben sich die Hagiografen bis heute überzeugt: Der Grad der Innigkeit, den die Briefe erkennen lassen, sei bar einer »vom Sexualtrieb beeinflussten Liebe« und frei von jeder »sinnlichen Erotik«. Die Herzensverbundenheit der beiden sei »makellos und rein« gewesen.

Die Briefe selbst sprechen ihre eigene Sprache. Gewiss: Es ist die blumige Sprache der Frankophonie der ausgehenden Renaissancezeit, wo Formulierungen wie »ganz der Ihre« (übrigens bis heute) nicht viel mehr als gängige Höflichkeitsfloskeln im gesellschaftlichen Umgang miteinander sind. Doch: Der Ton macht die Musik. Und der Ton, der anklingt, ist ein eigener, der sich vielleicht doch nicht allein diesen Gepflogenheiten verdankt: »Ich bin der, von dem unser Herr will, dass er ganz und einzig der Ihre sei.« – »Leben Sie wohl (…), meine liebe, meine sehr liebe Tochter, für die ich bin, was seine göttliche Majestät will, dass ich sei, und was sich nicht sagen lässt.« – »Das sei ein für alle Mal genug gesagt: Ja, Gott hat mich Ihnen gegeben, und zwar einzig, ganz und unwiderruflich.« – »Gott möge mich auf ewig besitzen (...) denn ich bin sein hier und dort, wo ich, wie Sie wissen, vollkommen in Ihnen bin. Denn Sie sind von mir untrennbar, außer in der Übung und Ausführung des Verzichtes auf unser ganzes Selbst für Gott.«[22]

Franz bittet Johanna Franziska nicht nur, für ihn zu beten, »damit wir uns einst mit allen Heiligen im Paradiese sehen mögen«, sondern fügt in seinem Brief vom November 1604 an: »Mein Verlangen, Sie zu lieben und von Ihnen geliebt zu werden, hat kein geringeres Maß als die Ewigkeit.«[23] Dass seine Briefe ihren eigenen Ton und ihre eigene Sprache haben, darum weiß er nicht nur, sondern er bringt es auch fünf Jahre später explizit ins Wort: »Es gibt mir besonderen Trost, in dieser stummen Sprache mit Ihnen zu sprechen, nachdem ich den ganzen Tag mit so vielen andern in redender Sprache gesprochen habe. Ich will Ihnen daher sagen, was ich tue, denn ich weiß fast nichts anderes, ja, ich weiß kaum noch, was ich tue (...). Es lebe Jesus, der mich ganz zu dem Ihren machte, mehr als ich sagen kann.«[24]

»Weil mein Herz weit wird und ohne Grenzen«

Immer wieder, so scheint es, nimmt der Bischof seine Zunge an die Kandare. Mehrmals lässt er anklingen, dass er eigentlich nicht darüber sprechen wolle, worüber er dann doch spricht. Die Liebe, die er für sie empfinde, erscheint ihm »wie Tau, der still und sacht mein Herz benetzt«. Die Größe seiner Liebe, sie sei »mit nichts zu vergleichen (...) und weißer als Schnee und reiner als die Sonne«. Er habe, seit er von ihr entfernt sei, »ihr (sc. der Liebe) die Zügel schießen (...) und sie nach Kräften laufen lassen.

O, es lässt sich nicht sagen, Herr Gott, was für ein Trost im Himmel es ist, sich in diesem vollen Meer von Liebe gegenseitig zu lieben, wenn schon diese ihre Bächlein so viel geben«.[25]

Im Anfang, »als Gott sie mir schickte (denn er tat es ohne Zweifel)«, so räumt Franz gut zwei Jahre nach ihrem Kennenlernen im Juni 1606 ein, sei seine Liebe »nicht so sanft wie jetzt« gewesen, »wo sie unendlich stark geworden ist und, wie mir scheint, immer stärker wird, wenn auch ohne Erschütterung und Ungestüm. Das ist zu viel gesagt über eine Sache, über die ich gar nichts sagen wollte.«[26] Bisweilen fällt Franz von Sales sich im brieflichen Zwiegespräch ins Wort und nimmt zurück, was ausgesprochen war, nur um es dann doch stehen zu lassen. »O Gott, warum sage ich Ihnen dies alles? Weil mein Herz weit wird und ohne Grenzen, wenn es mit dem Ihren ist. (...) Ich bin für Sie, was Gott weiß.« Mehr noch: Er spricht mit ihr wie zu sich selbst: »Aber warum sage ich Ihnen das? Weil ich mit Ihnen spreche wie mit meinem eigenen Herzen.« Und bisweilen verschmilzt gar das »mein« und »dein«, wenn er schreibt: »Mit Gott, meine teure Tochter! Mit diesem großen Gott, meine ich, dem wir uns gelobt und geweiht haben und der mich für immer und ohne Vorbehalt ganz in den Dienst Ihrer Seele gestellt hat, die ich wie meine eigene liebe, ja die ich für die meine halte in diesem Heiland, der uns die seine gegeben hat und uns untrennbar in sich eint.«[27]

Madame de Chantal wird zu Mère Chantal

Im Lauf der Jahre ergreift der Wunsch, die Welt zu verlassen und frei von allen äußeren Hindernissen Gott ganz und vollkommen zu dienen, immer mehr Besitz von Johanna Franziska. Bereits früh scheint sie ihre Absichten Franz gegenüber geäußert zu haben. Doch der kann sich für ihren Plan, einem Orden beizutreten, zunächst nicht wirklich erwärmen: »(…) statt das Feld zu bearbeiten, auf dem wir sind, schicken wir unsere Ochsen mit dem Pflug anderswohin, auf das Feld unseres Nachbarn, wo wir doch in diesem Jahre nicht ernten können. Und all das ist Zeitverlust; denn während wir unsere Gedanken und Hoffnungen nach einer andern Seite wenden, können wir unser Herz nicht recht auf die Erwerbung der Tugenden richten, die an dem Platze, wo wir sind, erfordert werden.«[28] Dass die noch jungen Töchter Johanna Franziskas bei einem allfälligen Klosterbeitritt ebenfalls ins Kloster müssten, lässt Franz zögern: »Wir sehen, wie viel Mühe sich anzupassen und einzuordnen die Mädchen haben, die gegen ihren Willen dort aufgenommen sind.« Zwar zeigt er sich grundsätzlich einverstanden, jedoch nur unter der Bedingung, dass in den Klöstern, wohin sie verbracht würden, wirklich das innere Leben gepflegt werde und die endgültige Entscheidung erst mit sechzehn Jahren erfolge, wenn sicher sei, dass »sie aus Frömmigkeit und freiwillig« sich zu diesem Leben entschließen.[29]

Im Jahr 1607 konkretisieren sich die Pläne. Franz macht Johanna Franziska, nachdem er ihr ein Jahr der Probe und des Sich-Erforschens auferlegt hatte, bei einem Treffen mit seiner Idee vertraut, einen Frauenorden zu gründen. Er denkt dabei an eine Gemeinschaft, die nicht den strengen Regeln der sogenannten alten Orden folgt, sondern gerade Witwen und älteren, auch gesundheitlich angeschlagenen Frauen, die für strenge körperliche Askese zu schwach sind, Platz bietet. Diese Idee begeistert die Baronin, und sie wird für sie zur Perspektive und Option, die sich (erst) zu Beginn des Jahres 1610 konkretisieren sollte.

Namentlich die noch minderjährigen Kinder haben Johanna Franziska bislang zurückgehalten. Doch nachdem sie im Oktober 1609 ihre älteste Tochter, die 11-jährige Marie-Aimée, mit Franzens jüngerem Bruder – Bernard von Sales – mit allem Pomp verheiratet hat und kurz darauf im Januar 1610 ihre jüngste Tochter Charlotte stirbt, gibt es für sie kein Halten mehr. Ihre 10-jährige Tochter Françoise, so ihr Plan, soll mit ihr im neu zu gründenden Kloster unterkommen. Ihren 14-jährigen Sohn Celse-Bénigne hingegen will sie der Obhut ihres Vaters überlassen. Bei ihrem Weggang von Schloss Monthelon wird sich dieser, so ihre Biografen, auf die Türschwelle werfen und laut schreien: »Wenn es mir schon unmöglich ist, Sie zurückzuhalten, meine Mutter, dann sollen Sie wenigstens über den Leib Ihres Kindes fortgehen!«

Dass Madame de Chantal, um Mère Chantal zu werden, diese Zäsur wagt, hat die um ihre moralische Integrität besorgten Hagiografen zu empathischen Beteuerungen und Apologien genötigt: Johanna Franziska sei nichtsdestotrotz ihren mütterlichen Pflichten immer auf bewundernswerte Weise nachgekommen. Auch wenn einzuräumen sei, dass sie es nicht vermocht habe, wie andere Mütter in ihren Kindern gleichsam aufzugehen. Sie sei zwar keine harte, wohl aber eine ernste Mutter gewesen, der es an richtiger »Kindertümlichkeit« gefehlt habe. Und doch habe ein wahrhaft mütterliches Herz in ihr geschlagen. Ob Johanna Franziskas Verhältnis zu den Kindern wirklich unterkühlt und ambivalent war, wie manche durchblicken lassen, oder ob ihr Umgang mit ihnen nicht vielmehr nur den damaligen Gepflogenheiten der Aristokratie entspricht, muss offenbleiben. Sicher ist, dass Johanna Franziska nicht den romantisierenden und religiös aufgeladenen Mutterbildern und Vorstellungen des 19. Jahrhunderts entsprach, welche man gerne auch auf das 16. und 17. Jahrhundert zurückprojiziert.

Die Ordensgründung in Annecy und Wanderjahre

Am 6. Juni 1610 erfolgt schließlich die Gründung der Ordensgemeinschaft in Annecy. Mère Chantal zieht mit drei Schwestern – Jeanne-Charlotte de Bréchard, Jacqueline Favre, Anne-Jacqueline Coste – zunächst ins »Haus der Galerie«, dann provisorisch in ein Privathaus, bis sie nach zweijähriger Bauzeit 1615 definitiv in der »Heiligen Quelle« ihren Platz finden. Auch wenn nur wenige Straßen das Frauenkloster und die bischöfliche Wohnung trennen, so gehen doch beinahe täglich kurze Zettelnotizen und Briefe hin und her. Ursprünglich will Franz von Sales die Kongregation »Marthaschwestern« nennen, um die dienende Ausrichtung zu unterstreichen. Knapp einen Monat nach der Gründung wird sie jedoch – am 2. Juli 1610, dem Fest der Heimsuchung Marias – in »Schwestern der Heimsuchung« umbenannt. Dieser Name verweist auf den im Lukasevangelium beschriebenen Besuch der schwangeren Gottesmutter Maria bei ihrer Verwandten Elisabeth und auf die karitativen Hausbesuche der Schwestern. Als Wappen schlägt der Bischof ein von zwei Pfeilen durchbohrtes Herz vor, das in eine Dornenkrone eingeschlossen ist.

Die neue Kongregation wird zunächst kritisch beäugt. Einerseits gelten die Ordensschwestern ihren Spöttern als »Rosenwassernonnen«, da sie nicht einmal so streng fasten wie die Mitglieder reformierter Klöster. Andererseits degoutiert man, dass sie ein halbes Jahr nach der Ordensgründung mit der Krankenpflege beginnen und Besuche bei Kranken, bei Müttern in Kindsnöten und sogar bei Dirnen in Annecy und Umgebung machen. Nichtsdestotrotz erhält die neue Kongregation rasch Zulauf, als sich herumspricht, dass der durch seine »Bestseller«-Schriften weit über die Grenzen Savoyens hinaus bekannt gewordene Bischof von Genf dafür Pate steht.

Fortan geht es Schlag auf Schlag. In rascher Folge entstehen mehrere Neugründungen: 1615 in Lyon, 1616 in Moulins, 1618 in Grenoble und Bourges, 1619 in Paris, 1621 in Nevers, 1622 in Dijon. Sie verlaufen alle mehr oder weniger nach dem gleichen Muster: Eine angesehene und meist wohlhabende Dame der Gesellschaft einer Stadt ergreift die Initiative. Stimmt der Ortsbischof dem anvisierten Projekt zu, wird ein passendes Haus gesucht.

Bei fast allen Neugründungen der Heimsuchungsschwestern ist Mère Chantal – zusammen mit anderen Schwestern – involviert und meist auch längere Zeit vor Ort. So sind die Jahre dieser Gründungen auch unstete Jahre für Johanna Franziska, die sie fern von Annecy verbringt. Jahre, in denen sie sich – zunächst – weiter mit Franz von Sales austauscht, sie ihn ganz detailliert und ausgiebig um Rat fragt und mit ihm die ökonomischen, aber auch personellen Angelegenheiten der Klöster bespricht. Doch die Wege sind länger und die Entfernungen größer geworden, und Mère Chantal zieht es nach Annecy zurück.

Die Gründung in Lyon im Jahr 1615 hat eine schwerwiegende Änderung in der Lebensform der Ordensschwestern zur Folge. Der zuständige Erzbischof Denis-Simon Marquemont (1572–1626) war nur dann bereit, der Gründung zuzustimmen, wenn alle Schwestern der Kongregation fortan den Bestimmungen des Trienter Konzils Folge leisten und sich einer strengen Klausur unterwerfen. Um ein Scheitern des Projektes in Lyon zu verhindern, gibt Franz von Sales schließlich nach. Auch in der Frage der (Augustiner-)Regel, der die Schwestern zu folgen haben. Was bisher den Alltag der Nonnen bestimmte, die Sorge und Pflege der Kranken in der Stadt, wird durch das Einhalten der Klausur nun verunmöglicht. Die Ordensschwestern dürfen die Klostermauern nicht mehr verlassen.

»Von allem entblößt und beraubt«

Als Mère Chantal endlich aus Lyon nach Annecy zurückkehren kann, ist nichts mehr wie vorher. Franz von Sales entzieht sich ihr. Man sieht sich kaum mehr. Auch Briefe werden so gut wie keine gewechselt. Die frühere Nähe ist verschwunden.

Während manche ihrer Biografen deshalb das Jahr 1616 als scharfe Zäsur in der »Alliance« der beiden beschreiben und gar von einer Kündigung der Freundschaft durch den Bischof von Genf sprechen, wiegeln andere ab. Dass er sie zur Selbstentblößung, zur Entsagung des »Wir« aufgefordert und damit faktisch ihr Freundschaftsband zerschnitten habe, das sei (nur) ein kluger, selbstloser Akt des erfahrenen Seelenführers gewesen. Er habe Mère Chantal von allem, was sie von Gott trennte respektive zwischen Gott und ihr stand, lösen wollen. Johanna Franziska jedenfalls wird innerlich fast zerrissen und ruft aus: »Mein Gott (...), wie tief ist das Messer eingedrungen!« Sie findet sich »von allem entblößt und beraubt, was mir am teuersten war«[30]. Das, was sie einst mit Franz von Sales verband, auch daran hat sie keinen Anteil mehr: »Ach, mein teuerster Vater (...) Sie sprachen zu mir: ›Hatte ich Ihnen nicht gesagt, meine Tochter, dass ich Sie von allem loslösen würde?‹ O Gott, wie leicht ist es, das zu verlassen, was um uns ist! Aber seine Haut, sein Fleisch, sein Gebein zu verlassen und ins innerste Mark vorzudringen (...), das ist etwas Großes, Schweres und Unmögliches, außer mit der Gnade Gottes.«[31]

Die solchermaßen ihres Seelenführers beraubte Johanna Franziska wird im Jahr darauf erneut verwaisen: Ihre Tochter Marie-Aimée stirbt im September 1617 vier Monate nach ihrem Ehemann (Franzens Bruder) und ihrem neugeborenen Kind. Mère Chantal wird krank. Sie wird so schwer krank, dass Franz von Sales ihr im Februar 1618 gar die Sterbesakramente spendet und ihr die Reliquien des heiligen Carlo Borromäus – seines Zeichens Jesuit und Hauptinitiant der Gegenreformation in der Schweiz – zukommen lässt.

Getrennte Wege und Eheanbahnungen

Johanna Franziska gesundet. Doch der briefliche Austausch zwischen dem Bischof und der Ordensoberin ist auf ein Minimum reduziert. Die Zahl der (erhaltenen) Briefe Johanna Franziskas an Franz von Sales zwischen 1618 und 1621 lassen sich an zwei Händen abzählen. Sie sind knapp, geschäftsmäßig und sehr zurückgenommen. Seine zählen zwar an die zwei Dutzend – dass sie im gleichen herzlichen Ton gehalten sind wie die Briefe zuvor, was manche glauben betonen zu müssen, ist nicht ganz überzeugend. Fehlt ihnen doch genau jene vertraute und intime Tonalität, die die frühen Briefe des Genfer Bischofs bestimmt haben. So muss Johanna Franziska in ihrem Brief vom August 1621 nüchtern feststellen: »Sie sagen, Sie haben mir nichts Neues zu schreiben? Ach, haben Sie gar keine Worte aus Ihrem Herzen zu holen? Denn es ist lange her, seit Sie mir etwas darüber sagten. Guter Jesus, welcher Trost, eines Tages von Herz zu Herz darüber zu sprechen!«[32]

Johanna Franziska spricht er nun vornehmlich mit »meine sehr teure Mutter« an.[33] Er tauscht sich mit ihr über Amtsgeschäfte ebenso aus wie über einzelne Ordensschwestern und die Geschäfte des Ordens. Die Seltenheit seiner Briefe entschuldigt er: »Sie sind vernünftig, meine sehr teure Mutter, und erwarten keine langen Briefe von mir in dieser Zeit, in der so viele Angelegenheiten auf mir lasten.«[34] Persönlich wird er allein da, wo das Schicksal der Kinder Johanna Franziskas ins Spiel kommt. So erklärt er sich im Februar 1620 bereit, die Heirat der einzigen noch lebenden Tochter Françoise »anzubahnen, entweder mit dem Neffen des Herrn Andelot (...) oder mit Herrn von Ballon, wenn er nicht Fräulein von Charmoisy heiratet«[35]. Die Eheanbahnung gelingt. Bereits drei Monate später heiratet Françoise dann jedoch Monsieur de Toulonjon. Ihre Mutter hatte ihr von Paris aus die Vorzüge dieser Verbindung angepriesen – ehrenhaft sei der Bräutigam in spe und zudem reich und gut situiert.

1619 erfolgt gegen zahlreiche Widerstände und nach allerhand zu überwindenden Widrigkeiten die Gründung einer Ordensniederlassung in Paris. Die Situation, in der sich die Ordensfrauen, unter ihnen Mère Chantal, befinden, ist aber alles andere als komfortabel: Es gibt keine Heizung und es gibt nichts zu essen. Dafür immens viel Arbeit, wütet doch in Paris 1619/20 die Pest. Im Februar 1622 schließlich kann Johanna Franziska Paris hinter sich lassen.

Und sagte kein einziges Wort

Mère Chantal kehrt nicht direkt nach Annecy zurück, sondern sie nimmt den Weg entlang der Klöstergründungen des letzten Jahrzehnts, wo sie jeweils auch Station macht: Orléans, Bourges, Nevers, Moulins und Dijon. Als sie nach zehn Monaten, am 8. Dezember, in Lyon eintrifft, sind ihre Erwartungen groß. Endlich, so hofft sie, werde sie Franz von Sales nicht nur wiedersehen, sondern mit ihm auch von Seele zu Seele sprechen können. Doch das Treffen der beiden verläuft geschäftsmäßig, es fällt kein privates Wort. Dass dies die unwiederbringlich letzte Gelegenheit ist, sich mit ihm auszutauschen, weiß sie damals noch nicht. 20 Tage später ist Franz von Sales tot. Er stirbt am 28. Dezember mit 55 Jahren in Lyon an den Folgen eines Schlaganfalls. Mère Chantal kann die Überführung seines Leichnams nach und seine Beisetzung in Annecy durchsetzen. Sie ist es auch, die zusammen mit seinem Bruder Jean-François den Nachlass sichtet und ordnet – und auch bereinigt.

Johanna Franziska wird Franz von Sales um 19 Jahre überleben, in denen noch weitere 74 Klöster der Heimsuchung gegründet werden. Während einer Visitationsreise wird sie krank. Eine Lungenentzündung gepaart mit einer Rippenfellentzündung zwingen sie aufs Krankenlager. Sie stirbt am 13. Dezember 1641 in Moulins, ihr Leichnam wird nach Annecy überführt und dort beigesetzt. In ihrer letzten Nacht, so heißt es, sei sie Franz von Sales nahe gewesen. Habe sie sich doch aus der Lebensbeschreibung des Bischofs von Genf das Kapitel über das Scheiden aus der Welt vorlesen lassen. Während der Bischof relativ rasch nach seinem Tod selig- und heiliggesprochen wird (1661 und 1665), dauert es bei Mère Chantal mehr als ein Jahrhundert, bis sie zur Ehre der Altäre erhoben wird (1767 und 1775). Seite an Seite liegen die beiden heute in goldverbrämten Reliquienschreinen in der im 20. Jahrhundert errichteten Basilika des Heimsuchungsklosters in Annecy. Im dazugehörigen Museum sind zwei weitere Reliquienschreine in der Form von Glassärgen aufbewahrt, die Johanna Franziska und Franz von Sales lebensgroß in Wachs zeigen.

Postscriptum

In einer der Vitrinen des Museums ist auch ein (schwarzes) Gewand zu sehen – möglicherweise ist es jenes, das Johanna Franziska zwei Jahre nach ihrem ersten Zusammentreffen für Franz eigenhändig gewebt hat und das Franz »nicht violett«, sondern »purpur und scharlachrot« dünkte, da es in Liebe gefärbt sei. Die Fürsorge für den Leib und das Kleid des »Du« scheint sie mit Klara von Assisi geteilt zu haben. Diese soll, so die Legende, für Franz von Assisi zwar kein geistliches Habit genäht, wohl aber das seine mit eigener Hand geflickt haben. Diese legendäre Kutte ist, wir haben es bereits erwähnt, noch heute in Assisi zu sehen.

Verwendete Literatur

Quellen

Briefe des heiligen Franz von Sales an die heilige Johanna Franziska Fremyot von Chantal 1604–1610. Übertragen von Elisabeth Heine. München 1929

Briefe der heiligen Johanna Franziska von Chantal an den heiligen Franz von Sales und ihre Aussagen über sein Tugendleben. Übertragen von Elisabeth Heine. München 1929

Franz von Sales, Briefe an Johanna Franziska von Chantal (Deutsche Ausgabe der Werke des hl. Franz von Sales nach der vollst. Ausgabe der Oeuvres de Saint François de Sales der Heimsuchung Mariä zu Annecy 1892–1931, hg. unter der Leitung von Franz Reisinger. Bd. 5). Eichstätt 1990

Wo möglich wurden die Übersetzungen von Elisabeth Heine aus dem Jahr 1929 vorgezogen. Nicht weil diese wortgetreuer und deshalb näher am französischen Original bleiben, sondern weil sie insgesamt den Ton dieses Briefwechsels auf poetische Weise einfangen. Da Heines Ausgabe der Briefe Franz' von Sales 1610 endet, wurde ab diesem Zeitpunkt auf die von Reisinger herausgegebene Übersetzung zurückgegriffen (zitiert: Franz von Sales, Briefe). Im französischen Original: Oeuvres de Saint François de Sales. Edition complète d'après les autografes et les éditions originales. Annecy 1892–1931

Sekundärliteratur

Françoise Bouchard, Sainte Jeanne de Chantal ou la puissance d'aimer. Préface du Cardinal Philippe Barbarin. Paris 2004

Vicomte E. du Jeu, Madame de Chantal. Sa vie dans le monde et sa vie religieuse. Paris 1935

Françoise Kermina, Jeanne de Chantal 1572–1641. Perrin 2000

Gisbert Kranz, Johanna Franziska von Chantal, in: Ders., Werke in Einzelausgaben. Bd. 1: Biografien. Zwölf Frauen. St. Ottilien 1998, S.271–294

Gisbert Kranz, Franz von Sales (1567–1622), in: Ders., Werke in Einzelausgaben. Bd. 4: Biografien. Zwölf Kirchenmänner. St. Ottilien 2000, S. 209–241

Paul Lorenz, La dame parfaite. Sainte Jeanne de Chantal. Paris 1956

Hildegard Waach, Johanna Franziska von Chantal. Das Leben einer Heiligen. Eichstätt 1957

Michael Müller, Die Freundschaft des hl. Franz von Sales mit der hl. Johanna Franziska von Chantal. Eine moraltheologisch-historische Studie. München 1923

Ernst Probst, Heilige Johanna Franziska von Chantal. Die Mitbegründerin der Salesianerinnen, in: Ders., Superfrauen 2. Religion. Das Leben frommer, seliger und heiliger Frauen in Wort und Bild. Norderstedt 2001, S.76–78

André Ravier, Sainte Jeanne de Chantal. Sa race et sa grâce. Paris 1983[3]

Romane

Reinhold Schneider, Franz von Sales – Johanna Franziska von Chantal. Eichstätt 2004 (Nachdruck)

Internetadressen

www.heimsuchungsschwestern.de

http://visitationdannecy.free.fr

Liebeswund(en)

Clemens Brentano (1778–1842),
Anna Katharina Emmerick (1774–1824)
und Luise Hensel (1798–1876)

»Ich fühle, dass ich hier eine Heimat finde, und es ahnet mir, als könne ich dieses wundervolle Wesen vor seinem Tode nicht mehr verlassen, und es solle meine Lebensaufgabe mir hier zuteil und mein Flehen erhört werden, dass mir doch Gott auf Erden irgendein Geschäft übergeben möge, das meinen Kräften angemessen wäre und zu seiner Ehre gereichen könnte. Ich will mich bemühen, den Schatz von Gnaden, den ich hier erblicke, mit gutem Willen nach Kräften einzusammeln und zu bewahren.«[1] Das »Hier«, in welchem der berühmte Dichter der Romantik, Clemens Brentano, im Alter von 40 Jahren vorübergehend Heimat findet, ist ein Ort in Westfalen namens Dülmen.

In einer im Hinterhaus gelegenen, überaus bescheidenen Wohnung hält er während fünf Jahren seines Lebens (1818–1824) nahezu ununterbrochen Wacht am Bett der vier Jahre älteren ehemaligen Augustinerinnen-Nonne Anna Katharina Emmerick. Die Visionen und Gesichte dieser Frau aus dem einfachen Volk, deren Namen am Ende bisweilen auch mit »h« statt mit »k« geschrieben ist, wird er Tag um Tag notieren. Seine an die 15 000 Manuskriptseiten umfassenden Notizen wird er nach ihrem Tod in mehreren Schriften verarbeiten, unter anderem in seinem 1833 erschienenen Andachtsbuch »Das bittere Leiden unseres Herrn Jesu Christi«, das in jüngster Zeit Pate stand für die blutige Inszenierung der Passionsgeschichte durch den amerikanischen Filmemacher Mel Gibson (»Die Passion Christi«, 2004).

Ein Dreiecksverhältnis

Was aber ist es, das den Frankfurter Kaufmannssohn, dem es an Bildung, an ökonomischer Freiheit und standesgemäßen gesellschaftlichen Kontakten nicht mangelt, ins Münsterland verschlägt an das Bett einer Frau aus dem Volk, die ein Kind armer Leute ist, ohne Bildung und dazu noch im gesellschaftlichen Abseits? Es ist eine Passion eigener Art, die sich im Zeitalter der religiös und mystisch aufgeladenen Romantik und der kirchenpolitischen Restauration des Dichters bemächtigt. Eine Passion, bei der amouröses Begehren und religiöses Sehnen, bei der Erotik und Mystik so eng und untrennbar miteinander verwoben sind, dass das eine bisweilen als die Gestalt und das Mittel des anderen erscheinen kann.

Es ist aber auch eine Passion, bei der noch eine Dritte im Spiel ist: die Pastorentochter und Dichterin Luise Hensel, deren Namen heute kaum einer mehr kennt. Wohl aber vielleicht das ihrer Feder entstammende Gebet »Müde bin ich, geh' zur Ruh'«.

Müde bin ich, geh' zur Ruh'
Schließe beide Äuglein zu;
Vater, lass die Augen dein
Über meinem Bette sein!
Hab' ich Unrecht heut' getan,
Sieh' es, lieber Gott, nicht an!
Deine Gnad' und Jesu Blut
Macht ja allen Schaden gut.
Alle, die mir sind verwandt,
Gott, lass ruhn in deiner Hand!
Alle Menschen, groß und klein,
Sollen dir befohlen sein.
Kranken Herzen sende Ruh', Nasse Augen schließe zu!
Lass den Mond am Himmel stehn
Und die stille Welt besehn!

LUISE HENSEL, NACHTGEBET (BERLIN 1816)[2]

Brentanos Werben um die anmutige, 20 Jahre jüngere Luise Hensel ist zeitlich eng verwoben mit seinen Dülmener Tagen am Bett der Anna Katharina Emmerick. Brentano ist es, der mit seinem Liebeswerben und religiösen Eifer für die Sache der katholischen Kirche zum Bindeglied und zur Brücke zwischen den beiden ungleichen Frauen wird und der die beiden in eine seltsame, durchaus auch Missfallen erregende Dreieinigkeit hineinmanövriert.

Bereinigte Quellen

Brentanos Passionen haben ihm bereits zu Lebzeiten den bitteren Spott seiner (Dichter-)Schwester Bettine von Arnim eingebracht. Diejenigen, welche sein religiöses Spätwerk, das sich ganz diesen Passionen verdankt, bewahren sollten, haben sich leicht pikiert die Augen gerieben. Die sprachliche Gestalt und Fassung derselben schien so gar nicht zu dem religiös erbaulichen und erhabenen Inhalt passen zu wollen. Kurzerhand entschloss man sich, die vorhandenen Quellen zu säubern oder sie ganz beiseitezuschaffen.

52 Seiten der sogenannten Emmerick-Unterlagen Brentanos wurden nach seinem Tod vernichtet, ebenso ein großer Teil des Briefwechsels von Luise Hensel. Dies wegen der als unschicklich empfundenen Intimitäten, wegen »Einflechtungen von unbegreiflicher Indiskretion« und »erotischen Anspielungen« und – was den Briefwechsel Hensels mit Brentano angeht – gar mit ausdrücklicher Zustimmung derselben.[3] Was vom brieflichen Zwiegespräch Brentanos mit Luise Hensel übrig geblieben ist, das ist in der Frankfurter Brentano-Ausgabe dokumentiert, wo sich auch einige wenige Briefe aus seiner Feder an Anna Katharina Emmerick finden. Form und sprachlicher Duktus der erhal-

tenen Briefe Anna Katharina Emmericks an Luise Hensel und Clemens Brentano zeigen diese als eine des Schreibens und Formulierens nahezu unkundige Frau.

Zwei Ehen und die Suche nach Heimat

Zum Zeitpunkt, wo die Lebenslinien Clemens Brentanos, Anna Katharina Emmericks und Luise Hensels sich kreuzen, ist letztere 20 Jahre jung. Der Frankfurter Kaufmannssohn und Dichter hingegen hat mit seinen 40 Jahren bereits zwei Ehen und viele Irrungen und Wirrungen religiöser und amouröser Natur hinter sich. Dass er nicht für das väterliche Kaufmannsgeschäft taugen würde, war früh klar und wurde von der Familie auch fraglos akzeptiert. Es ermöglicht ihm aber auch nach dem frühen Tod der Eltern ein in finanzieller Hinsicht unabhängiges und einigermaßen sorgenfreies Leben. Seine beiden Immatrikulationen für das Studium der Bergwissenschaften an der Universität Halle und der Medizin an der Universität Jena bleiben jedoch nur kurze Intermezzi. Es ist anderes, was seinen Geist treibt und fesselt. Er wird Dichter, schreibt Gedichte und publiziert erste Romane.

Clemens Brentano gilt als »der« große und begnadete Lyriker der deutschen Romantik. Ein Heimatloser und Getriebener ist er zeit seines Lebens, und wie ein roter Faden zieht sich durch seine Gedichte die »Suche nach dem verlorenen Paradies«. Im Jahr 1801 erscheint sein erster Roman »Godwi oder Das steinerne Bild der Mutter«. In den Jahren 1806 bis 1808 arbeitet er mit seinem Freund Achim von Arnim (1781–1831) an der später durch Gustav Mahler in Auszügen vertonten Volksliedersammlung »Des Knaben Wunderhorn«.[4]

Mehrfach glaubt er in seinem Leben, anzukommen und Heimat zu finden im männlichen wie weiblichen »Du«. So bei seinem Dichterfreund Achim von Arnim, den er als Student kennenlernt und mit dem er zusammenarbeitet und gar zeitweise zusammenwohnt. »Lieber Arnim, Gott gebe dir einen einzigen Moment, in dem du fühlst, dass kein Mann dich lieben kann wie ich, in dem du fühlst, dass du mein ganzes Leben wieder erbauen kannst, mich frei und unabhängig machen kannst von meinem fürchterlichsten Feinde, der mich langsam tötet, von mir selbst und innerlicher Verzweiflung. Ich bin fest überzeugt, dass ich nichts kann als lieben, dass meine Seele nicht in mir wohnt und nicht in der Natur, sondern in einzelnen Menschen. Wer mich zu mir selbst weist, tötet mich, ich habe geliebt und dem Geliebten geglaubt, und da haben sie mir gesagt, warum gehst du nie in dein eignes Herz und bildest deine eigne Seele aus, du hast eine recht hübsche Seele, das habe ich dann geglaubt, und bin traurig zurückgegangen in mich, aber ich konnte nichts tun, als die Stühle zurechtstellen, damit sie mich besuchen sollten.«[5]

Auch der sieben Jahre älteren, bereits verheirateten Schriftstellerin Sophie Mereau (1770–1806) stellt Clemens einen Stuhl in seiner Seele bereit. Sophie zieht ihn in den Bann, und er wird von ihr nicht lassen und so lange um sie werben, bis sie ihn im November 1803 schließlich heiratet. Keine drei Jahre später stirbt sie bei der Geburt des dritten Kindes. Nicht nur Sophie, sondern auch alle drei Kinder sterben bereits kurz nach der Geburt. Brentano bleibt verwaist zurück.

Ein Dreivierteljahr später beginnt er eine stürmische Liebesaffäre mit der 16 Jahre alten Auguste Bussmann (1791–1832), die er im Liebesüberschwang noch im selben Sommer heiratet. Auguste entpuppt sich aber als exaltiertes junges Ding, dessen Nähe Brentano alsbald flieht und von der er sich nach der vorläufigen Trennung im März 1808 dann 1811 offiziell scheiden lässt. Dass sein Freund Achim von Arnim im März 1811 heimlich seine Schwester Bettine heiratet, setzt Clemens sehr zu. Er, der glaubt, das Erstlingsrecht auf diesen zu haben, fühlt sich ausgebootet. Seinem Ansinnen, eine Ménage à trois zu führen, verweigern sich Schwester und Freund ein Leben lang.

Heimatlos – auch Anna Katharina

Nicht nur Brentano steht 1811 nach zwei gescheiterten Ehen und einer enttäuschten Freundschaft heimatlos da. Auch für Anna Katharina Emmerick mündet das Jahr 1811 in eine persönliche Katastrophe. Das Kloster Agnetenberg, in das sie im November 1802 als Novizin eintrat und wo sie 1803 die feierliche Profess ablegte, wird aufgehoben:

»Am 3. Dezember 1811 ward unser Kloster aufgehoben und unsre Kirche geschlossen. Meine Mitschwestern blieben noch eine Zeit lang mit mir drin, dann zogen sie nach und nach aus. Ich war aber gleich nach der Aufhebung ganz verlassen, man sah sich, obschon ich krank war, wenig oder gar nicht mehr nach mir um (...). Der Stadtpfarrer besuchte meine kränkliche Mitschwester Söntchen, aber zu mir kam niemand.«[6]

Die allermeisten Klöster in Westfalen wurden nicht erst 1811, sondern bereits zu Beginn des 19. Jahrhunderts säkularisiert. 1802 marschierten die preußischen Truppen im Fürstbistum Münster ein. In der Folge wurden die kirchlichen Strukturen aufgehoben und die kirchlichen Güter und Klöster staatlich enteignet. Das Kloster Agnetenberg in Dülmen überstand die Säkularisation zunächst unbeschadet, da Herzog Anna Emmanuel von Croÿ, dem es als Entschädigung zugesprochen wurde, seine Hand darüber hielt. Genau in dieser politisch und kirchenpolitisch bewegten Zeit tritt Anna Katharina Emmerick ins Kloster ein. Erst als die Grafschaft Dülmen 1810 dem Kaiserreich Frankreich einverleibt wird, wird es auf Beschluss Kaiser Napoleons vom 14. November 1811 aufgehoben.

»Das schlechteste Kind der Welt«

Mit dem Aus für ihr Kloster war all das zunichte, was die in Flamschen (bei Coesfeld) aufgewachsene Tochter armer Kleinbauern sich als äußeren Lebensrahmen und bescheidenen Erfolg erkämpft hatte: die gesicherte Existenz als Mitglied eines Ordens. Und das war viel für ein Mädchen, das nur wenige Monate eine Schule besucht und sich seit seinem dreizehnten Lebensjahr als Näherin und Magd verdingt hatte; das durch eine Hüftverletzung sowie eine Rachitis bleibend gezeichnet und als Jugendliche an Tuberkulose erkrankt war.

»Weil mich nun meine Eltern oft schmähten und nie lobten, ich aber doch oft andere Kinder von ihren Eltern loben hörte, so hielt ich mich für das schlechteste Kind der Welt, und mir ward sehr bange, dass ich so übel bei Gott stehen möge.« Ob dieser vermeintlichen Schuld trägt das Mädchen heimlich einen »knotichten Strick von stechendem groben Hanf um die Hüften«, um für seine Verfehlungen zu büßen. Zugleich verspürt »Anntrienken«, wie ihr Vater sie nennt, bereits als Kind »dieses heftige Mitleiden« mit anderen. Die »Nachricht von Unglück, Leiden, Krankheit, Sünde anderer Leute hörte ich mit einer solchen Empfindung an, dass ich oft ganz starr dasaß, und meine Eltern fragten, ob ich krank oder unweiß sei. Schon sehr früh trugen sich die Schmerzen anderer, wenn ich für sie betete, auf mich über, denn ich hatte immer die kindliche Meinung dabei, Gott gebe kein Leiden vergebens, einer müsse es bezahlen.«[7]

Anna Katharinas Weg in die (scheinbar) gesicherte Existenz im Kloster war alles andere als leicht, denn eigentlich wollte man sie dort gar nicht haben. 1799 versucht sie vergeblich einzutreten. Erst drei Jahre später, als der Kantor Söntgen in Coesfeld beherzt die Aufnahme seiner eigenen Tochter Clara an die Bedingung knüpft, dass auch Anna Katharina aufzunehmen sei, darf sie eintreten. »Die Nonnen in *Dorsten* wollten mich nicht aufnehmen ohne die Söntchen, die Nonnen zu Ahlen verlangten eine größere Mitgift, als wir besaßen, die Nonnen hier in *Dülmen* wollten die Söntchen aufnehmen, als Organistin, doch mich nicht. Weil aber ihr Vater sie nicht ohne mich hingeben wollte, so bewilligten sie endlich auch mir, doch mit einiger Abneigung, die Aufnahme. (…) Weil ich nichts brachte, gab man mir auch nichts, ich hatte einen Stuhl ohne Sitz und einen ohne Lehne in meiner Zelle. (…) Ich musste mir die dringendsten Bedürfnisse alle anschaffen und später durch Näharbeit und Wohltaten bezahlen. Nach meiner ersten Krankheit kaufte ich mir ein paar Stühle.«[8]

Die Wundzeichen brechen auf

Anna Katharina ist 37 Jahre alt, als sie, durch die Klosteraufhebung heimatlos geworden, Unterschlupf bei Abbé Jean-Marie Lambert (1753–1821) findet. Diesem ehemaligen Geistlichen des Agnetenklosters führt sie fortan – zunächst im Haus der Witwe Roters, dann im Haus des Gastwirts Franz Limberg – den Haushalt. Ein Dreivierteljahr ist seit ihrer Vertreibung aus dem Kloster vergangen, als im August 1812 bei ihr jene Zeichen aufbrechen, die auch am Leib Franz' von Assisi sichtbar wurden: die Wundmale Jesu.

Angekündigt hatten sich diese schon Jahre zuvor durch ein »stetes Brennen und heftiges Schmerzen in Händen und Füßen«. Auch die geistigen und körperlichen Leidenszustände datieren bereits aus ihren Klosterjahren, wo sie »sehr häufig eine heftige Betrübnis« ergriff und sie »stille weinen« musste, weswegen man sie im Agnetenkloster ausschimpfte. Schon dort mehrten sich »die Ohnmachten und ekstatischen Zustände«. »Die ekstatischen Ohnmachten befielen mich oft allerorten, dann sank ich in meiner Arbeit im Kloster, im Garten, in der Kirche, am häufigsten wenn ich allein auf meiner Zelle war nieder und blieb oft lange Zeit so liegen, was ich an dem Glockenschlage merkte, wenn ich zu mir kam (...). Auch bei Tisch hatte ich kleine Anwandlungen solcher Zustände, die aber auf mein Gebet nachließen.«[9]

Anna Katharina Emmericks Stigmatisierung ist im 19. Jahrhundert alles andere als ein Einzelfall. Wegen der markanten Häufung dieses Phänomens – allein in Südtirol wird eine Hundertschaft von »Leidenspersonen« gezählt – bezeichnet man das 19. Jahrhundert auch als »âge d'or« der stigmatisierten Jungfrauen. Alle diese Frauen tragen die Wundmale Christi auf dem durch Nahrungsentzug ausgemergelten Leib, und die allermeisten von ihnen sind ob dieser Passion(en) ans Bett gefesselt. Sie sind allesamt im sogenannten katholischen Milieu verwurzelt und teilen auch ihre bescheidene Herkunft und geringe Bildung. Während die einen medizinisch pathologisiert (»religiöser Wahn«, »schwere Nervenleiden«) und in der Folge als Betrügerinnen gesellschaftlich geächtet wurden, wurden andere unter dem Protektorat verschiedener kirchlicher Gruppierungen als Heilige verehrt.

Clemens kommt nach Dülmen und bleibt

Anfangs gelingt es, die Stigmatisierung Anna Katharinas geheim zu halten. Jedoch nicht lange. Bald geht die Kunde von den Wund(er)zeichen um. Es vergehen aber weitere fünf Jahre, bis Clemens Brentano in Berlin von ihnen Kenntnis erhält. Vor ihm wird sein sechs Jahre jüngerer Bruder Christian in Dülmen allein am Bett der Nonne sitzen und staunen. Und ihr seinen wärmenden Pelz dalassen, der später auf ihrem Kanapee seinen Platz finden wird.

Im Herbst 1818 machen sich die Brüder Christian und Clemens dann gemeinsam auf den Weg nach Westfalen. Am 24. September treffen sie in der Wohnung im Hinterhaus des Bäckers und Bierbrauers Limberg ein, wo die mittlerweile 44-jährige Anna Katharina mit Abbé Lambert lebt. Anna Katharinas Arzt, Franz Wilhelm Wesener, ist auch da. Clemens Brentano erinnert sich: »Donnerstag, dem 24 7bre 1818, kam ich um zehn Uhr in Düllmen an, Wesener kündigte mich der Emmerich an, damit sie nicht zu sehr erschrecken möge, sie freute sich mich zu sehen, durch eine Scheune und alte Kellerräume eine steinerne Wendeltreppe hinauf, wir klopften, die Schwester, als Magd, öffnete, durch die kleine Küche traten wir in die Eckstube, wo sie liegt, sie streckte mir die stigmatisierten Hände freudig entgegen, und sagte freudig, nu sieh, man kann doch den Bruder nicht in ihm verkennen.«[10]

Der Dichter ist sofort von Anna Katharina und ihren Wund(er)zeichen hingerissen. Er ist überzeugt, hier vor seiner ihm von Gott zugeschickten Lebensaufgabe zu stehen. Er wird – abgesehen von einer mehrmonatigen Unterbrechung – bis zum Tod Anna Katharinas an ihrem Bett täglich Wacht halten und ihre Visionen und Passionen minutiös notieren und inventarisieren.

Clemens beschreibt die Wundzeichen Anna Katharina Emmericks wie folgt: »Die äußerlichen sichtbaren Zeichen, mit welchen der Leib dieser begnadigten Seele in einzelnen ekstatischen Zuständen bezeichnet und wie zu seinem schweren Berufe, dem Kreuz, der Erlösung und der Kirche ein Zeugnis abzulegen, eingeweiht und versiegelt worden ist, waren nach der Zeitfolge ihres Empfangs 1. Die Dornkrone um das Haupt 2. Ein lateinisches Kreuz auf dem Magen etwa zwei Finger breit unter der Herzgrube 3. Ein griechisches Kreuz, wie ein Ypsilon auf dem Brustbein 4. Ein zweites kleineres derselben Art aus dem ersten emporsteigend 5. Die 4 Wundmale an Händen und Füßen 6. Das Mal der Lanzenwunde in der rechten Seite. (…) Diese Zeichen waren für sie die Quelle unsäglicher Leiden, Misshandlungen, Verdächtigungen und Demütigungen, und sie hatte sie, solange es ihr möglich war, zu verbergen gesucht.«[11]

Vergeblich – Clemens' Werben um Luise Hensel

Clemens bleibt in Dülmen. Er kehrt nicht nach Berlin zurück, wo die 20 Jahre jüngere Pastorentochter Luise Hensel lebt, die er zwei Jahre zuvor bei einer Abendgesellschaft kennengelernt hat. Und um die er heftig und mit Inbrunst und mit großem Nachdruck geworben hat. Der er Gedichte und innige Briefe geschickt und der er im Jahr ihres Kennenlernens einen Heiratsantrag gemacht hat. Und von der er zurückgewiesen wurde, obschon er glaubte, sich Hoffnungen machen zu dürfen: »Du selbst hast es gefühlt und ausgesprochen, dass dieses Herz dein ist; du weißt es, ich weiß es, Gott weiß es! Aber *vergeblich!* muss ich nun schreien, das entsetzliche Wort, wenn du mit grässlicher Kälte aussprichst: Ich habe kein Mitleid mehr, keinen Teil an keinem Menschen; ich bin verschlossen; ich will ganz allein sein in mir.« Brentano – tief getroffen – formuliert drastisch. Es ist ihm »(...) als wäre meine Brust ein Badezuber und deine Füße stünden badend und plätschernd in meinem Herzen und du sagst: ›endlich krieg ich warme Füße‹.« Und er ruft ihr zu: »*Vergeblich!* – Kennst du dies schreckliche Wort? Es ist die Überschrift meines ganzen Lebens; es brennt mir auf der Stirne äußerlich, wie im Hirne innerlich; all mein Denken, Tun, Leiden, mein unendliches Leiden, war vergeblich.«[12]

Die 1798 in Linum (Brandenburg) geborene Luise Hensel ist die Tochter eines lutherischen Pfarrers. Nach dem Tod des Vaters siedelt die Familie nach Berlin um. Früh beginnt Luise, Gedichte zu schreiben. Nicht nur Clemens Brentano wird vergeblich um sie werben, sondern auch Wilhelm Müller (1794–1827), der sie in den später von Franz Schubert vertonten Liedern »Die schöne Müllerin« und »Die Winterreise« verewigt hat.

»Luise, welch eine Stelle wäre das für dich«

Bei allem Ach und Weh schien es doch zunächst so, als habe Clemens sich in sein Schicksal ergeben und Luises Nein akzeptiert. Doch er ist noch keinen Monat in Dülmen, da schreibt er ihr bereits zum vierten Mal. Luise aber schweigt weiter hartnäckig. In seinem vierten Brief seit seiner Abreise klagt er: »Liebe Luise, es schmerzt mich, keine Zeile von dir zu haben. Du versprachst es mir doch. Manchmal fürchte ich, du freust dich, mich los zu sein, aber ich lasse dir noch keine Ruhe.« Es gehe ihm zwar »nicht übel« und auch sei er »nicht schwermütig«. Aber »ich bin doch niemand näher als dir, es hat mir doch niemand seit ich lebe so recht ein liebes menschliches Herz gezeigt als du und das liebe Wesen, durch das ich dich erst kennenlerne, an dem ich erst die Wege ganz verstehe, auf denen du wandelst und wankst und neuen Schritt fassest, ich meine die gütige, freundliche, kindliche, in unbegreiflichen Leiden heitere, ja lustige gott selige Emmerick. Ich bin keine Minute bei ihr, dass ich deiner nicht gedenke, in allem, was sie mir sagt und erzählt, finde ich dich wieder in allen Beziehungen nur unter anderen Umständen und außer der Kirche.«[13]

Ausführlich und in bunten Farben malt Brentano Luise Hensel das Leben im Münsterland und erzählt, was er »täglich bei dem Bette unsrer lieben Herzfreundin« erlebt. Schließlich lässt er die Katze aus dem Sack. Die Nonne brauche »ein treues verständiges liebvolles frommes Geschöpf, das ihr die Haushaltung abnehme und neben ihrem Bett sitzend, dem schönsten Sitz auf der Welt, die kleine Wirthschaft führte (...). Ach liebe Luise, welch eine Stelle wäre das für dich«. »Ich kenne auf Erden keinen Menschen, der es könnte, wie du, und der glücklich wäre wie du. Sie hat viel und heftig für dich gebetet, all ihr Gebet geht in Schauen über, sie sieht immer den Zustand ihrer Gebetspfleglinge.« Wie gern, so fährt er fort, würde er Luise »die wunderbare Nähe dieses geheiligten Geschöpfs« gönnen.[14]

Visionäre Dreifaltigkeit

Brentano berichtet nicht nur Luise Hensel von Anna Katharina. Er erzählt auch dieser von Luise: »Ich habe ihr aus deinem (Luises) Leben vieles erzählt, sie hat eine Vorstellung davon, lebhafter, wie sie sagt, als ich sie ihr geben kann, denn sie schaut innerlich alle, die sie liebt, und sagte: Ach dies Kind (...), ach wenn sie doch bei uns in der Kirche wäre, wenn sie bei mir hier wäre.«[15] Er liest ihr Luises religiöse Gedichte und Lieder vor und fragt Anna Katharina mit Nachdruck über deren weiteres amouröses und religiöses Schicksal aus. Er will, nachdem sein Liebeswerben ins Leere lief, die Pastorentochter Luise wenigstens in den Schoß der katholischen Kirche führen. Doch auch hier wird er wieder ausrufen müssen: vergeblich. Freilich aus anderem Grund als im Fall des zurückgewiesenen Heiratsantrages. Denn Luise wird sehr wohl zum Katholizismus konvertieren, jedoch still und heimlich.

Am Tag der Unbefleckten Empfängnis Mariens, am 8. Dezember 1818, konvertiert Luise Hensel zur katholischen Kirche. Zwei Jahre später wird sie auch das Gelübde der ewigen Jungfräulichkeit ablegen. Clemens Brentano selbst hat, nachdem er zunächst sogar erwogen hatte, Luise zuliebe zum Protestantismus überzutreten, sich am 27. Februar 1817 mit der katholischen Kirche ausgesöhnt und wie schon zuvor sein Bruder Christian eine »Generalbeichte« abgelegt.

Dass Luise ihn nicht vorgängig ins Vertrauen gezogen hat, trifft Clemens schwer. Nicht zuletzt deshalb, weil er, seit er in Dülmen ist, immer auf Luise einredet und sie nahezu beschwörend unter das göttliche Regime der Visionen und Gesichte Anna Katharinas zu bringen sucht. Im November 1818 schreibt er Luise, Anna

Katharina habe ihm nicht nur aufgetragen, ihr beizustehen und ja keine ängstliche Eile in Sachen Konversion an den Tag zu legen. Sie habe in ihren Visionen auch gesehen, dass sie beide – Luise und Clemens – »einander von Gott gegeben« seien und dass sie »rechtes Vertrauen ineinander« haben sollten. »Sie sagte zu mir, wenn ich *Luisen verdiene,* wird Gott mir sie geben.«[16]

Doch nicht nur die beiden, sondern auch sich selbst sieht die Emmerick in ihren Gesichten mit ihnen in Minne vereint: »Da sind wir alle drei beieinander. Ach, welche Wonne und Freude.« Doch es ist Luise, die sich – nicht nur in den Visionen Anna Katharinas – dieser Dreifaltigkeit entzieht: »Ach da sind wir alle so schön beisammen, Luise und du und ich – aber Gott, ach meine arme Schwester, ich kann Sie nicht erreichen, ach wie sie flieht. Wie sie flieht, und ich liebe sie doch so sehr.«[17]

In ihren Erinnerungen lässt Luise später freilich durchblicken, dass sie durchaus gemerkt habe, dass und wie Brentano versucht habe, sie durch vermeintliche Gesichte der Emmerick zu steuern. »Cl. Brentano hat mir schriftlich und mündlich oft gesagt: Die E. habe dies oder jenes von mir gesehen. (...) Ich ließ das aber später immer dahingestellt sein, weil er, oft unbewusst und sicher ohne bösen Willen, mir Irriges als von ihr gesehen, gesagt mitteilte und wenn ich mit ihr darüber sprach, so war es ganz anders.«[18]

»Zielscheibe des lebhaftesten Spottes«

Zu Beginn des Jahres 1819 verlässt Clemens Westfalen. Er geht für einige Monate zurück nach Berlin, aber nur, um dort seine Zelte abzubrechen und seine Bibliothek zu verkaufen. Dort wird ihm mehr und mehr bewusst: Er ist mit seinem Dülmener Projekt zur »Zielscheibe des lebhaftesten Spottes«[19] geworden. Dabei spotten nicht nur die über ihn, denen die dortigen Vorgänge das Produkt katholischer Wundersucht sind. Sondern auch jene, welche Anna Katharina und dem Phänomen der Stigmatisierung Glauben schenken und ihr verbunden sind. Mehr noch: Sie gehen hart mit ihm ins Gericht und legen ihm nahe, in Berlin zu bleiben und nicht wieder nach Dülmen zurückzukehren. Anstoß erregte namentlich die Tatsache, dass Brentano – wie er Luise Hensel schreibt und wovon sie in ihren Erinnerungen berichtet – es an der »notwendigen Rücksicht auf Anstand« habe fehlen lassen und sich »des Schlüssels zur Kammer der lieben seligen Emmerick bemächtigt« und »öfters die Nächte« bei ihr zugebracht hätte.[20]

Anna Katharinas Leibarzt führte während sechs Jahren von März 1813 bis November 1819 ein medizinisches Tagebuch über die Causa Anna Katharina Emmerick. Dieses »Tagebuch des Dr. med. Franz Wilhelm Wesener«, das zeitweilig im Besitz Clemens Brentanos war, wurde 1926 von Winfried Hümpfner ediert.

Anna Katharinas Leibarzt, Franz Wilhelm Wesener, lässt Brentano im Februar 1819 wissen, dass alle »hiesigen Freunde der Emmerick in Münster« der Meinung seien, »dass Ihr Wiederkommen, Ihr enger Umgang mit der E. für Letztere wenigstens die übelsten Folgen haben werde. Daran sind Sie selbst schuld, lieber Freund«. Unerbittlich hält Wesener Brentano den Spiegel vor: »Die E. liebt Sie um Ihrer traurigen Schicksale und Ihres herrlichen Durchbruchs willen, aber sie sieht auch mit Schrecken und hoher Betrübnis die Krankheit Ihres Gemütes und fürchtet Ihren unbeugsamen Sinn. Sie ist fest entschlossen, auch Sie, wenn Sie zurückkehren, dem selbst gegebenen Gesetze zu unterwerfen, und Ihren Besuch nur eine Stunde im Tage anzunehmen.«[21] Brentano ist ungehalten und sieht darin eine Intrige Weseners, habe doch die Emmerick ihm versichert, dass dies »nie ihr Wille und ihre Ansicht gewesen sei« und dass sie ihn bitte, »doch ja bald zu ihr zurückzukehren«[22]. Der mit Bleistift von Anna Katharina Emmerick verfasste Brief selbigen Datums spricht jedoch eine andere Sprache.

Lieber bruder

> *In Jesu Christo, nach ihre abr / eise war ich schwerkrank / sie wünschten ich sollte mich / von alles losmachen dieser wunsch / erfüllet ich liege in / mein Zimmergen ganz ruhig / aber meine Umgeben (Umgebung) bar wenn ich / den alten Lambert der mein /einzige Unterstützung ge / wesen ist in seinen alter be / trüben sollte Nein das kann / ich nicht hierin muss ich mein / Freiheit haben mein lieber / Freunt hierin musen sie / ein weniger nachgiebiger / sein und auf ihrer eigen Meinung nicht so fest stehn / dann auch geduld haben mit / den Schwachheiten anderer Menschen den ein jeder / hat seine Fehler (...) Mit vielen Dank für / ihre bemühung./ Ich wünsche Ihnen Ruhe / zufriedenheit heil und / segen durch Jesum / Christum unseren herren / amen ihre wohlmeinende / Freundin C. A. Emerick Ich kann nicht mehr Dr. Wesener / sagt das übrige.*
>
> SCHREIBEN ANNA KATHARINA EMMERICKS AN CLEMENS BRENTANO VOM 11. FEBRUAR 1819[23]

Seinen Bruder Christian bittet Brentano im April um Nachrichten und klagt, er habe doch nun »gar keinen Vertrauten und gründlichen Freund mehr auf Erden, auf den ich mich verlassen kann, als das Gebet der E(mmerick) – Ich gehe ganz ohne Lust, ja einen recht schweren Gang nach M(ünster) – und werde es mir, wie es wolle, so habe ich einen schweren und traurigen Stand gegen den Willen des Teufels, der gern die Bestimmung der E(mmerick) verhindern möchte«. Nicht nach Dülmen zu Anna Katharina zurückzukehren, ist für Clemens undenkbar: er sei es »der Armen schuldig, denn Sie hat Keinen, dem sie ganz vertraute«.[24]

Distanzierungen

Auch im Umfeld von Luise Hensel stößt Brentanos Eifer auf Ablehnung und Widerstand. Sein Versuch, Luise als Hauswirtschafterin für Anna Katharina zu gewinnen, wird dort überhaupt nicht goutiert. Zwar verlässt Luise im März 1819 Berlin, jedoch nicht um Hauswirtschafterin der Emmerick, sondern um in Münster Gesellschafterin der Fürstin Anna zu Salm-Reisserscheidt-Krautheim zu werden. Zusammen mit dieser besucht sie freilich Anna Katharina.

Luise Hensel erinnert sich an diesen Besuch wie folgt: »Es war an einem Freitag, aber in jener Zeit, wo ihre Wundmale nicht bluteten (...). Mir kam es auch darauf nicht an, sondern vor allem auf ihr Wort, ihre Lehre; ich fand mich mit der ganzen Seele auf sie angewiesen. Sie empfing mich mit großer Freundlichkeit und hatte etwas ganz menschlich Liebes. Sobald wir allein waren, umarmte sie mich mit großer Innigkeit und liebkoste wie mit einem Kinde, was mich in tiefster Seele demütigte, da ich meiner Sünden und Torheiten gedachte.«[25]

Doch der Besuch hat nicht den gewünschten Erfolg für Brentano. Clemens muss erkennen, dass sich nicht nur in Münster »eine förmliche Opposition«[26] gegen ihn zusammenbraut, sondern dass auch Luise seine Sicht der Dülmener Vorgänge angeblich nicht (mehr) teilt. Fürst zu Salm-Reisserscheidt-Krautheim, dem der Briefwechsel Luises mit Clemens in die Hände fällt, untersagt dieser strikt jeden Verkehr mit dem Dichter und der stigmatisierten Nonne. Graf Ludwig von der Groeben, ein väterlicher Freund aus dem Umfeld der Salms, schreibt Hensel ebenfalls und trägt ihr auf, »jenem Unholde (sc. Brentano) jeden Brief unerbrochen« zurückzuschicken.[27] Brentano selbst sucht sich zu rechtfertigen. Er habe »die Jungfer Hensel« nie zu irgendetwas treiben wollen und fordert: »Liebster gütigster Fürst (...) erlauben Sie keinem Urteile zu meinem Nachteil Raum in ihrer Seele.«[28]

»Mariechen sage gradheraus«

Die Lage ist verfahren. In seiner Verzweiflung wendet sich Brentano in einem Brief an Anna Katharina. Groß ist die Vertrautheit und intim der Ton, der aus ihm spricht. »Mein liebes gebrechliches letztes einziges Gut« nennt er sie und »liebes Herz«. Er habe sich so sehr gewünscht, Luise Hensel bei ihr in Dülmen zu sehen, doch nun ernte er dafür nur »Undank und Verrat«, habe sich doch Luise ganz auf die Seite des Fürsten zu Salm ziehen lassen. Geradezu beschwörungsformelartig – »Frage sie«, »Sage ihr«, »Frage doch Luisen auf ihr Gewissen« – fleht er »Mariechen« an, Luise doch von seiner Unschuld zu überzeugen. »Mariechen sage gradheraus, du habest sie zu deiner Pflege gewünscht, ihr Bruder habe sie nicht gegeben, bitte sie vor Allen meiner nicht zu vergessen, und auch der (Seele) nicht, die ich so oft ihrem Gebete befohlen.« Brentano ist – wieder einmal – am Boden zerstört: »(...) die Erde bricht unter mir und der Himmel fällt ein, und du bist mir mein einziger Schutz. Was soll ich tun, wie soll ich tun? Ohne dich wäre ich vielleicht von Sinnen«.[29]

Anna Katharina Emmerick folgt dem Ansinnen Brentanos und sendet Luise am 8. Mai 1819 einen Brief, der aber – nicht nur wegen seiner sprachlichen Holprigkeit – wohl kaum das einzulösen vermochte, was Clemens Brentano sich davon erhofft hatte: »Liebe schwester in iesu. Ich dank für den brif. Ich schreib schwer. Das gewisen antwortet auf alles. Ich möchte gern nach mein herz vor gott mit si sprechen wie Gott will nicht wie die menschen. Ich bin unruig von sie. (...) ich fleh um unterscheid von gottes willen und menschen wille. Ich möchte sie gern sprechen. Was kann sie abhalten. Ich grüße sie durch das herz iesu.«[30]

Selbst Emmericks Leibarzt, Dr. Wesener, schaltet sich ein und versucht zu vermitteln und Brentano zu beschwichtigen. »Ja, lieber B., Undank ist eine scheußliche Furie, aber bewahren Sie ihr Urteil, L(uise) ist fast unschuldig, ich habe sie gesehen, habe ihr stilles Leiden auch erkannt.«[31]

Im Zwielicht einer staatlichen Untersuchung

Mehr als Clemens gerät jedoch Anna Katharina selbst ins öffentliche Zwielicht. Sie ist »als Betrügerin verschrien«[32], die sich die Wund(er)-Zeichen selbst zugefügt habe. Eine staatliche Untersuchung soll erneut Klarheit schaffen.

Die staatliche Untersuchung fand vom 7. bis zum 29. August 1819 statt und wurde vom Regierungspräsidenten Ludwig Wilhelm Philipp Vincke (1774–1844) geleitet. Sechs Jahre zuvor hatte es bereits eine erste Untersuchung von kirchlicher Seite gegeben. Diese wurde von Generalvikar Clemens August Droste zu Vischering (1773–1845) präsidiert. Man kam damals aber (nur) zu dem Ergebnis, dass Anna Katharina Emmerick sich die Wundzeichen nicht selbst beibringe und somit jede betrügerische Absicht ihrerseits auszuschließen sei. Die Akten dieser Untersuchung wurden unter dem gleichnamigen Titel wie schon das Tagebuch des Dr. Wesener von Winfried Hümpfner herausgegeben.

Clemens Brentano ist deswegen sehr besorgt und schreibt vier Tage vor Beginn an Anna Katharina. Diesmal ist der Ton wesentlich förmlicher. Er spricht sie mit »Würdige geistliche Jungfer!« an, und am Ende wird auch deutlich, warum. Sein Brief ist ihr »zu jedem beliebigen öffentlichen Gebrauch« von ihrem »ergebene(n) Diener Clemens Brentano« überreicht. Clemens bietet darin seine vorbehaltlose Unterstützung an:

»Da ich erfahren habe, dass eine von der Regierung verordnete Komission sich bei Ihnen gemeldet, welche beauftraget ist, seine Untersuchung über ihre Person und körperlichen Umstände aufzunehmen, so muss Ihnen selbst, als einer gottgeweihten Jungfrau, ernsthaft bedacht sein, dass eine solche Untersuchung durch alle mögliche und erlaubte Unterstützung zu einem endlichen Ziel der Überzeugung gelange, insofern wir es auf Erden überhaupt vermögen.« Er werde gerne als »Fremder« und »ganz unparteiischer« aussagen, als »weder der Regierung noch der Geistlichkeit anders als im Allgemeinen verpflichteter Mensch«. Des Weiteren fordert er Anna Katharina auf, sich einen »rechtsverständigen Mann« zur Seite zu nehmen, »welcher Ihnen alle die Formen bewahren kann, auf welche Sie sich einen endlichen Schluss begründen können. Verlangen Sie eine Abschrift der Protokolle, protestieren Sie gegen Nebenberichte, es ist hier eine Sache der Gerechtigkeit und Sie müssen alles aufbieten, dass diese Gerechtigkeit rein und ungetrübt über Ihnen walten könne«.[33] Einen Tag später gelangt Clemens auch an den Leiter der Untersuchungskommission. Er weist ihn darauf hin, dass die »Kranke sehr krank« sei und vor allem »auf eine Weise krank, welchc nicht in den modernen Heften der Mediziner vorkömmt«. Er kenne wie kein anderer »die Schwachheit und Hinfälligkeit der Kranken«. Er wisse, »was ihr hilft und sie erquickt«. Sein Angebot, bei der Untersuchung dabei zu sein, habe man zurückgewiesen. »Von meiner Seite war es ein Anerbieten der Pflicht gegen einen ganz hülflosen schwerkranken Nebenmenschen einerseits, und andererseits der aufrichtige Wunsch durch das, was ich kenne, rechtschaffenen Männern (...) im Allgemeinen Fingerzeige zu geben, wodurch sie, weniger verletzend, oft dasselbe Ziel erreichen können.«[34]

Doch alles Drängen und Zwängen Brentanos nützt nichts. Die Untersuchung erfolgt in seiner Abwesenheit und ohne seine Unterstützung. Er verlässt Dülmen und bringt seine eigenen Aufzeichnungen und die des Leibarztes von Anna Katharina in Sicherheit. Die stigmatisierte Nonne wird in ein anderes Haus gebracht, wo man sie während 14 Tagen rund um die Uhr beobachtet und bewacht. Will man doch herausfinden, ob sie sich die Wundmale in betrügerischer Absicht selbst beibringt und ob sie wirklich, wie die Kunde geht, fast keine Nahrung zu sich nimmt. Das Verfahren, das, so Clemens, »aus den Retorten der unwissenden Wissenschaft, des dummen Verstandes, der glaubenslosen Zuversicht, der gewalttätigen Gerechtigkeit, und der sich vor sich selbst zeugenlos bewahrenden Justiz hervorging«[35], endet, ohne dass die Kommission zu einem eindeutigen Urteil gelangt.

Die Leiden und Gesichte der Anna Katharina Emmerick

Clemens kehrt nach der Untersuchung wieder an das Bett Anna Katharinas zurück, deren Wundmale nun mehr und mehr versiegen. Doch ihre Leiden werden dadurch nicht geringer. Im Dezember 1821 ist sie »fortwährend sehr elend und es ist seit 4 Wochen kein Abend, wo sie nicht mehr oder weniger Blut bricht, dabei leidet sie an plötzlichem inneren Erkalten bis zur Ohnmacht«. Sie kann nur mehr an Krücken gehen und gerät mehr und mehr in unberechenbare Zustände: »Sie schwimmt Tag und Nacht in diesem Traummeer, erwacht ist sie vom Sturm auf den Fels des Ärgernis und der Versuchung zwischen Austern, Kröten, Krebse und Seeungeheuer geworfen, und hängt da wimmernd, klagend, oft ungeduldig, näht, flickt, will mit Krücken laufen, tut sich weh, hustet, kriegt Krämpfe, erbricht Blut, und heut schwarze Gallerte, morgen weißen Schaum (...). Sie weiß selten, was sie tut und spricht, selbst im Wachen, ich weiß nicht, lebt sie oder wird sie gelebt, doch ist in allem eine zu ahndende geheime Ordnung so sicher, als die der Gestirne, der Natur, der Geschichte, der Kirche und ihrer Zeit.«[36]

> Als Abbé Lambert im Februar 1821 stirbt, findet Anna Katharina bei ihrem Beichtvater Pater Limberg Unterschlupf. In seinem Haus wird sie bis zu ihrem Tod bleiben, weshalb es als ihr »Sterbehaus« bezeichnet zu werden pflegt. Dieses ist heute ebenso Teil des in Dülmen eingerichteten »Anna-Katharina-Emmerick-Rundgangs« wie die beiden Häuser, die sie zuvor mit Abbé Lambert bewohnt hat: das Haus der Witwe Roters (bis 1813) und das Haus des Gastwirts Franz Limberg (bis 1821).

Während der letzten drei Jahre ihres Lebens (1821–1824) schaut Anna Katharina in täglichen Visionen den Lebensweg des »historischen« Jesus in Palästina. Sie folgt ihm und seinen Jüngern an die Orte seines Lebens und Lehrens und wird dabei selbst Bestandteil des dort sich Ereignenden. Was sie sieht, ist sehr konkret, handfest und anschaulich. Clemens, der sich selbst als »der Pilger«[37] versteht, sitzt täglich an ihrem Bett und lässt sich von ihr das in der Schau Gesehene (nachträglich) berichten und notiert es auf kleinen Handzetteln. Dass alles so ungeordnet durcheinanderpurzelt und die Angaben zu Orten und Gegenden nicht so recht mit der Topografie und der Geografie Palästinas in Einklang zu bringen sind, das irritiert ihn und veranlasst ihn zu Nachfragen.

Neben diesen »historischen« Bildern von Jesu Kindheit bis hin zu seiner blutigen Passion am Kreuz und seiner Himmelfahrt sieht Anna Katharina auch sich selbst in nächtlichen Gesichten beim Arbeiten auf dem Feld, im Garten, im Weinberg, beim Auf-sich-Nehmen von Krankheiten und Leiden anderer Menschen: »Ich habe die ganze Nacht hindurch eine Reihe von zusammenhängenden Bildern von meiner Krankheit und den Arbeiten gehabt, die ich habe verrichten müssen. Ich habe alle diese Bilder auf einem großen Felde gesehen, wo ich gewöhnlich arbeite. Es bleibt noch ein Winkel zu bearbeiten, der mit einer dichten Dornenhecke und vielen Rosen umgeben ist. Ich habe alle meine Zustände in verschiedenen Lagen gesehen, in Bildern von mir selbst.«[38]

Reliquien und der Spott der Bettine

Noch eine andere Gabe fasziniert Clemens an Anna Katharina. Es ist ihre Gabe, Reliquien zu erkennen. Wieder und wieder nötigt er sie zu dem, was die Forschung die »Reliquienexperimente« nennt. Brentano reicht Anna Katharina bestimmte Reliquien und lässt diese von ihr als echt oder unecht, als diesem oder jenem Heiligen zugehörend bestimmen. Bisweilen küsst Anna Katharina die Reliquien und reicht sie auch Brentano zum Kuss. Oder sie führt sie sich an die Herzgrube und betet.

Clemens' sieben Jahre jüngere (Dichter-)Schwester, Bettine von Arnim (1785–1859), hat für den ganzen Reliquienkult ihres Bruders kein Verständnis. Auch nicht dafür, dass er Tücher und Lappen, die die Nonne auf ihre blutenden Wunden gelegt hatte, sammelt und überall herzeigt.

Bettine von Arnim war aus ganz anderem Holz geschnitzt als ihr Bruder Clemens. Im Gegensatz zu ihm ist die Schriftstellerin von widerständigem und widerspenstigem Geist. Vor allem aber ist sie ein politischer Kopf, der gesellschaftliche Normen und religiöse Konventionen hinterfragt. Berühmt geworden ist ihre Korrespondenz mit Johann Wolfgang Goethe, die unter dem Titel »Goethes Briefwechsel mit einem Kinde« erschienen ist.

Clemens, so schreibt Bettine, habe »einen ganzen Kasten voll blutiger Lappen die durchaus keine Wunderkraft an sich haben und daher nichts mehr sind als was sie scheinen wären sie nun mit der guten Nonne begraben so wär es gut, jetzt aber läuft alles wenn er einen vorzeigt davon und ekelt sich vor ihm und ihr; er hat allerlei bunte damastne Lappen wahrscheinlich von alten Fürstlichen Sofas pp in Gebetbüchern liegen, von denen er behauptet es von den Kleidern der drei Könige und der heiligen Magdalena, ich frug ihn wo er sie her habe, die Nonne hat sie gefunden war die Antwort«[39].

Überhaupt erscheint Bettine bei einem Besuch in Dulmen im August 1824 ihr Bruder Clemens als »wirklich sehr bedaurungswürdig«. Kein »Mensch mag ihn leiden in der Familie weil er einen immer ausfrägt um es dem andern zu erzählen was dieser von ihm denke, mit Prophezeiung und Vorauswissen gibt er sich auch ab aber nicht eher als man es ihm gesagt hat, dann behauptet er, es längst gewusst zu haben, kein Mensch glaubt ihm ein Wort«.[40]

»Kann es dem Clemens nicht verdenken«

Bettines Mann und Clemens' Freund der frühen Jahre, Achim von Arnim, ist der Passion Clemens' für die Passion der Emmerick weitaus aufgeschlossener. Er besucht ihn im November 1820 für drei Tage in Dülmen und berichtet seiner Frau Bettine eigentlich nur Positives: »Clemens geht fast nie aus der Stadt, er besucht die Emmerick zweimal des Tages, die übrige Zeit schreibt er. Diese Lebensmethode scheint seiner eisenfesten Gesundheit nicht zu schaden, er sieht unverändert aus. Am Elisabethstage führte mich Christian zur Emmerick und ich werde ihm dessen immerdar Dank wissen, eine fromme natürliche Seele, die in ihren Leiden gern für andere betet, damit sie ihnen einen Teil ihrer Sorgen abnehmen möge.« Achims Verständnis für den Freund ist groß: »Ohne Begeisterung, ohne selbst den Wunsch zu haben, auf längere Zeit diesen Aufenthalt zu wählen, kann ich es doch nach meiner Überzeugung dem Clemens nicht verdenken, wenn er hier aushält.«[41]

Während dieses Aufenthaltes, so die Brentanoforschung, reift zwischen den beiden Freunden sogar der Entschluss, Anna Katharina Emmerick als Patin für Arnims und Bettines sechstes

Kind, Armgart Catharine, zu wählen. Doch Bettine wehrt sich erfolgreich dagegen, dass ihre Tochter die wunderliche Nonne zur Taufpatin bekommt.

Luise Hensel in Dülmen

Zu Beginn seiner Dülmener Jahre hatte Clemens Brentano nichts sehnlicher gewünscht, als dass Luise Haushälterin und Gesellschafterin der stigmatisierten Nonne werde. Doch als Luise dann im März 1822 nach Dülmen reist und für mehrere Tage am Bett der Leidenden weilt, ist Clemens alles andere als erfreut. Er fühlt sich, so berichtet Luise in ihren Erinnerungen, zur Seite gedrängt und ausgeschlossen. Er kommt zwar weiterhin morgens zwischen 9 und 10 Uhr zu Anna Katharina, um »auf einem Blättchen« zu notieren, »was sie ihm zu erzählen habe«. Luise aber ist nun bei diesen Notaten anwesend und derweil »mit Näherei beschäftigt«. Sie wird auch Zeugin der interpretatorischen Eigenmächtigkeiten Brentanos. Als die Emmerick ihn zurechtweist, »dass er etwas ganz anderes aufgeschrieben« habe, »als sie es gesagt« habe, und ihm sogar droht, »ihm gar nichts mehr zu erzählen, wenn er daran ändern wolle«, wird Brentano ganz ungehalten.[42]

Während ihres Aufenthaltes näht Luise nicht nur für die Emmerick, der es an Wäsche mangelt. Sie wäscht auch ihren abgemagerten Leib auf Anraten ihres Arztes mehrmals mit angewärmtem Wein, sie bettet sie auch um und sucht ihr in allem Erleichterung zu verschaffen.

Luise Hensel erinnert sich: »In diesen Tagen hatte ich sie auf Wunsch ihres Arztes (Dr. Wesener) einige Mal mit gewärmtem Wein gewaschen; es war dies eine sehr schwierige Sache wegen der gar nicht zu beschreibenden Magerkeit. Ihre feinen Knochen waren von weißer durchsichtiger Haut umgeben, die so weit waren, dass die leichten Gebeine fast schlotterten. Man sah alle Sehnen und Adern durch die feine Haut. (...) ich hielt sie beim Umbetten auch wohl auf dem Schoß oder Arm, und fand sie immer fast ganz gewichtlos.« Als Luise ihren Besuch auf Wunsch der Emmerick gar um einige Tage verlängern will, reagiert Brentano gegenüber den beiden Frauen erneut verärgert. Da – so erinnert sich Luise – legt Anna Katharina Emmerick den Arm um ihren Nacken »und sagte trotzig: ›U nick will nu hebben, si blift hi. Ick will auk ens'n Fründin bi mich hebben un nich alltid met Mannslüe küren‹«.[43]

Der Tod Anna Katharinas

Als Anna Katharina zwei Jahre später, am 9. Februar 1824, im Alter von 49 Jahren stirbt, verlässt Brentano anderntags Dülmen. »Der Pilger verließ sie hienieden für immer, und der Beichtvater wegen Versiegelung besorgt, gab ihm sogleich den von ihr gebrauchten Schlafpelz des Xbruders (sc. Christian Brentanos), ihr Geschenkkästchen und Reliquienkästchen mit, worin sie, wegen Mangel an Unterstützung unbenannt, alle ihre noch übrigen heiligen Gebeine im ekstatischen Zustand in einer Nacht des Sommers 1823 während des Pilgers Abwesenheit sehr behutsam geordnet hatte.«[44] An der Beerdigung nimmt er nicht teil.

Clemens' Bitte, den Nachlass Anna Katharinas zu sichten und zu ordnen, leistet Luise Folge und reist nach Dülmen. Brentano, dem das »greuliche Gerücht« zu Ohren kommt – »der Leib der Emmerick sei gestohlen, Holländer hätten ihn kaufen wollen, für 3–5–20–10.000 Taler, alles sei in großer Verwirrung in Dülmen, die Bürger liefen zum Kirchhof, sie behaupteten, der Leib sei gestohlen, sie sei nicht begraben«[45] – gelingt es sogar, Luise dazu zu bewegen, die Leiche Anna Katharinas heimlich exhumieren zu lassen. Im Schutz der Nacht lässt sie das Grab öffnen. Das Gerücht bestätigt sich freilich nicht, das Grab wird gleich wieder verschlossen. Zwei Tage später wird es erneut geöffnet – nun ganz offiziell und bei Tageslicht auf Geheiß der staatlichen Behörden, die Wind von der illegalen Aktion bekommen haben und einen (neuerlichen) Leichenraub befürchten. Bei dieser zweiten, offiziellen Graböffnung soll die Leiche Anna Katharinas ohne eine Spur von Verwesung oder Totengeruch gewesen sein.

Das Grab Anna Katharina Emmericks befindet sich seit 1975 in der Heilig-Kreuz-Kirche zu Dülmen. Ursprünglich war sie auf dem Dülmener Friedhof beigesetzt worden. Im Untergeschoss der Kirche wurde 2006 eine Gedenkstätte eingerichtet. Dort kann nicht nur ihr Sterbezimmer besichtigt werden, sondern es sind auch Gegenstände aus ihrem Besitz, darunter einige ihrer Reliquien, zu sehen. Auch ihr Geburtshaus in Flamschen (bei Coesfeld) wurde wiederaufgebaut und für Besucher geöffnet.

Anna Katharinas Visionen und Brentanos-Beitrag

Nach dem Tod Anna Katharinas ist der Dichter-Pilger Clemens Brentano – wie so oft schon in seinem Leben – ruhelos und heimatlos. Während neun Jahren siedelt er mehrfach um und reist umher. Erst 1833 wird er wieder sesshaft: diesmal in München. Vergeblich sucht er erneut die Nähe Luise Hensels. Seine Schaffenskraft widmet er dem, was die Literaturhistoriker später sein religiöses Spätwerk nennen und dem sie (nur zunächst) keinen wirklichen literarisch-ästhetischen Wert beimessen. Der Spott Heinrich Heines, der diese Art Literatur als »religiöse Propaganda« abtut, wird zum viel zitierten Bonmot.

Clemens müht sich ab, und es kostet ihn wirklich einige Anstrengung, seine auf 15.000 Manuskriptseiten angewachsenen Notizen in den Griff zu bekommen und sie durch Register erst einmal für sich selbst zu erschließen. 1833 erscheint (anonym) sein Andachtsbuch »Das bittere Leiden unseres Herrn Jesu Christi«, das eigentlich Bestandteil einer Trilogie zum Leben Jesu sein soll. Die beiden anderen Teile derselben – »Das Leben Mariae« und »Die Lehrjahre Jesu« – hat Brentano zwar verfasst, zu Lebzeiten jedoch nicht mehr veröffentlicht. Gleiches gilt für sein Dülmener Tagebuch. Manches bleibt auch als Manuskript unvollendet und existiert nur im Fragment, so seine Biografie Anna Katharina Emmericks.

Katholische Apologeten und Eiferer des 19. Jahrhunderts wollen das religiöse Spätwerk Brentanos als authentische Diktate und Dokumente der Gesichte Anna Katharina Emmericks gelesen wissen: »Geschmack und Pietät«, so meinen sie, habe Brentano gehindert, »mit eigenen Gedanken aufzuputzen, was die Schauende ihm anvertraute«[46]. Dass jedoch diesen »literarischen Endprodukten«, die sich ganz offenkundig auch anderer Textquellen bedienen, letztlich kein dokumentarischer Wert zukommt, darüber sind sich inzwischen sowohl die literaturhistorische Brentano-Forschung wie auch die katholische Kirche einig. Letztere hat Anna Katharina Emmerick zwar seliggesprochen – nicht jedoch wegen, sondern vielmehr trotz der durch Clemens Brentano (auch im Namen Emmericks) verfassten Schriften.

Anna Katharina Emmerick wurde am 3. Oktober 2004 durch Papst Johannes Paul II. in Rom seliggesprochen. Während 29 Jahren hatte eine bischöfliche »Anna-Katharina-Emmerick«-Kommission im Bistum Münster auf diese Seligsprechung hingearbeitet. Im Rahmen dieser Vorbereitungen fanden 1990 und 1999 zwei wissenschaftliche Symposien statt. Eine Seligsprechung kann gemäß katholischem Kirchenrecht nur nach einem offenkundigen und kirchlich anerkannten »Wunder« erfolgen, das im Fall Emmericks im Jahr 1879/80 stattgefunden haben soll. Bereits 1891 bemühte man sich deshalb um ihre Seligsprechung. Doch dieses erste Verfahren wurde 1927 eingestellt.

Postscriptum – Neue Liebe in den Dreißigerjahren

Die literarische Umsetzung der Passionen Anna Katharinas und die bleibende Hinneigung zu Luise Hensel hindern Clemens nicht, sich in den Dreißigerjahren des 19. Jahrhunderts in München wieder zu verlieben. Erneut ist sein Liebeswerben mit dem Werben für die katholische Kirche verbunden. Es gilt diesmal der ebenfalls sehr viel jüngeren, vermögenden Basler Malerin Emilie Linder (1797–1867), die er wie einst Luise Hensel in Gedichten besingt. Pikanterweise nimmt er gar Gedichte, die einst Luise galten, ändert diese ab und widmet sie seiner neuen Liebe. Die sich ihm – ebenso wie Jahre zuvor Luise – verweigert.

Im Jahr 1842 stirbt der Dichter-Pilger. Luise, die Clemens um 34 Jahre überlebt, wird zeitlebens keines Mannes Frau werden. Sie führt ein äußerlich unstetes Leben als Gesellschafterin, Lehrerin und Erzieherin, dessen Stationen Koblenz, Sondermühlen,

Aachen, Berlin, Dresden, Köln, Wiedenbrück, Paderborn heißen. 1869 erscheint nach längeren Vorarbeiten erstmals eine Sammlung ihrer geistlichen Lieder und Gedichte, die sie zum größeren Teil in ihren Jugendjahren verfasst hat. Dass der Herausgeber in seinem Vorwort ungefragt einen Brief Hensels an Clemens Brentano abdruckt und von dessen Liebe zu Luise spricht, hat – wie ein Biograf zu berichten weiß – diese bis zuletzt peinlich berührt.

Verwendete Literatur

Quellen

Clemens Brentano. Sämtliche Werke und Briefe. Historisch-kritische Ausgabe veranstaltet vom Freien Deutschen Hochstift, hg. von Jürgen Behrens – Wolfgang Frühwald – Detlev Lüders – Hartwig Schultz – Konrad Feilchenfeldt. Stuttgart 1975 ff. (zitiert: FBA): Bd. 24/1 und 24/2: Lehrjahre Jesu, hg. von Jürg Mathes. Stuttgart 1982–1983; Bd. 26 und 27/2: Das bittere Leiden unseres Herrn Jesu Christi, hg. von Bernhard Gajek – Irmengard Schmidbauer. Stuttgart 1980 und 1995; Bd. 28/1 und 28/2: Materialien zu nicht ausgeführten religiösen Werken. Anna Katharina Emmerick-Biografie, hg. von Jürg Mathes. Stuttgart 1981–1982; Bd. 33: Briefe V (1813–1818), hg. von Sabine Oehring. Stuttgart 2000; Bd. 34: Briefe VI (1819–1823), hg. von Sabine Oehring. Stuttgart 2005

Luise Hensel, Erinnerungen an A.K. Emmerick (Januar 1859), in: Winfried Hümpfner (Hg.), Akten der kirchlichen Untersuchung über die stigmatisierte Augustinerin Anna Katharina Emmerick, nebst zeitgenössischen Stimmen. Würzburg 1929, S.349–387

Achim und Bettina in ihren Briefen. Briefwechsel Achim von Arnim und Bettina Brentano, hg. von Werner Vordtriede. 2 Bde. Frankfurt a.M. 1961

Achim von Arnim und Clemens Brentano, Freundschaftsbriefe. Vollständige kritische Edition von Hartwig Schultz. 2 Bde. Frankfurt a.M. 1998

Bettine von Arnim. Werke und Briefe. Hg. von Walter Schmitz – Sibylle von Steinsdorff. Bd. IV: Briefe, Frankfurt a.M. 2004

Sekundärliteratur

(o.A.), Die Stigmatisierten des neunzehnten Jahrhunderts. Nach authentischen Quellen herausgegeben von einem Curatpriester. Regensburg 1877

Friedrich Wilhelm Bautz, Art. Anna Katharina Emmerick, in: Biografisch-bibliografisches Kirchenlexikon 1 (1990) 1507–1508 (Lit.)

Franz Binder, Luise Hensel. Ein Lebensbild nach gedruckten und ungedruckten Quellen. Freiburg i.Br. 1885

Otto Bräunlich, Perlen deutscher Dichtung. Wunderlich 1901

Lujo Brentano, Clemens Brentanos Liebesleben. Eine Ansicht. Frankfurt a.M. 1921

Clemens Engling, Unbequem und ungewöhnlich. Anna Katharina Emmerick – historisch und theologisch neu entdeckt. Würzburg 2005

Clemens Engling, Die Wende im Leben Clemens Brentanos. Folgen der Begegnung mit Anna Katharina Emmerick. Würzburg 2009

John Fetzer, Anna Katharina Emmerick als literarisches und geistiges Phänomen einer Schwellenzeit, in: Anna Katharina Emmerick. Passio, Compassio, Mystik. Dokumentation des Emmerick-Symposions an der Päpstlichen Universität Gregoriana in Rom. Münster 2000, S.27–49

Winfried Freund, Müde bin ich, geh zur Ruh. Leben und Werk der Luise Hensel. Wiedenbrück 1984

Winfried Hümpfner (Hg.), Tagebuch des Dr. med. Franz Wilhelm Wesener über die Augustinerin Anna Katharina Emmerick. Unter Beifügung anderer auf sie bezüglicher Briefe und Akten. Würzburg 1926

Winfried Hümpfner (Hg.), Akten der kirchlichen Untersuchung über die stigmatisierte Augustinerin Anna Katharina Emmerick, nebst zeitgenössischen Stimmen. Würzburg 1929

Gerd-Klaus Kaltenbrunner, Die Seherin von Dülmen und ihr Dichter-Chronist. Clemens Brentano, Anna Katharina Emmerich und die Folgen einer seltsamen Seelen-Symbiose. Gersau 1992

Oskar Köhler, »Müde bin ich, geh zur Ruh«. Die hell-dunkle Lebensgeschichte Luise Hensels. Paderborn 1991

Elke Pahud de Mortanges, Irre – Gauklerin – Heilige? Inszenierung und Instrumentalisierung frommer Frauen im Katholizismus des 19. Jahrhunderts, in: Schweizerische Zeitschrift für Religions- und Kulturgeschichte 100 (2006) 203–222

Herbert Schiel, Clemens Brentano und Luise Hensel. Mit bisher ungedruckten Briefen. Frankfurt a.M. 1958

Hartwig Schultz, Clemens Brentano. Stuttgart 1999

Hartwig Schultz, Schwarzer Schmetterling. Zwanzig Kapitel aus dem Leben des romantischen Dichters Clemens Brentano. Berlin 2000

Hartwig Schultz, »Unsre Lieb aber ist außerkohren«. Die Geschichte der Geschwister Clemens und Bettine Brentano. Frankfurt a.M. 2004

Sulamith Sparre, »Aber Göttlich und Außerordentlich reimt sich«. Bettine von Arnim (1785–1859). Muse, Schriftstellerin, politische Publizistin (Widerständige Frauen 7). Lich 2009

Otto Weiß, Seherinnen und Stigmatisierte, in: Irmtraud Götz von Olenhusen (Hg.), Wunderbare Erscheinungen. Frauen und katholische Frömmigkeit im 19. und 20. Jahrhundert. Paderborn 1995, S.51–82.

Internetadressen

www.brentano-gesellschaft.de

www.duelmen.de/kultur_bildung/stadtarchiv/anna_katharina_emmerick/index.htm

www. kirchensite.de (Anna Katharina Emmerick)

Das strengste Urteil wider mein irdisches Leben

Nelly Barth (1893–1976),
Karl Barth (1886–1968) und
Charlotte von Kirschbaum (1899–1975)

Der Schweizer Karl Barth ist so etwas wie die »Lichtgestalt« und der »Kirchenvater« des Protestantismus im 20. Jahrhundert. Er, der am 10. Mai 1886 in Basel als Sohn des Pfarrers und späteren Theologieprofessors Fritz Barth und dessen Frau Anna zur Welt kam, wurde wie sein Vater nach Jahren der Pfarrtätigkeit im Aargau selbst Professor. Zunächst in Göttingen, Münster und Bonn und später dann während beinahe dreißig Jahren in seiner Geburtsstadt. Als theologischer Vater und federführender Autor der 1934 verabschiedeten »Barmer Theologischen Erklärung« war er eine zentrale Figur des kirchlichen Widerstands gegen den Nationalsozialismus in Deutschland.

Als im Jahr 1925 die 13 Jahre jüngere, deutsche Rotkreuz-Krankenschwester Charlotte von Kirschbaum in sein Leben tritt, ist das der Beginn einer wahrhaft großen Liebesgeschichte und einer lebenslangen, überaus schöpferischen und produktiven Arbeitsgemeinschaft zweier Menschen, die nicht nur den Eros des Begehrens, sondern auch den Eros des Glaubens und des Denkens teilen.

Doch das, was eine wunderbare Fügung des Schicksals hätte genannt werden können und was Barth als »die größte Wohltat (...), die mir in meinem Leben geschenkt« wurde, bezeichnet, war zugleich »das strengste Urteil wider mein irdisches Leben« und wirft bis heute einen Schatten auf seine Existenz als reformierter Pfarrer und Theologe. Ist doch Karl Barth zu dem Zeitpunkt, wo er Charlotte kennenlernt, bereits seit 12 Jahren mit Nelly Hoffmann verheiratet und Vater von fünf Kindern – das jüngste, Hans Jakob, ist noch kein Jahr alt. »Sollte es«, so fragt Karl Barth, »nicht möglich sein und erlaubt, dass ich Nelly als meine Frau und dich (Charlotte) nun eben, da diese Stelle nur einmal zu besetzen ist, als meine liebe unentbehrliche Kameradin Lollo liebhabe, jedes in ganz anderer Beziehung und unter ganz anderen Ordnungen, ohne dass es zu Konflikten kommen muss?«[1]

Der Wunsch Karl Barths, das Unmögliche möglich zu machen und den Platz an seiner Seite doppelt zu besetzen, wurde Wirklichkeit. Dass dies ohne Konflikte abgehen möge und man nicht zur »Strindberg-Gruppe«[2] werde, das blieb allerdings ein frommer Wunsch. Die Konflikte waren vorprogrammiert, als Barth sich, seine Ehefrau Nelly und Charlotte von Kirschbaum im Oktober 1929 in der Himmelreichallee 43 in Münster in eine lebenslang währen sollende Ménage à trois zwang.

Gemunkel hinter vorgehaltener Hand

Lange Zeit ist über diese als unheilig geltende Ménage à trois in theologischen Zirkeln und evangelischen Akademien nur hinter vorgehaltener Hand gemunkelt worden. Man hat Kirschbaum abschätzig als Barths Mätresse bezeichnet und geglaubt, seine theologische Leistung durch den Hinweis auf seine Lebensumstände desavouieren zu können. In den offiziellen Barth-Biografien hingegen wurde – von einer Ausnahme abgesehen – darüber (zu) lange geschwiegen. In den Achtzigerjahren des 20. Jahrhunderts rückte eine mutige Schrift die »Schattenarbeit« Charlotte von Kirschbaums ins Licht, und allerspätestens seit der Edition des Briefwechsels von Charlotte von Kirschbaum mit Karl Barth (1925–1935) im Jahr 2008 liegen die Dinge offen. Diese Edition wurde durch die Zustimmung der Erben Barths und Kirschbaums – in beiden Fällen Karls und Nellys Kinder – ermöglicht, die angesichts »des seit Mitte der Zwanzigerjahre umlaufenden Geschwätzes« die »Zeit für gekommen« hielten, »die hellen und die trüben Seiten der ganz besonderen und einmaligen Liebe, welche unsern Vater mit unserer ›Tante Lollo‹ verband, ans Licht zu bringen«.[3]

Von den 108 erhaltenen Briefen, Postkarten und Telegrammen der ersten acht Jahre stammen lediglich drei aus der Feder Charlotte von Kirschbaums. Erst die 117 Briefe aus den Jahren 1933 bis 1935 sind auf Karl Barth und sie gleichermaßen verteilt. Sie zeigen zwei Menschen im Ringen um eine Lebensform für ihre Liebe, deren anfänglich »nach innen« gerichteter Blick sich von dem Zeitpunkt an weitet, wo beide unter einem Dach leben und sich schriftlich vor allem dann austauschen, wenn sie sich an verschiedenen Orten aufhalten. Da ist ihre Korrespondenz wichtiges Dokument der Theologie-, Kirchen- und Zeitgeschichte, das von den Schauplätzen des deutschen Kirchenkampfes ebenso berichtet wie vom aufziehenden Nationalsozialismus.

Wie Nelly Hoffmann und Karl Barth zu einem Ehepaar wurden, darüber gibt es kaum Quellen und nur einige wenige Hinweise. Seine Korrespondenz mit Nelly, die im Karl-Barth-Archiv in Basel aufbewahrt wird, ist nicht zugänglich. Nelly Barth und ihre Kinder haben sich gegen eine Publikation entschieden. Wohl auch deshalb, weil Nelly – im Gegensatz zu Karl und Charlotte – nie eine öffentliche Funktion und Rolle in Kirche und Wissenschaft wahrgenommen hat. Lediglich drei Briefe Karls an Nelly und einige wenige Nellys an andere Familienmitglieder sind (relativ gut versteckt) im edierten Briefwechsel Barths in Auszügen oder als Ganze zugänglich.

Der Pfarrer und die Konfirmandin Nelly

Karl Barth ist 23 Jahre alt und seine Studienjahre in Bern, Berlin, Tübingen und Marburg liegen hinter ihm, als er 1909 die Stelle als Hilfsprediger in der deutschen reformierten Gemeinde in Genf antritt. Er muss aufgrund der Vakanz der Hauptstelle nicht nur jeden Sonntag predigen, sondern auch den Konfirmanden Unterricht erteilen. Unter diesen ist auch die 17-jährige Nelly Hoffmann. Das aus Rorschach am Bodensee stammende junge Mädchen gehört zu seiner ersten Konfirmandenklasse; sie ist es auch, die seine ersten Predigten hört. »Um deines Glaubens willen habe ich dich liebgewonnen«[4] wird sie Barth später – als Charlotte von Kirschbaum in ihrer beider Leben tritt – sagen und Karl damit zutiefst beschämen. Am 16. Mai 1911 verloben sich die beiden.

Noch im selben Jahr tritt Karl, wie einst sein Vater, seine erste Pfarrstelle im Kanton Aargau an. Er wird Gemeindepfarrer in der Bauern- und Arbeitergemeinde Safenwil. Die kommenden zehn Jahre in Safenwil werden für ihn theologisch überaus prägend und bestimmend. Führen sie ihn doch »zu einer Revision meiner theologischen Grundlage, soweit ich sie auf den Universitäten gewonnen hatte«. Neben der »sorgfältigen Vorbereitung von Predigt und Unterricht« ist Barth vor allem mit der sozialen Frage konfrontiert und beschäftigt sich intensiv mit »Fabrikgesetzgebung, Versicherungswesen, Gewerkschaftskunde«.[5]

Zwei Jahre kennen Nelly und Karl sich, als sie am 27. März 1913 in der Nydeggkirche zu Bern heiraten. In Bern hat der »Basler« Karl das Freie Gymnasium besucht und seine Jugendjahre verbracht; »nicht ohne Opposition gegen das Temperament und eine Geistesrichtung, unter deren lähmender Resistenz« er schon seinen Vater habe »nicht selten leiden« sehen.[6] Manche glauben zu wissen, dass die Heirat der beiden von Barths Mutter Anna mit Nachdruck befördert wurde, nicht zuletzt deshalb, weil, so wurde gemutmaßt, Nelly und Anna sich in vielerlei Hinsicht ähnlich waren: Sie seien beide dickköpfig, dominant und schwierig gewesen.

Nelly, die sprachlich und musisch begabt ist – sie spielt Violine –, verzichtet, wie es damals oft geschieht, auf ein Musikstudium oder eine andere Ausbildung. Sie wird zur Frau an der Seite des Gemeindepfarrers, der aufgrund seines sozialen Engagements und seiner Kontakte zum religiösen Sozialismus bald der »rote Pfarrer von Safenwil« genannt und als »Genosse Pfarrer« angesprochen wird. Als Barth im Mai 1917 seinem Freund Emil Brunner zu dessen Verlobung gratuliert, resümiert er auch seine ersten Ehejahre mit Nelly dankbar: »Wir denken daran, wie unser eigenes Glück uns vor 6 Jahren um die gleiche Zeit aufging und reichen dir mit den herzlichsten Wünschen die Hand. Es ist alles so wunderbar in der Ehe: das Anfangen und das Fortfahren erst recht, und nun wirst du diese Wanderschaft von Entdeckung zu Entdeckungen also auch anbrechen.«[7] Zu den Anfängen in Genf und dem Fortfahren in Safenwil gehören auch die Kinder, die Nelly zwischen 1914 und 1925 zur Welt bringt.

1914 wird die erste und einzige Tochter geboren, Franziska. Im Oktober 1915 folgt Sohn Markus, im September 1917 Christoph und 1921 Matthias, der mit 20 Jahren bei einem Bergunfall in Frutigen ums Leben kommen wird. Der Jüngste, Hans Jakob, wird im April 1925 zur Welt kommen.

Der Ausbruch des Ersten Weltkriegs 1914 führt Barth nicht nur in eine theologische Krise, sondern auch zu einer intensiven Beschäftigung mit dem Römerbrief. Sein 1919 in erster Auflage erschienener Kommentar zum Römerbrief katapultiert ihn plötzlich und unerwartet in akademische Höhen. Ohne promoviert zu sein, wird er als Honorarprofessor für reformierte Theologie nach Göttingen berufen. Den formalen Mangel an akademischer Würde beseitigt die Universität Münster ein Jahr darauf, indem sie ihm die Ehrendoktorwürde verleiht.

Die Universität ruft – nach Göttingen und Münster

Die Familie zieht aus der Schweiz nach Göttingen in den Nikolausberger Weg. Karl Barth, der als Landpfarrer über 10 Jahre dem universitären Betrieb fern gewesen war, ist sehr gefordert und arbeitet hart. Er muss gleichsam aus dem Nichts Vorlesungen halten. »Da gabs nun ein tage- und nächtelanges Studieren und Hin- und Herwälzen von alten und neuen Büchern, bis ich einigermaßen – ich will nicht sagen, aufs Ross, aber wenigstens auf den akademischen Esel kam, sodass ich reiten konnte an der Universität.«[8] Im Rückblick spricht Barth von »sauren Jahren«, da er »fortwährend nicht nur gleichzeitig lernen und lehren, sondern mich auch noch als Vertreter einer neuen theologischen Richtung in Form von Vorträgen und öffentlichen Diskussionen nach allen möglichen Richtungen legitimieren bzw. meiner Haut wehren musste«[9]. Das Familienleben, von dem Barth im Dezember 1922 berichtet und das einem bürgerlichen Idyll sehr nahe zu kommen scheint, wird von Nelly gemeistert. »Eben habe ich meiner Pflicht als Hausvater genügt durch vorläufiges in den Senkel stellen des Christbaums – unten ist meine Frau am Backen und die Kindlein haben eben aufgehört (,) alle drei – ganz individualistisch jedes vor sich hin – Hauptprobe von ›O du fröhliche …‹ zu halten in ihren Betten.«[10] Dann und wann stehen auch gemeinsame Fahrradausflüge in die Göttinger Umgebung auf dem Programm.

»Es war nicht der Ischias« – erste Begegnung mit Charlotte

Die Sommer verbringt Barth arbeitend in der Schweiz, wo er auf dem »Bergli« eine zweite Heimat gefunden hat.

> Das »Bergli« ist im Leben von Karl Barth (und Charlotte von Kirschbaum) nachgerade eine Institution. Es handelt sich hierbei um das über dem linken Seeufer des Zürichsees zwischen Thalwil und Horgen gelegene Sommerhaus des Eisenwarenfabrikanten Rudolf Pestalozzi. Karl Barth, sein Freund Eduard Thurneysen (1888–1974) sowie der lutherische Pfarrer Georg Merz (1892–1959), der auch als theologischer Berater beim Christian Kaiser Verlag in München amtete, waren in der Sommerzeit häufig und zum Teil während Wochen oder gar Monaten zu Gast bei Pestalozzi und seiner Frau Gerty. Das »Bergli« war der Ort, wo der intellektuelle Austausch gepflegt und theologische Projekte zur Reife gebracht wurden.

Es ist Georg Merz, der die am 25. Juni 1899 in Ingolstadt (Bayern) geborene Krankenschwester Charlotte von Kirschbaum 1925 in den Kreis auf dem Bergli einführt. Schon am letzten Abend ihres Aufenthaltes im Jahr darauf, so gesteht Karl ihr später, habe er »die Gefahr gesehen«: »Du erinnerst dich vielleicht noch, wie ihr mich, Hertha List links und du rechts, ischiaskrank den Berg hinunterführtet und wie wir (...) unter dem Birnbaum saßen und wie Hertha dann arglos konstatierte, wie sie meinen Herzschlag gespürt habe, und wie das dann mitleidig auf die Ischias geschoben wurde. Es war nicht die (sic) Ischias.«[11]

Charlotte, die von Zeitgenossen als zarte und feingliedrige Gestalt voller Energie und mentaler Präsenz beschrieben wird, war die einzige Tochter des Generalmajors Maximilian von

Kirschbaum und seiner Frau Henriette, geborene Freiin von Brück. Ihre Kindheits- und Jugendjahre sind äußerlich sehr unruhig, verlangt doch die Armeetätigkeit ihres Vaters unzählige Umzüge. Der Erste Weltkrieg zerreißt die Familie. Charlotte ist 17 Jahre alt, als ihr Vater, zu dem sie ein überaus inniges Verhältnis hatte, in Frankreich fällt. Nach Kriegsende beginnt sie eine Ausbildung zur Krankenschwester. Während ihrer Zeit als Schwesternschülerin in München lernt sie Georg Merz kennen. Er ist es, der sie in einen Münchner Zirkel einführt, wo kulturelle und theologische Fragen erörtert und diskutiert werden. Merz, der Barths Römerbrief 1919 begeistert rezensiert hat, gehört aber auch zu jenem Kreis, der sich des Sommers auf dem »Bergli« trifft. Als er Charlotte dorthin mitbringt, ist Theologie für sie kein Neuland mehr.

Im Herbst des Jahres 1925 nimmt Barth seine Lehrtätigkeit in Münster auf, wohin er als ordentlicher Professor für Dogmatik und neutestamentliche Exegese berufen ist. Nelly bleibt mit den Kindern – der Jüngste, Hans Jakob, ist gerade ein halbes Jahr alt – bis auf Weiteres noch in Göttingen, bis in Münster das gefundene Familienhaus bezogen werden kann. Barth nimmt dort zwischenzeitlich als »Junggeselle« Wohnung in der Warendorfer Straße. Er überarbeitet seine Göttinger Dogmatik-Vorlesungen, und es ist Charlotte von Kirschbaum, der er die Manuskripte zuschickt. Diese leitet sie weiter an Barths engen Freund Eduard Thurneysen, der ihm bereits bei der Ausarbeitung des Römerbriefes ein wichtiges Gegenüber war.

Karl Barth lernt den späteren Münsterpfarrer und nebenamtlichen Professor Eduard Thurneysen (1888–1974) während seines Studiensemesters in Marburg kennen. Danach sind sie Seite an Seite als Pfarrer im Aargauischen tätig. Thurneysen wird für Barth zum wichtigen theologischen Gesprächspartner und zum verlässlichen Wegbegleiter und Freund. Namentlich in den sich krisenhaft zuspitzenden Dreißigerjahren amtet er als verständiger und ausgleichender Vermittler zwischen Nelly Barth, Charlotte von Kirschbaum und Karl Barth.

»Auf alle Fälle komm« – Schicksalsbesuch im Februar 1926

Anfang 1926 erhält Barth Besuch von Thurneysen und auch Charlotte stellt ihr Kommen nach Münster in Aussicht. Nach einem brieflichen Hin und Her – Barth bietet Termine an, doch es kommt immer wieder etwas dazwischen – ruft er aus: »Es ist ja wie verhext.« Ungeduldig bittet er sie, zu telegrafieren. »Auf alle Fälle komm, und komm früh genug am Tag, damit wir Zeit haben. Schade, schade, schade, dass es nicht heute sein konnte!« Charlotte kommt am Mittwoch den 24. Februar 1926. Danach ist nichts mehr wie vorher.[12]

Fast schlaflos habe er die nächste Nacht zugebracht, so Barth, und immer wieder habe er »nach der Ecke meines Schreibtisches gucken« müssen, »wo du (Charlotte) gesessen hast, und mich mit dem großen Rätsel herumschlagen, das du für mich bedeutest (...). Schluss, ich will keine Torheiten reden. Schreib mir einmal ein gutes Wort, du bist ein so viel besserer Mensch als ich, und mir ist, ich habe dir eine schreckliche Enttäuschung bereitet. Es war vielleicht nötig, dass du sehen lerntest, dass ich ein ebenso unnützer oder noch unnützerer Knecht (...) bin wie Georg, Rudi und alle«. Charlotte von Kirschbaum antwortet gleich, doch ihm ein gutes Wort schreiben: »Ich kann es nicht.« »Ich kann dir nur eines sagen, was ich vielleicht nicht sagen darf:

Ich weiß einfach seit dem letzten Mittwoch, dass ich dich lieb habe, lieber als ich es zu denken vermag. Ob ich es vorher nicht wissen wollte oder ob ich tatsächlich mit verhüllten Augen durch die Welt gegangen bin, ich weiß es nicht. Aber nun ist es so und ist schwer.«[13]

»Wie selbstverständlich wir uns ineinander fügen«

Hinter die bei diesem schicksalshaften Besuch »entdeckte Wirklichkeit« gibt es kein Zurück mehr. Das »wie unheimlich gut und selbstverständlich wir uns ineinander fügen« ist besiegelt. Und doch sucht Barth vier Tage später in einem Art Schlüsselbrief – den er selbst ein »merkwürdiges Dokument der ›Barth'schen Theologie‹« nennt – sich seine »eigene Not ein bisschen vom Herzen« zu schreiben.[14]

Dem Eingeständnis dessen, was war, folgt die bittere Entsagung. Das Modell »geistliche Minne« erscheint ihm lächerlich und nicht lebbar. Dazu ist die erotische Anziehung zwischen beiden einfach zu groß. »Wären wir«, so schreibt er an Charlotte, »beide ledige Leute, so wäre die Entdeckung, die nun unwiderruflich gemacht ist, einer von jenen Augenblicken von Frühling, Freude und Leben, mit denen Gott uns törichte, verkehrte Menschenkinder mitten in unserer Finsternis manchmal segnet. So wie die Dinge stehen, ist dieselbe Entdeckung ein Augenblick des Leides und der Entsagung, über deren Notwendigkeit wir uns, wiederum im Glauben an Gottes Gerechtigkeit so wenig wundern dürfen, wie wir das andere als selbstverständlich hinnehmen dürften.«[15]

Das »Missverhältnis zwischen dem, was ich sage, und dem,

was ich bin«, könne nur durch das Sich-einander-Versagen ausgeräumt werden. »Nicht um der Moral willen, sondern um der aufgetragenen und übernommenen Sache willen, der ich innerlich und äußerlich nicht schaden wollen, die ich nicht kompromittieren wollen darf«. Barth schlägt vor: »Äußerlich keine wesentliche Änderung gegen bisher. Strenge Sorgfalt, dass die Sache zwischen Nelly, dir und mir unter Verschluss bleibt (nicht nur, weil sie nur uns angeht, sondern weil erfahrungsgemäß das Bereden eine solche Frage nicht leichter macht, sosehr man danach verlangt). Briefe und persönliche Begegnungen vielleicht in etwas größerem Abstand als bisher. Besondere Behutsamkeit bei allfälligem Zusammensein auf dem Bergli (dies nicht absichtlich zu vermeiden!).«[16]

Für Nelly eine unerhörte Störung und Bedrückung

Es ist Karl, der es »doch für besser« hält, seiner Ehefrau Nelly »vom letzten Mittwoch« zu schreiben. Seine Sorge teilt er auch Charlotte mit, weiß er doch, wie sehr die »entdeckte Wirklichkeit« Nelly treffen wird. »Vor allem eines: Du wirst dir mit mir klar sein darüber, dass die entdeckte Wirklichkeit in erster Linie hart und schwer ist für meine liebe, treue, tapfere Nelly. Du hast unser Familienleben gesehen. Die Geschichte unserer Ehe war bis jetzt bei allen Schwierigkeiten eine glückliche Geschichte. Wir wussten, dass es keine fugenlosen Ehen gibt. Aber wir waren auf einen solchen Zwischenfall nicht gefasst (...). Auf alle Fälle bedeutet das, was nun eben (...) ist, für Nelly eine unerhörte Störung und Bedrückung und für mich, aber auch für dich, in erster Linie eine Schuld ihr gegenüber.«[17]

Nelly ist tief verletzt und hart getroffen. Doch da Karl nicht nur Charlotte, sondern auch ihr gegenüber zunächst beteuert, dass er die Dinge auf sich beruhen lassen wolle, ist sie wohl zu Recht im Glauben, dass die Fugen ihrer Ehe sich wieder schließen werden. Das dokumentiert sich auch räumlich, verlässt doch Karl eine Woche nach der schicksalshaften Begegnung zwischen ihm und Charlotte seine Junggesellenwohnung in der Warendorferstraße und zieht mit Nelly und den Kindern zusammen in die Himmelreichallee.

»Lolloabwesenheitsunruhe« – oder: Die Dämme brechen

Anfangs bittet, ja fleht Barth Charlotte geradezu an, doch Verschwiegenheit gegenüber Vierten zu wahren. »Gelt, du wirst ihr (der Freundin) nichts sagen von mir, auch nicht im tiefsten Vertrauen?« Es dürfe sich »unter keinen Umständen eine Lawine von Gerede« bilden, die »dann allzu wahrscheinlich über den Kreis der Wohlwollenden hinausgehen würde«.[18] Doch bald merkt er selbst, dass alle innere Gegenwehr nichts nützt. Er muss sich schließlich eingestehen: Er ist machtlos gegenüber dem »Elementarereignis«, die Dämme sind nicht zu halten, die »große Lolloabwesenheitsunruhe« ist unermesslich. »Was ist auch das, wenn man fast nicht mehr leben kann ohne dies andere Menschlein? Wie hast du das nur gemacht, mir so unentbehrlich zu werden?« Ohne sein »Lebensschwesterlein«, sein »liebstes Löllchen«, sein »Lollokind« kann er weder leben noch arbeiten. Und auch Charlotte ist der Anziehungskraft ihres »Karlilein« und »Muckl«, wie sie Karl Barth in ihren späten Briefen nennen wird, erlegen.[19]

Der Gedanke, dass Karl »überhaupt darauf verfallen konnte, einen Ersatz für etwas in unserer Ehe Fehlendes bei einem Dritten zu suchen, statt in der Verbesserung unserer Ehe«, bedrückt Nelly mehr und mehr. Sie realisiert, dass der Wunsch des Sich-Versagens der beiden – das unter dem Codewort »Breslau« zunächst auch noch durch den Briefwechsel von Charlotte und Karl geistert – nicht wirklich Raum greift. Im Gegenteil. Karl entgegnet Nelly, »dass ich keinen Ersatz gesucht, sondern wirklich ohne zu suchen, dich (Charlotte) gefunden habe und dass daran erst ein bei uns Fehlendes mir zum Bewusstsein kam. Sie (Nelly) sieht auch ein, dass mit der Beseitigung dieses ›Ersatzes‹ (...) an sich nichts getan wäre und dass es für mich schwer ist, dieses Gefundenhaben rückgängig zu machen«.[20]

»... in meine Scheunen führt«

Charlotte geht Karl zunächst nur sporadisch bei der theologischen Arbeit zur Hand, meist aus der Ferne oder in den Ferien. Den Sommer 1927 verbringt sie sogar mit der Familie Barth im Harz, wo Karl und Lollo mit der Dogmatik alle Hände voll zu tun haben (dazu unten mehr), wie Barth im August 1927 berichtet. Nelly scheint zu spüren, dass zwischen Karl und Charlotte eine Wirklichkeit am Wachsen ist, die ihre Ehe ernsthaft bedroht. Die Fugen schließen sich nicht. Im Gegenteil, sie werden immer größer und sichtbarer. 1928 ist Nelly es, die die Distanz sucht und während der Monate Mai bis September 1928 in die Schweiz fährt, begleitet von den drei jüngsten Kindern. Karls Mutter Anna führt währenddessen in Münster den Haushalt.

1929 wiederum ist es Karl, der ein Freisemester hat und sich für ein halbes Jahr aus Münster verabschiedet und die Monate

April bis September zusammen mit Charlotte auf dem »Bergli« verbringt. Während Nelly bei den Kindern in Münster ist, ist Charlotte dort an seiner Seite. Keineswegs arbeitet sie nur als seine Sekretärin: »Es wird sich für dich (...) wirklich in der Hauptsache nicht um mechanische, sondern um ›Intelligenzaufgaben‹ handeln.« Sie tippt zwar auch Manuskripte ab, doch mehr noch ist sie damit beschäftigt, für Barth Belegstellen im Anmerkungsapparat zu verifizieren respektive diese allererst einzufügen. »Ich würde für dich einen ganzen Stoß deutsche Schriften von Luther mitbringen«, schreibt Barth, »auch Neueres, und dann hättest du eben Latein zu lernen, was für später (...) doch sehr wünschenswert wäre.«[21]

Im Mai 1929 berichtet Barth seinem Freund Thurneysen stolz: »Es ist (...) zu erzählen, dass Lollo hinter ihrem Luther einen ganz unheimlichen Fleiß entwickelt und täglich einen ganzen Stoß wichtiger Notizen, über die in den vielen Predigtbänden verborgenen Aussprüche (...) dieses Mannes zu Tage fördert und in meine Scheunen führt.«[22] Und auch das Sprachenlernen wird in Angriff genommen. Charlotte, des Lateinischen unkundig, wird Karl, der nur rudimentäre Englischkenntnisse hat, im Gegenzug ins Englische einführen. »Ich (Karl) bringe dann eine lateinische Grammatik etc. mit und du (Charlotte) eine englische, und daraus unterrichten wir uns dann zu gewissen Tagesstunden abwechselnd.«[23]

Die Ménage à trois in der Himmelreichallee in Münster

Kurz nach diesem halbjährigen Arbeitsaufenthalt auf dem Bergli zieht Charlotte im Oktober 1929 ins Familienhaus der Barths in der Himmelreichallee. Fortan lebt sie mit Karl, Nelly und den Kindern unter einem Dach. Ihr Einzug bei den Barths wird jedoch weder von ihrer eigenen Herkunftsfamilie noch von der Karls goutiert. Während der kommenden Jahre wird es immer wieder familiäre Interventionen geben mit dem Begehr, doch der Ménage à trois endlich ein Ende zu machen.

Nelly kümmert sich um die Kinder und den Haushalt. Charlotte verbringt den ganzen Tag mit Karl arbeitend – unterbrochen durch eine kurze Mittagspause am Familientisch. Eine Anstellung im rechtlichen Sinn hat sie nicht. Ein richtiges Gehalt bekommt sie auch nicht. Für die Kinder wird sie zu »Tante Lollo«.[24] Mit der Ältesten, Franziska, nimmt sie dreimal die Woche Lateinstunden.

> Im Jahr 1927 legt Barth den ersten Band einer Dogmatik unter dem Titel »Die christliche Dogmatik im Entwurf« vor. Das eigentlich auf Fortsetzung hin geschriebene Werk führt er jedoch nicht weiter. Seine intensive Beschäftigung mit Anselm von Canterbury, die sich 1931 in seiner Studie »Fides quaerens intellectum« manifestiert, fordert ihm einen Neubeginn ab. So erscheint 1932 der erste Band der Reihe »Die kirchliche Dogmatik«, die sein monumentales Gesamt- und Lebenswerk werden wird und die aus seinen Vorlesungen hervorgegangen ist respektive in diesen vorgetragen wurde. In der Zeit von 1932 bis 1962 entstehen nicht weniger als dreizehn Bände mit einem Gesamtumfang von knapp 10 000 Seiten.

Karl und Charlotte wohnen also nun nicht nur unter einem Dach, sie bewohnen mehr denn je auch dieselben geistig-geistlichen Räume. Unter seiner Ägide und im täglichen Arbeitsaustausch mit ihm erobert sich Charlotte das weite Feld der wissenschaftlichen Theologie und wird auch ohne akademischen Universitätsabschluss zur fachkundigen Theologin. Barth ist schon in frühen Jahren, als sie noch nicht seine Mitarbeiterin ist, von ihrem Eifer, ihrem Fleiß, aber auch von ihrer Geisteskraft begeistert: »Du liebe kluge, fleißige, nein nein: irgendwie geniale Lollo«[25].

Ihr Anteil am Oeuvre Barths, namentlich an seinem Opus magnum, der Kirchlichen Dogmatik – »unsere Dogmatik«[26] – ist groß, wie er selbst schreibt: »Und nun möchte ich dieses Vorwort nicht schließen, ohne die Leser dieser nun schon sieben Bände einmal ausdrücklich darauf aufmerksam zu machen, was mit mir selbst auch sie der 20-jährigen Arbeit zu danken haben, die Charlotte von Kirschbaum in aller Stille an meiner Seite geleistet hat. Sie hat im Dienst der laufenden Entstehung dieses Werkes ihr Leben und ihre Kraft nicht weniger eingesetzt als ich selber. Ohne ihre Mitwirkung könnte es nicht Tag für Tag gefördert werden und ich wüsste nicht, wie ich mir die Zukunft, die es noch haben mag, vorstellen sollte. Ich weiß, was es heißt, eine Hilfe zu haben.«[27]

Das alltägliche Zusammenleben in der Himmelreichallee ist indessen alles andere als himmlisch. Mitunter führt es alle drei (unter den Augen der Kinder Barths) vor tiefe Abgründe und nah an die Grenze des menschlich Zumutbaren und Lebbaren. Die – wie Barth es Nelly gegenüber später formuliert – »Gewitterluft«, in der sie »fast ununterbrochen miteinander leben«, drückt auf alle.[28] Die vermeintliche Minne trügt, das Arrangement ist brüchig. Ranküne und Eifersüchteleien zwischen den beiden Frauen sind an der Tagesordnung: »Weißt du, welche

Anklage ich beiläufig hören musste: Ich sitze, wenn Gäste da seien, immer so auffällig dir (Charlotte) zugewandt und richte über ihren (Nellys) Kopf weg das Wort nur an dich ...!...!...!«[29]

»Dass ich ja das Karnickel bin ...«

Erstmals spitzt sich 1930 die Situation zu. Von Ultimaten ist die Rede und von unerträglichen Situationen. Den Ausbrüchen »weiblicher Dialektik« seiner Ehefrau Nelly ist der Schöpfer der Dialektischen Theologie nicht gewachsen. Sie wecken seinen Fluchtinstinkt und beinahe auch »kalten Zorn« – »wenn ich mir nicht sagen müsste (...), dass ich ja das Karnickel bin, das wirklich an allem schuld ist und das nun mit Recht so gezüchtigt wird.«[30]

Auch die Beziehung zu Charlotte ist zu dieser Zeit alles andere als heiter und leicht. Es schüttle ihn, so Barth, »beim Gedanken an Wiederholungen deiner (Charlottes) Verstimmungen und Ausfälle mit zehnfachem Gebrauch der mir förmlich verhassten Worte ›rasend‹ und ›wahnsinnig‹. (...) Wenn das weitergeht, so ist vor Ablauf eines zweiten Jahres alles verloren; denn mit diesem deinem Angriff im Rücken kann ich die ohnehin fast unmögliche Situation Nelly gegenüber nicht tragen«. Er werde »der Erste von uns dreien sein, der ins Irrenhaus kommt, denn wenn mich etwas langsam, aber sicher zur Verzweiflung treibt, so ist es das, wenn du es dir auch noch leistest, mich mit hysterischen Erscheinungen zu quälen. (...) Es ist mir in diesen bösen Tagen und Nächten, wo alles am Umkippen war und ist, zu schmerzlich bewusst geworden, dass ich mir deine Hilfe anders gedacht hatte, als sie bis jetzt, aufs Ganze gesehen, ausgefallen ist. Auch du musst dich von jetzt an in eine Zucht stellen, von der du weißt, dass sie nicht jeden dritten Tag wieder versagen wird.«[31]

Nellys Intervention

1930 ist auch das Jahr der äußeren Veränderungen. Karl Barth hat einen Ruf an die Universität in Bonn erhalten – ein Umzug steht an. Für Nelly ist das der Moment, eine Neuordnung der äußeren Lebensumstände anzustoßen. Im August 1930 schreibt sie Barths Mutter Anna aus den Ferien in Adelboden, es habe sie »spontan der Wunsch erfasst«, ihr Heim »in Bonn wieder allein« zu gestalten, »dass dieses Karl recht, vertraut und warm werde«. Charlotte, so Nelly, könnte außerhalb wohnen. Sie »käme von dort aus schon bald nach der Vorlesung zu Karl, würde mit ihm arbeiten bis zum Abend. Sie und ich würden etwas erlöster, etwas vornehmer uns wieder gegenüberstehen. (...) Sie (Charlotte) würde, wenn die etwas größere Distanz (da wäre, diese) nur äußerlich tragen. Aber (sie könnte) doch so eng verbunden mit Karl denken und wirken. Mühe würde es sie auch kosten, diesen kleinen Schritt zurückzutreten. Aber ich würde ihr dann weniger Mühe machen. Ich könnte ihr etwas freier begegnen, sie in mein Heim kommen sehen, in dem ich atmen und das ich eher aufbauen könnte, nach der mir gesetzten Möglichkeit. (...) Es kann sein, dass, von Karl aus gesehen, diese meine kleine und doch so mächtig aufsteigende Hoffnung eine ihm und Lollo ganz unmögliche Zumutung und von mir eine rein böse Absicht bedeutet. Wie denkst du, Mama? Vielleicht kannst du mir eine Antwort geben, mir sagen, ob ich, auch nur so wenig, meine Lage nicht selbst erleichtern darf. Ich möchte nur so gern etwas besser leben dürfen innerlich«.[32] Nellys Wunsch wird nicht Wirklichkeit. Die gesamte Ménage findet sich in Bonn unter einem Dach wieder. Im akademischen Umfeld Bonns fühlt Karl Barth sich zwar wesentlich wohler als in Göttingen und Münster. Doch persönlich wie kirchenpolitisch sind die Bonner Jahre erneut Jahre der Krise.

Noch einmal: die Kabinettsfrage

Familiär wird das Zusammenleben nahezu unerträglich, und 1933 schlittert die – wie Charlotte es formuliert – einem »Irrenhaus« gleichende »Notgemeinschaft« wieder in eine tiefe Krise.[33] Es ist erneut, wie kurz schon 1930, von Scheidung die Rede. Nelly stellt die »Kabinettsfrage« und erklärt ihrem Mann und den Freunden in Zürich, dass sie so wie bisher nicht mehr leben könne. Karl greift den Ball auf. Er gesteht Nelly, dass er »einfach schrecklich müde und zermürbt« sei und sich »eine gewisse Befreiung, eine Lebensmöglichkeit, die ich bis jetzt entbehrte«, erhoffe.[34] »Es muss ein Ende haben.« Auch er, so erklärt er ihr im März 1933, wolle die »Notgemeinschaft zu dritt« nicht mehr aufrechterhalten, sosehr er auch an ihre Notwendigkeit geglaubt habe.[35]

»Ihre Notwendigkeit war für mich darin begründet, dass einerseits wir – du (Nelly) und ich –, wie es in diesen sieben Jahren noch deutlicher sichtbar geworden ist als vorher, uns sehr fremd sind und nach meiner Überzeugung auch bleiben werden, während Lollos innere Zugehörigkeit zu mir in gleicher Weise Tatsache ist.« Auch wenn die »nötig gewordene Veränderung« – gemeint ist die Scheidung – das Ende ihrer Ehe bedeute, so bleibe doch unverbrüchlich bestehen, »dass wir, nachdem wir nun einmal 20 Jahre Mann und Frau gewesen sind und 5 Kinder gehabt haben, zeitlebens füreinander in ganz besonderer Weise verantwortlich sind. Ich kann dich nicht ›fallen lassen‹ und du mich auch nicht. Ich insbesondere werde zeitlebens die Schuld zu tragen haben: dass ich dich in einem Stadium, in dem ich offenbar zu solcher Entscheidung nicht reif war, fragte, ob du meine Frau werden wolltest, dass ich dir dann nicht sein kann, was ein Mann seiner Frau sein sollte, und dass ich dir schließlich die versprochene Treue nicht halten konnte. Ich kann und darf dich auf keinen Fall loswerden wollen, und ich weiß, dass es auch dir nicht darum gehen kann. Wir werden nie aufhören können, aneinander zu denken, uns aufrichtig umeinander zu kümmern und einander gegenseitig verpflichtet zu sein«.[36]

Nelly, mit den konkreten Scheidungsvorschlägen Karls konfrontiert, macht erschrocken einen Rückzieher. Ein selbstständiges, eigenes Leben in der Schweiz zu beginnen, selbst mit der durch Karl angebotenen finanziellen und anderweitigen Unterstützung, ist ihr unmöglich. Den von ihr selbst ins Auge gefassten Schritt des Weggehens vermag sie nicht zu tun. Auch ein Aufteilen der Kinder – die beiden größeren sollen mit Charlotte und Karl gehen, die drei Jüngeren bei ihr bleiben – lehnt sie kategorisch ab. Charlotte von Kirschbaum berichtet dem gemeinsamen Freund Eduard Thurneysen: »(...) Gestern Nachmittag rief Nelly Karl plötzlich zu sich und gab ihm Erklärung, dass sie jetzt weder einen vorläufigen (Trennung) noch einen endgültigen (Scheidung) Schritt zu tun in der Lage sei.«[37] Nellys beharrlicher Weigerung, in die Scheidung einzuwilligen, fügen sich Karl und Charlotte.

Selbst Barths Mutter Anna schaltet sich ein und bittet Karl, die »Tragweite« und »Unmöglichkeit« eines solchen Schrittes zu überdenken: »Was hilft die scharfsinnigste Theologie, wenn sie im eignen Hause Schiffbruch erleidet. Was die Öffentlichkeit, Freunde und Gegner von allem denken würden, erübrigt sich zu beschreiben.«[38] Es gab aber wohl auch Stimmen im Umfeld, die eine beherzte Entscheidung Karl Barths erwarteten und dies mit dem von Charlotte referierten »Zuruf«, er, Karl, »solle ein Mann sein«, unterstrichen. Was dieser wiederum mit dem Bemerken quittierte: »Ich habe das in der Tat etwas weniger gerne gelesen, einerseits weil ›Männlichkeit‹ nun doch bestenfalls etwas ist, was ich jetzt nötig habe, andererseits weil gerade die ›Männlichkeit‹ eines Mannes offenbar irgendwie bedroht zu sein pflegt, wenn sie ihm von Frauen (und wenn die liebste Frau darunter wäre) so geradewegs zugerufen wird. Ich halte mich also lieber an andere Sätze deiner (Charlottes) Feder und deines Mundes.«[39]

Absetzung und Rückkehr nach Basel

Der heraufziehende Nationalsozialismus und der Beginn des Kirchenkampfes werfen ihrerseits große Schatten auf die Bonner Jahre. Sie fordern von Barth, der im Kampf um die deutsche evangelische Bekenntniskirche engagiert und der theologische Vater der »Barmer Erklärung« (1934) ist, großen Tribut.

> Die »Barmer Theologische Erklärung« ist das zentrale Dokument des Kirchenkampfes im nationalsozialistischen Deutschland, welches von der Bekenntnissynode der deutschen Evangelischen Kirche im Mai 1934 in Wuppertal-Barmen verabschiedet wurde. Der Entwurf zu den sechs Barmer Thesen – die sogenannte »Frankfurter Konkordie« – wurde von Karl Barth zusammen mit dem lutherischen Pastor Hans Asmussen (1898–1968) und dem Münchner Oberkirchenrat Thomas Breit (1880–1966) ausgearbeitet. Im Gefolge dieser Thesen konstituierte sich die »Bekennende Kirche«, die sich in aller Deutlichkeit von den »Deutschen Christen« und deren nationalsozialistischen Vorstellungen distanzierten.

Als Barth sich 1934 weigert, den Treueid auf den »Führer« zu leisten, wird er unversehens suspendiert. Es folgt ein Disziplinarverfahren, er wird in den Ruhestand versetzt und verliert seinen Bonner Lehrstuhl. Die deutsche Staatsbürgerschaft, die er in Bonn angenommen hat, wird ihm ebenfalls aberkannt.

Drei Tage, nachdem die Absetzung bekannt geworden war, erhält Barth die Berufung durch den Regierungsrat auf einen außerplanmäßigen Lehrstuhl für systematische Theologie in seiner Geburtsstadt Basel. Dreißig Jahre wird er dort lehren, nur unterbrochen durch ein zweisemestriges Intermezzo in Bonn nach Ende des Zweiten Weltkrieges, das zugleich einer Rehabilitierung nach der Suspension 1934 gleichkommt. Barth tut es »aufrichtig leid«, dass er sich »nicht verdoppeln« und in Bonn das Seinige »zum Neuaufbau von Kirche und Staat beitragen«[40] kann.

Neuauflage der Notgemeinschaft – ja oder nein?

Karls Mutter Anna, seine Schwester Gertrud Lindt und sein Schwager Karl Lindt nehmen im Vorfeld der Berufung nach Basel Karl (und Lollo) ins Gebet. In der Schweiz – namentlich in Bern und Basel – gingen bereits Gerüchte über seine Lebensführung um, weshalb es die Familie für richtig halte, dass Charlotte von Kirschbaum bei einer allfälligen Berufung Karls an die Universität von Basel nicht im Hause Barth wohne und ihn auch nicht, wie bisher in Bonn, überallhin begleiten solle. Zwar sei ihnen beiden, so Gertrud Lindt, ihr Leben zu dritt in Bonn »fast selbstverständlich geworden«, doch Nelly werde dabei immer »zurückgesetzt«. Nellys Einverständnis zum »Dreierverhältnis« könne nur dann ehrlich sein, wenn »du (Charlotte) viel mehr zurücktreten könntest und wirklich nur als ›Mitarbeiterin‹ bei Karl wärest, weniger als Freundin und Lebensgefährtin, was du ja tatsächlich auch bist, aber aus Liebe zu Karl nicht öffentlich sein solltest«[41].

Charlotte tritt nicht zurück, als die Berufung nach Basel erfolgt. Sie nimmt erneut Wohnung im Barth'schen Familienhaus. Doch auch sie, die sich nach einem »Ausweg aus diesem Gefängnis« gesehnt hatte, leidet unter der Wiederaufnahme respektive Fortführung der Notgemeinschaft. Bei der Suche nach einer passenden Unterkunft in Basel ist Charlotte zunächst einbezogen. Sie bittet Karl, auch Nelly zu sagen, »welche Wünsche wir hinsichtlich dieser Wohnung haben«. Ein längerer Krankenhausaufenthalt im Sommer verunmöglicht es ihr aber, beim Umzug vor Ort zu sein. Barth berichtet: »N. macht es mir, ohne es zu wollen und zu merken, mit ihrer Art dauernd schwer. Da du nicht da bist, muss ich nun hinhalten und hinhören.« Er schickt ihr gar eine Skizze der neuen Wohnung und Charlotte registriert, wo sie untergebracht sein wird: »Das Zimmerlein ›nebenan‹ ist scheinbar nicht Karl? Nun ja.« Auch »der erwünschte Durchblick von einem Schreibtisch zum andern« lässt sich nicht machen, müssen doch beide Tische an einem Fenster platziert werden.[42]

Während der kommenden drei Basler Dezennien sitzt sie mit Karl am häuslichen Schreibtisch – zunächst am St. Albanring, dann in der Pilgerstraße, zuletzt in der Bruderholzallee. Sie geht mit zu seinen Lehrveranstaltungen an der Universität, sie führt seine Agenda und begleitet ihn bei Vorträgen und Reisen ins Ausland, die sie beide bis nach Amerika führen. Sie ist sein kongeniales Gegenüber, sein Gedächtnis und sein Terminkalender. Sie, so bescheinigt ihr Barth, hat »alle Eigenschaften eines umsichtigen Generalstabschefs«, der die Geschäfte führt.[43] Für ein eigenes Oeuvre ist sie zu absorbiert, gleichwohl hält sie ein paar wenige Vorträge, welche 1949 als schmales Bändchen publiziert werden. In den Fünfzigerjahren hält sie Vorträge in Genf, Basel, Hamburg und Mülheim an der Ruhr.

Unter ihrem eigenen Namen hat Charlotte von Kirschbaum die Broschüre »Die wirkliche Frau« (1949) publiziert, worin sie sich sowohl von Simone de Beauvoir als auch vom Katholizismus abgrenzt und eine relativ konventionelle »Lehre von der evangelischen Frau« entwirft. 1951 erscheint in der von Barth herausgegebenen Schriftenreihe »Theologische Studien« ihr Beitrag »Der Dienst der Frau in der Wortverkündigung«. Weiter hat sie die (umfangreiche) Bibliografie Karl Barths zusammengestellt in der Festschrift zu dessen 70. Geburtstag, die sie zusammen mit Ernst Wolf auch herausgegeben hat: »Antwort. Karl Barth zum 70. Geburtstag am 10. Mai 1956«.

Das »Ehe-Wir« und das »Karl-Lollo-Wir«

Nach den krisenhaften Zuspitzungen während der Bonner Jahre ist es, als haben sich die beiden Frauen während der langen Basler Jahre in die von Karl Barth geforderte »äußere Zucht« gestellt. Die Gewichte haben sich jedoch gegenüber den Anfangsjahren eindeutig verschoben. Das zunächst schwerwiegende »Wir« der Eheleute ist längst dem »Wir« von Karl und Lollo gewichen. Diese Gewichtsverlagerung hatte Karl bereits 1933 in einem Brief an Nelly ganz offen bilanziert: »dass einerseits wir – du und ich – (...) uns sehr fremd sind und nach meiner Überzeugung auch bleiben werden, während Lollos innere Zugehörigkeit zu mir in gleicher Weise Tatsache ist«. Und Eduard Thurneysen, der von allen dreien immer wieder ins Vertrauen gezogene und auch als Mittler und Vermittler tätige Freund, bringt es zwei Jahre zuvor so auf den Punkt: Der »Bindung an Lollo v. K. entspricht auf der anderen Seite eine nicht weniger tiefe und völlige und weithin – menschlich gesprochen – hoffnungslose Abwendung Karls von Nelly. Es liegt eine Wüste zwischen den beiden«.[44]

Charlotte gewinnt durch das Erstarken des »Karl-Lollo-Wir« wie auch durch ihre wachsende theologische Kompetenz zunehmend an Statur und Eigenständigkeit. Bisweilen fühlt sich Karl dadurch bedrängt und trägt schwer daran, »dass du (Charlotte) mir gegenüber in der Geltendmachung deines Rechtes so oft so heftig und ausfällig werden musst (...). Es ist da irgendwo eine gewisse Betrübnis in mir angesammelt, weil ich dich nun einmal gerne anders hätte: weiser, gütiger, lockerer oder wie man es nennen will, und weil ich nie oder nur so selten ruhig mit dir darüber reden kann, ohne gerade damit das aufs Neue bei dir hervorzurufen, wovor ich mich so fürchte, wie sich nur ein Kind vor etwas fürchten kann«. Dabei, so fährt er fort, habe er sie »doch lieb, so wie du bist, d.h. wie ich dich nun kenne, und nicht nur als die stille feine Krankenschwester von 1925, die ich wohl naiverweise ›eigentlich‹ meine und die ja doch übrigens wahrlich auch noch auf dem Plane ist«.[45]

Gegen Mitte der Dreißigerjahre ist Kirschbaums brieflicher Ton zunehmend sanft und ruhig, wenn sie ihrem »Karlilein«, »Mucki« schreibt. Von »der Lollo«, die – wie Barth in einem frühen Brief schrieb – »ganz kalt, bös und muderig« ist und ihn mit Traurigkeit bestraft, ist so gut wie nichts mehr zu spüren. Die Trauer darüber, dass sie selbst nie Mutter werden würde, die aber bleibt: »Ach du, das wird doch bis ans Ende der Tage wehtuend sein, dass unser Kindlein nie da sein wird.«[46] Ein gemeinsames Kind wird Karl und Charlotte nie geboren.

Nelly am Abgrund

Nelly hingegen scheint mehr und mehr den Boden unter den Füßen zu verlieren. Abgründe tun sich auf. Sie lässt sich fallen. Charlotte glaubt mehr und mehr eine »geistige (oder darf man sagen geistliche?) Heimatlosigkeit« bei ihr zu spüren und gewinnt »je länger je mehr den Eindruck, dass sie (Nelly) neben dir (Karl) an Unterernährung stirbt«.[47] »Sie kommt mir vor wie ein Kind, das, wenn ihm ein Spielzeug genommen ist, nun auch alles andere beiseiteschiebt«.[48] Selbst jener Lebensraum, der genuin der ihre ist – Haushalt und Kinder –, kommt Nelly mehr und mehr abhanden. Innerfamiliäre Zusammenstöße und Dramen bleiben auch nicht aus. Als im März 1935 die älteste Tochter Franziska heiratet, will Nelly, dass Charlotte der Hochzeit fernbleibt, was jedoch Thurneysen und seine Frau zu verhindern wissen. Eduard Thurneysen beschwört Charlotte: »Ich kann mir einfach nicht denken, dass Nelly bei ihrer Einstellung bleibt. Es wäre verheerend. Denn für uns alle läge dann ein ganz schwerer Schatten über dem Tage Fränzelis. Von Karl ganz zu schweigen (…). Ich sehe einen ganz unmöglichen Hochzeitstag voraus, wenn du fernbleibst. Fränzeli ist alles verdorben dadurch! Sie hat sehr erschüttert an Nelly geschrieben.«[49]

Lollos Umnachtung

Wie sehr das Lebensmodell der doppelten Besetzung letztlich an beiden Frauen gezehrt haben mag, darüber kann nur gemutmaßt werden. Was Nelly während all der langen Jahre des Arrangements empfindet, wie sie ihre Rolle trägt, das liegt im Schatten – und das nicht nur, weil ihr Briefaustausch mit Karl (bis auf wenige Ausnahmen) unveröffentlicht ist. Bei Charlotte, die schon immer fragil und von labiler Gesundheit war und namentlich in Zeiten innerer Aufruhr kränkelte, manifestiert sich im Alter von 63 Jahren eine beginnende Demenz.

Ihre Vergesslichkeit, die Schlaflosigkeit, das Schwinden der Kräfte lassen an eine Fortsetzung der gemeinsamen täglichen Arbeit nicht denken. Barth hört auf zu schreiben, sein Opus magnum, die »Kirchliche Dogmatik«, bleibt unvollendet. Als sich Charlottes Zustand weiter verschlechtert, wird sie im Januar 1966 in die psychiatrische Klinik »Sonnenhalde« in Riehen (bei Basel) eingewiesen. Fast schon gespenstisch prophetisch scheint angesichts dieses Ganges der Dinge die Äußerung Barths im September 1930, wo er Charlotte geschrieben hatte: »Es ist in der Ferne noch beunruhigender als in der Nähe, dich leidend zu wissen, und ich habe oft Angst, es könnte eines Tages plötzlich eine schwere schleichende Krankheit bei dir zum Ausbruch kommen und dich mir wegnehmen.«[50]

Jeden Sonntagnachmittag wird Karl seine »liebe (...) einst so leistungsfähige (...) Gehilfin Charlotte von Kirschbaum« in Riehen besuchen. Noch mit 82 Jahren schreibt Barth in einem Rundbrief an seine Geburtstagsgratulanten, dass er zum »ernstlich Positiven im persönlichen Bereich« jene Stunde rechne, die er »allsonntäglich bei und mit meiner lieben Lollo von Kirschbaum auf ihrer ›Sonnenhalde‹ in Riehen« verbringe. »Ohne ihre Hingabe und Betätigung wäre ja die ganze mittlere Zeit meines Lebens und Arbeitens undenkbar gewesen. Jetzt ist sie in Folge ihrer Gehirnkrankheit nur noch wie tief verschleiert, was sie einst gewesen. Aber die guten dortigen Schwestern sagen mir, dass sie eine Patientin ist, die sie gern haben. Und was sagte sie selbst mir noch vor zwei Wochen? ›Es ist alles so schwer und so schön, und so ist es ja auch viel interessanter‹«.[51]

Die späten Jahre von Philemon und Baucis

Die späten Jahre ohne Charlotte im Haus führen das Ehepaar Nelly und Karl Barth wieder näher zueinander. Seit dem Frühling 1964 kränkelt Karl. Nach zwei Operationen bedarf er täglich der pflegenden Hilfe und Unterstützung seiner Frau Nelly. Diese – »mit der zusammen ich jetzt – Philemon und Baucis, wie sie im Buche stehen – einen recht harmonischen sogen. ›Lebensabend‹ feiern darf«[52] – ist es auch, der er den letzten fragmentarisch gebliebenen kleinen Band der Kirchlichen Dogmatik, der 1967 erscheint, in großer Dankbarkeit widmet. Auch Nelly kränkelt. Im Dezember 1967 muss sie für zwei Monate ins Krankenhaus. Ein Jahr später, in der Nacht des 9. Dezember 1968 stirbt Karl Barth im Alter von 82 Jahren. Charlotte stirbt nach langen Jahren der geistigen Umnachtung am 24. Juli 1975. Sie wird im Familiengrab auf dem Stadtbasler Friedhof am Fuß des Grenzacher Horns, dem Hörnli, an der Seite Karl Barths beigesetzt. Ein Jahr später wird Nelly sich zu ihnen legen.

Verwendete Literatur

Quellen

Karl Barth, Kirchliche Dogmatik Bd.III/3. Zollikon/Zürich 1950

Karl Barth, Briefe 1961–1968. Hg. von Jürgen Fangmeier – Hinrich Stoevesandt. Zürich 1975

Karl Barth – Rudolf Bultmann. Briefwechsel 1911–1966. Hg. von Bernd Jaspert. Zürich 1994²

Karl Barth – Eduard Thurneysen. Briefwechsel. Bd.2: 1921–1930. Hg. von Anton Drewes – Hinrich Stoevesandt. Zürich 1987

Karl Barth – Eduard Thurneysen. Briefwechsel Bd.3: 1930–1935. Einschließlich des Briefwechsels zwischen Charlotte von Kirschbaum und Eduard Thurneysen. Hg. von Caren Algner. Zürich 2000

Karl Barth – Charlotte von Kirschbaum. Briefwechsel. Bd.1: 1925–1935. Hg. von Rolf-Joachim Erler. Zürich 2008

Friedrich Gogartens Briefwechsel mit Karl Barth, Eduard Thurneysen und Emil Brunner. Hg. und eingeführt von Hermann Götz Göckeritz. Tübingen 2009

Bei den Zitaten aus dem Briefwechsel Barth – Kirschbaum wurden Hervorhebungen, Kursivsetzungen sowie Unterstreichungen nicht übernommen, da sie zu zahlreich sind.

Sekundärliteratur

Friedrich Wilhelm Bautz, Art. Karl Barth, in: Biographisch-bibliographisches Kirchenlexikon, hg. von Friedrich-Wilhelm Bautz. Hamm 1990, Bd. 1, S.384–396

Eberhard Busch, Karl Barths Lebenslauf. Nach seinen Briefen und autobiographischen Texten. München 1978[3]

Eberhard Jüngel, Art. Karl Barth, in: Theologische Realenzyklopädie, hg. von Gerhard Krause – Gerhard Müller. Berlin 1980, Bd. 5, S.251–268

Renate Köbler, Schattenarbeit. Charlotte von Kirschbaum – Die Theologin an der Seite Karl Barths. Köln 1987

Hans Prolingheuer, Nachlese, in: Renate Köbler, Schattenarbeit. Charlotte von Kirschbaum – Die Theologin an der Seite Karl Barths. Mit einem Geleitwort von Marie Rose Barth. Köln 1987, S.119–132

Elke Pahud de Mortanges, »Das strengste Urteil wider mein irdisches Leben«. Der Eros des Begehrens, des Glaubens und des Denkens – Karl Barth und Charlotte von Kirschbaum im Briefwechsel, in: Neue Zürcher Zeitung 13./14. Dezember 2008, B3

Max Schoch, Karl Barth (186–1968) – Dialektische Theologie, in: Stephan

Leimgruber – Max Schoch (Hg.), Gegen die Gottvergessenheit. Schweizer Theologen im 19. und 20. Jahrhundert. Freiburg i.Br. 1990, S.288–311

Suzanne Selinger, Charlotte von Kirschbaum und Karl Barth. Eine biographisch-theologiegeschichtliche Studie. Aus dem Amerikanischen übersetzt von Reinhard Brenneke. Zürich 2004

Internetadressen

www. karlbarth.unibas.ch

www.punctum.com/kirche/predigt/barth.html

Zwei Hälften eines Ganzen

Adrienne von Speyr (1902–1967) und
Hans Urs von Balthasar (1905–1988)

»Ihr Werk und das meine sind weder psychologisch noch philologisch zu trennen, zwei Hälften eines Ganzen, das als Mitte eine Gründung hat.«[1] Mit diesem prononcierten und fast trotzig zu nennenden Votum wollte der Schweizer Germanist und Theologe Hans Urs von Balthasar ein für alle Mal verhindern, dass der Versuch unternommen wird, sein eigenes Werk von dem der um drei Jahre älteren Ärztin und Mystikerin Adrienne von Speyr zu trennen.

Die reklamierte und demonstrativ eingeforderte Symbiose der beiden, die 1940 in Basel ihren Anfang nahm und 27 lange Jahre währte, ruft in Theologen- und Kirchenkreisen bis heute einiges Stirnrunzeln und Unbehagen hervor. Ein mancher fragt sich, wie der so gebildete und bisweilen gar als Universalgenie geltende Theologe Balthasar, der die weiten Räume der Kunst, Literatur und Musik bewohnte, aus dieser Offenheit abtauchen konnte in die visionären Innenwelten einer als verschroben geltenden Mystikerin. Und wie er sich über ihren Tod hinaus ihr so verschreiben konnte, dass er alle Hebel in Bewegung setzte, um ihre Seligsprechung und damit die kirchliche Anerkennung für ihre seherische Begabung zu erhalten. Seine Bemühungen laufen jedoch ins Leere. Zu groß war und ist bis heute die Skepsis gegenüber einem Phänomen, das man(n) leicht und schnell mit weiblicher Hysterie gleichsetzt und damit auch bereits für erledigt weil desavouiert hält. Ihr Zimmer, so ein Zeitzeuge, »glich einem botanischen Garten. Riesenhafte Rauten standen da, und sie thronte in der Mitte, eine imponierende Frau mit verbundenen Händen, da sie angeblich die Stigmata trug. Sie war ein Phänomen, das schwer einzuordnen war zwischen Esoterik und Mystik«[2].

Bis sich 1940 in der Grenzstadt am Rhein die in zweiter Ehe verheiratete, 38-jährige Adrienne von Speyr und der 35-jährige, aus einem alten Luzerner Patriziergeschlecht stammende Ordenspriester Hans Urs von Balthasar treffen, sind mehrere Jahrzehnte im je eigenen Leben der beiden vergangen. Sie werden so fruchtbar verschmelzen, dass sie als ihre »Mitte« oder, wie Adrienne es zu nennen pflegt, als ihr »Kind« eine eigene Gemeinschaft – das Säkularinstitut der Johannesgemeinschaft – hervorbringen.

Dokumente getrennter Zufahrtsstraßen

Über ihre »getrennten Zufahrtsstraßen«[3] nach Basel ebenso wie über den gemeinsamen Weg von Basel aus geben die beiden selbst Auskunft. Im Alter von 50 Jahren hält Adrienne von Speyr auf Anregung Balthasars ihren »inneren Werdegang«[4] in einem autobiografischen Fragment fest, das allerdings mit dem Jahr 1926 endet.

> Hans Urs von Balthasar hebt im Vorwort zu diesem »Aus meinem Leben« betitelten Werk staunend die Frische und Exaktheit der Erinnerungen der 50-Jährigen hervor. Mit Gescheitheit gewinne sie den Erlebnissen ihrer Jugend jenen Sinn und Stellenwert ab, den diese in der »großen Kurve ihres Lebens« besaßen oder im Rückblick allererst gewinnen sollten. Es sind, so Balthasar, namentlich zwei Motive, die sich »wie ein roter Faden durch das Labyrinth der Jahre« hindurchziehen. Es ist dies zum einen Adriennes fester Wunsch, Ärztin zu werden; zum anderen ihr nachhaltiger Wille, Gott allein zu gehören.«[5]

Ein Jahr nach ihrem Tod ediert Balthasar ihre Nachlasswerke. In »Geheimnis der Jugend« erzählt Adrienne von Speyr ihre Geschichte aus dem Bewusstsein ihres jeweiligen Lebensalters, und in den drei Tagebuchbänden »Erde und Himmel« ist die Zeit zwischen ihrer Konversion 1940 und ihrem Tod im Blick.

Balthasar selbst macht sich in zwei Bänden – »Erster Blick auf Adrienne von Speyr« (1968) und »Unser Auftrag. Bericht und Entwurf« (1984) – zum Chronisten ihrer Gestalt und ihres Auftrags. Seinen Bericht will er dabei nicht so sehr als Werbung, denn als Zeugnisabgabe verstanden wissen. Bereits beim Verfassen zieht Balthasar in Erwägung, dass man die Wahrhaftigkeit seiner Ausführungen infrage stellen werde. Möglichen Einwänden kommt er deshalb mit dem Bemerken zuvor, dass es wohl immer Leute geben werde, »für die ›nicht sein kann, was nicht sein darf‹.« Dass man Adriennes Gestalt mit tiefenpsychologischen Methoden ausleuchten und in diesem Sinn plausibel machen werde, sieht Balthasar ebenso voraus wie den Versuch, sie als »unmodern« und »unglaubhaft« abzustempeln. Stehe doch das Adrienne von Speyr beseelende Charisma quer zu den vorherrschenden christlichen Trends ihrer und seiner Zeit.[6]

Auch Briefe haben die beiden getauscht, jedoch nicht zur Veröffentlichung freigegeben. Bisweilen zitiert Balthasar aus ihrer unveröffentlichten Korrespondenz. Im Band »Unser Auftrag« gewährt er in einer knappen, zehn Seiten umfassenden, thematisch geordneten Anthologie Einblick in die Briefe Adriennes, die jedoch ohne zeitliche Zuordnung auskommen müssen. Jeder noch so um Objektivität bemühte Versuch, sich den zwei Hälften eines Ganzen zu nähern, findet zwangsläufig seine Grenze an der Ausschließlichkeit dieser Binnenoptik und Binnendeutung, lebten doch die beiden das sie Verbindende in großer, jeden Dritten ausschließenden Exklusivität. Adrienne von Speyr war das Medium, die Empfängerin des Auftrags im Inneren, Hans Urs von Balthasar der Hermeneut, Sachwalter und Sprachrohr im Außen.

»Adrienne, sitzen Sie gerade«

Zur Welt kommt Adrienne von Speyr im September 1902 in der im schweizerischen Kanton Neuenburg gelegenen Uhrenstadt La Chaux-de-Fonds. Sie und ihre drei Geschwister sprechen zunächst nur Französisch, obschon der Vater – er praktiziert als Augenarzt – seine familiären Wurzeln im deutschsprachigen Basel hat. Sie ist ein kränkliches, mageres Kind und leidet namentlich unter der Strenge und der Ablehnung der Mutter: »Wir waren zu Hause ja so eng gehalten, fürchterlich gut erzogen: immer saubere Fingernägel, Bänder in den Haaren, im Reden gemessen, nicht laut lachen; wir mussten schrecklich brav sein. Und ich hatte solche Mühe, brav zu sein.« Den täglichen Rügen und dem ständigen Herumnörgeln der Mutter – »Adrienne, tenez-vous droite‹!« – setzt das Kind eine eigene Welt entgegen. Sie lässt sich leiten durch ihren Engel, der sie führt und ihr beisteht. Die Erziehung der Kinder liegt in den Händen eines Kinderfräuleins, das – so Adrienne im Rückblick – es ausgezeichnet versteht, »ein schlechtes Gewissen in uns zu wecken«.[7]

Das Mädchen kann den Ansprüchen, die an es gestellt werden, nicht genügen. Lediglich bei der Großmutter, der sie alle Fragen stellen darf, die aber auch »das Schweigen liebte«[8], findet sie einen Ort, wo sie sich einnisten darf, umsorgt ist und gleichzeitig in Ruhe gelassen wird.

Meist kam Adrienne am Nachmittag gegen zwei Uhr zur Großmutter, die sie mit Proviant ausstattete und dann sich selbst überließ. Das Mädchen konnte sich im ganzen Haus frei bewegen, es durfte sich in jedes Zimmer verkriechen oder sich in den Garten setzen. Mit einer Strickerei oder einem Buch tauchte es ab und verbrachte die Stunden bei der Großmutter wie auf einer Insel. »Zuweilen gab es um vier Uhr Tee (...), man durfte ihn sich selber holen und kam sich wunderbar frei vor.«[9]

Die Großmutter ist auch eine begnadete Geschichtenerzählerin. Wenn sie erzählt, dann hat man nachher ein ganz leichtes Herz. Und wenn sie gar vom lieben Gott spricht, dann spürt Adrienne, dass die Großmutter ihn wohl sehr gut kennen müsse. Als diese stirbt, stirbt für Adrienne eine ganze Welt. Ihre Mutter aber wird, als sie wieder einmal eine vermeintliche Dummheit begangen hat, triumphierend ausrufen: »Jetzt sieht die Großmutter endlich vom Himmel aus, wie bös du bist«.[10]

Medizin – vom Berufswunsch zum Studium

Nicht nur die Großmutter, auch ihr Vater stirbt (zu) früh. Adrienne ist tief getroffen. Dazu kommt eine schwere doppelseitige Tuberkulose. Es folgen mehrere Spital- und Kuraufenthalte, unter anderem in Leysin in den Waadtländer Alpen. Obschon körperlich und seelisch angeschlagen – es ist gar von Selbstmordgedanken die Rede – ist Adrienne nun überzeugt, dem Beispiel ihres Vaters zu folgen und Ärztin zu werden.

Ihr Wunsch verfestigt sich nicht zuletzt während ihrer Ferienaufenthalte in der Waldau bei Bern. Hier werden ihr die Liebe zu den Kranken wie auch das medizinische Interesse an ihnen zum Auftrag. Ihr Onkel ist der Leiter der gleichnamigen – noch heute existierenden – psychiatrischen Klinik Waldau. Er erlaubt Adrienne, sich unter die Patienten zu mischen – gleichsam »wie eine Medizin«. Schon als junges Mädchen spürt sie, »von welcher Seite man auch die Verrückten anfassen kann«. Besonders nahe geht ihr das Schicksal der Blinden, die sie in der Praxis ihres Vater, des Augenarztes, antrifft: »Eine Zeit lang wollte ich ernstlich blind sein, weil ich dachte, unterdessen könnte vielleicht ein anderes Kind, das blind ist, sehen.«[11]

Adriennes Mutter sperrt sich. Sie ist nicht nur gegen eine akademische Laufbahn. Sie betrachtet bereits das Gymnasium als »unangebrachten Luxus«[12]. Der Widerstand der Mutter ist zwar hartnäckig und verlangt Adrienne einige Umwege ab. Aber auf die Länge gelingt es ihr, sich durchzusetzen. Sie macht in einer Zeit, wo das für Frauen noch nicht selbstverständlich ist, Abitur und studiert Medizin an der Universität Basel.

Adrienne von Speyr ist zwar nicht die erste Frau, die in der Schweiz eine Approbation als Ärztin erlangt – dies war Marie Heim-Vögtlin (1845–1916) in Zürich. Gleichwohl gehört sie zu den Pionierinnen dieses Berufszweiges. Ihre Dissertation trägt den Titel »Die Geburt der alten Erstgebärenden an der Basler geburtshilflichen Klinik 1917–1928« und wird 1931 veröffentlicht.

Zwei Ehen und drei Fehlgeburten

Adrienne ist noch Studentin und gerade 25 Jahre alt, als sie im Sommer bei einem Ferienaufenthalt in Graubünden den 19 Jahre älteren Witwer und Vater zweier Buben, Emil Dürr (1883–1934), kennenlernt. Dieser ist seit zwei Jahren ordentlicher Professor für Geschichte an der Universität Basel und verliebt sich sofort »in die temperamentvolle Studentin«[13]. Er und Adrienne heiraten. Kurz darauf besteht sie ihr medizinisches Staatsexamen und eröffnet 1931 ihre eigene Praxis in Basel. Man wohnt in privilegierter Lage am Münsterplatz über dem Rhein. Zu Beginn der Ehe, so hält sie selbst Rückschau, ist sie »steinunglücklich«, obschon es »nie den geringsten Streit« und »nie (...) ein hartes oder falsches Wort« gegeben hat.[14] Balthasar weiß zu berichten, Adrienne habe Emil Dürr nur »aus Mitleid für den grundgütigen Mann und die Kinder« geheiratet; die »leiblichen Beziehungen während der Ehe« seien ihr aber peinlich gewesen, habe man ihr doch als Kind »immer wieder klargemacht (...) man sei für etwas aufgespart«[15]. Dreimal wird sie schwanger, jedes Mal erleidet sie eine Fehlgeburt. Kaum sieben Jahre verheiratet, kommt Adriennes Mann bei einem Straßenbahn-Unfall ums Leben. Es ist der Historiker und später so renommierte Jakob Burckhardt-Forscher Werner Kaegi (1901–1979), der auf dem Lehrstuhl Dürrs nachfolgt und der 1936 auch dessen Witwe heiratet.

Dem Schönen, Guten und Wahren zugewandt

Im Jahr der Heirat von Werner Kaegi und Adrienne von Speyr wird Hans Urs von Balthasar durch Kardinal Faulhaber in München zum Priester geweiht. Der Weg dahin ist nicht geradlinig vorgezeichnet, doch allemal heiter und unbeschwert. Von klein an begleitet Hans Urs seine Mutter zur morgendlichen Frühmesse in der Luzerner Franziskanerkirche und der am Ufer der Reuss gelegenen »überwältigend herrlichen Jesuitenkirche«. Der Mutter, so schreibt er im Rückblick, »verdanke ich ohne Zweifel (...) meine späte (...) urplötzliche Berufung auf den Weg des hl. Ignatius«.[16]

Seine Schulzeit verbringt der Luzerner Spross in Engelberg in der Obhut der Benediktiner und im österreichischen Feldkirch bei den Jesuiten. Balthasars Passion dieser Jahre ist die Musik. Die Es-dur-Messe von Schubert und die Pathétique von Tschaikowsky lassen ihn nicht mehr los. Er verbringt endlose Stunden am Klavier. Im Kloster Engelberg wirkt er bei zahlreichen Orchestermessen und Opern mit. Nach dem Abitur in Zürich studiert von Balthasar zunächst Germanistik und Philosophie in

Wien, Berlin und Zürich. Im »armen, beinah hungernden Nachkriegs-Wien« besucht er »eine Überfülle an Konzerten, Opern, Orchestermessen« und spielt mit dem Arzt, Philosophen und Theologen Rudolf Allers abends »meist eine ganze Mahlersymphonie vierhändig durch«[17].

Balthasars Frömmigkeit ist ebenso unaufgeregt wie unangefochten. Gebet und die Verehrung der Gottesmutter Maria gehören selbstverständlich dazu; Predigten und Religionsstunden hingegen langweilen ihn. Der Liebe zur Deutschen Dichtung, der auch seine umfangreiche germanistische Dissertation gewidmet ist, gesellt sich in den Wiener Jahren die Liebe zur Theologie hinzu. Erst viel später, so Balthasar, habe er verstanden, »welch große Hilfe für die Konzipierung meiner Theologie die Kenntnis Goethes, Hölderlins, Nietzsches, Hoffmannsthals (...) werden sollte«[18].

Wie vom Blitz getroffen

Als er 1927 zusammen mit anderen Studenten der Germanistik im Kloster Himmelspforte (Südschwarzwald) ignatianische Exerzitien für Laien besucht – so benannt nach dem Gründer des Jesuitenordens, Ignatius von Loyola –, wird ihm, wie bald vier Jahrhunderte zuvor Martin Luther, schlagartig klar, wohin sein weiterer Weg ihn führt: Selbst dreißig Jahre später erinnert er sich noch genau an jenen Baum auf dem Waldweg im Schwarzwald, unter dem er »wie vom Blitz getroffen« wurde. In den Germanistik-Kreisen, denen er angehört, wird das, wozu sich Balthasar dann entschließt, fast »als eine Art Unglück« betrachtet. Doch es sei weder die Theologie noch das Priestertum gewesen, das ihm damals plötzlich vor den Geist getreten sei, so Balthasar.

»Es war einzig und allein dies: Du hast nichts zu wählen, du bist gerufen (…); du hast keine Pläne zu machen, du bist nur ein kleines Steinchen in einem Mosaik, das längst bereitsteht.«[19]

Solchermaßen gerufen, findet Balthasar den Weg in den Jesuitenorden. Den beiden Jahren des Noviziats in Feldkirch folgen vier weitere Jahre in Frankreich, wo ihn der große französische Theologe Henri de Lubac in das Studium der Kirchenväter einführt. Zum Priester geweiht, lässt ihm der Orden die Wahl: entweder die ordentliche Professur für Dogmatik an der päpstlichen Universität Gregoriana in Rom oder aber das Amt des Studenten- und Akademikerseelsorgers im protestantischen Basel. Balthasar wählt Letzteres.

Basel, 1940

In Basel trifft er auf die verheiratete Ärztin Adrienne von Speyr. Diese ist körperlich angeschlagen – sie hat im Herbst 1940 einen Herzinfarkt erlitten – und geistlich unbehaust. Schon seit ihrer Jugend hadert sie mit dem Protestantismus ihrer Herkunft, ohne jedoch katholische Neigungen zu haben. Als jungem Mädchen erscheint ihr die Jungfrau Maria, umgeben von Engeln. Sowohl mit ihrem ersten wie auch mit ihrem zweiten Mann erörtert sie in »Religionsgesprächen«[20] die Frage der Konversion. Werner Kaegi gibt ihr »Das Wesen des Katholizismus« des Tübinger Dogmatikers Karl Adam (1876–1966) zu lesen.

Doch es sind nicht theologische Spezialfragen, die die Ärztin umtreiben. Es ist der über Jahre gewachsene existenzielle Wunsch, zu beten, Gott zu gehorchen und vor allem – was ihr als Protestantin versagt ist –, endlich zu beichten und die erlösende Absolution zu erhalten: »Das Einzige, was ich sicher wusste, war, dass den Protestanten die Beichte fehlte, dass sie eine wirksame Gnade ablehnten.«[21] Die Bußübungen allein, in die sie »ihr Engel« in Jugendjahren eingewiesen und die sie selbst erfinderisch ergänzt – Steine in die Schuhe legen oder sich mit einem Instrument Schläge versetzen und Schmerz bereiten –, genügen Adrienne nicht mehr. Immer mehr bricht der Wunsch sich Bahn: »(...) Ich möchte beichten. Ich möchte zu denen gehören, die in der wirklichen Kirche des Herrn sein dürfen.«[22]

Als Hans Urs von Balthasar in Basel seine Stelle antritt, geht die Ärztin beherzt und zielstrebig auf den neuen Studentenpfarrer zu und äußert den Wunsch, zum Katholizismus zu konvertieren. Balthasar nimmt sich ihrer an. Es folgen lange intensive Gespräche, bis er sie am 1. November 1940 »katholisch« tauft. Ihre protestantische Familie ist schockiert. Sie selbst aber ist froh, endlich beichten zu können, und ein Leben lang wird ihr Hans Urs von Balthasar als Beichtvater Erleichterung verschaffen.

Der literarische Schlüssel – das Liebespaar Rodrigo und Proëza

Hans Urs von Balthasar ist tief berührt. Das Zusammentreffen und die Begegnung mit der Ärztin und Stiefmutter von zwei Söhnen aus erster Ehe erlebt und deutet er auf der Folie einer Lektüre, die ihn seit seinen Studientagen in Frankreich nicht mehr loslässt. Es ist das monumentale Werk des Franzosen Paul Claudel »Der seidene Schuh«, das 1925 erschienen ist. Ein Jahr vor seiner Begegnung mit Adrienne hat Balthasar seine Übersetzung dieses Werkes ins Deutsche beendet und mit einem 32-seitigen Nachwort versehen. An der deutschen Erstaufführung am Schauspielhaus Zürich ist er 1944 maßgeblich beteiligt.

»Der seidene Schuh oder Das Schlimmste trifft nicht immer zu« spielt unter anderem im Spanien des ausgehenden 16. Jahrhunderts. Der Welteroberer Don Rodrigo ist in die schöne, aber mit Don Pelayo verheiratete Doña Proëza verliebt. Als Don Pelayo stirbt, heiratet sie – um ihrem Ehrenwort zu genügen, das sie dem spanischen König gab – den Offizier Don Camillo. Auch Doña Proëza liebt Don Rodrigo, gibt sich ihm aber ein Leben lang nicht hin. Stattdessen übergibt sie der Jungfrau Maria ihren seidenen Schuh. Sie verzichtet auf ihre Liebe zu Don Rodrigo und hofft im Freigeben von allem alles zu finden.

Mit Rodrigo und Proëza, so Balthasar in seinem Nachwort zur Übersetzung, betritt erstmals ein christliches Paar die Bühne der Weltliteratur, bei dem die irdische Passion zweier Liebender unmittelbar als religiöses Problem betrachtet wird. Ihre Liebe gleiche zu Beginn einer dunklen Naturgewalt, die »wie ein rasender Strom« alle Dämme einzureißen drohe. Gegen alle Warnungen, ja selbst gegen ihren eigenen Widerstand, werde Proëza von der Kraft dieser Liebe fortgeschwemmt. Rodrigo seinerseits werde über moralische und religiöse Bedenken hinweg von Proëza magisch in den Bann gezogen. Alles, so Balthasar, werde man den beiden vorwerfen: Schuld, Verbrechen, Sünde. Doch »sie hören nichts, sie sind taub, sie wirbeln wie Blätter in dem Sturm, der alles ist. Sie werden sich nie besitzen, aber sie sind fürderhin nur noch füreinander«.[23]

Besonders berührt Balthasar an Claudels Opus die Kühnheit, mit der der Dichter der liebenden Verbindung zwischen Mann und Frau »planetarische Dimensionen« verliehen« und zugleich »die schmerzhafte Verwandlung des Eros in die reine Agape« geschildert hat. Was sich Balthasar dann in seiner Begegnung mit der wie Doña Proëza in zweiter Ehe verheirateten Adrienne –

»der je schon vom Eros entrückten« – ereignen sollte, das liest er »wie eine Transposition dieses Dramas in eine ganz andere Sphäre«.[24] Wie er selbst war auch Rodrigo einst Novize des Jesuitenordens – einer, der das Noviziat verlassen hat, weil er »sich einbildete, dass es seine Sache nicht war, zu warten, sondern zu erobern und zu besitzen«[25].

Ganze Landkarten des Leidens – innere und äußere Passion

Die Konversion Adrienne von Speyrs ändert zunächst nichts an ihrer Arbeit als Ärztin. Sie empfängt weiterhin in ihrer Praxis an der Mittleren Rheinbrücke täglich zwischen 60 und 80 Patienten. Sie versucht, immer die ganze Lebenssituation ihrer Patienten im Blick zu haben. Sie sucht nicht nur, wo immer möglich, Abtreibungen zu verhindern – es ist von an die 1000 die Rede –, sie sorgt auch anschließend für die (zum Teil) ledigen Mütter und deren Kinder. Es ist für sie selbstverständlich, dass sie diejenigen, die es ökonomisch nicht zu tragen vermögen, umsonst behandelt. Bald einmal geht in Basel die Kunde von seltsamen Ereignissen und wunderbaren, unerklärlichen (Spontan-)Heilungen in ihrer Praxis um.

Schmerzlich empfindet sie allerdings die Grenze ihres ärztlichen Tuns: »Das ist so etwas Unvollkommenes an der Medizin, dass man nicht auf sich nehmen kann, was den andern an Schmerzen zukommt.«[26] Mit und nach der Konversion bricht etwas auf in ihr, das diese Grenze zu überschreiten vermag. Wie sich das kleine Mädchen Adrienne in die Patienten ihres Vaters oder die Kranken ihres Onkels in der Berner Klinik Waldau hineinzuversetzen suchte, so geschieht ihr nun jene Passion, die sich Jahr um Jahr wiederholen wird. Sie erlebt in dramatischer Weise an den Tagen der Karwoche vor Ostern, an denen die Kirche des Leidens und Sterbens Jesu Christi gedenkt, die »inneren Leidenszustände Jesu«, und es eröffnen sich ihr »ganze Landkarten des Leidens«[27].

Die von Adrienne tief empfundene innere Passion wird zur äußeren, als sich auf ihrem Körper die Wundmale Jesu zeigen. Sie ist – wie vor ihr Franziskus von Assisi und Katharina Emmerick – stigmatisiert: »In späteren Jahren geht, auf ihr flehentliches Bitten hin, die Sichtbarkeit der Wunden zurück, sie erscheinen nur noch zuweilen an Passionstagen.«[28] Oft sind die Schmerzen jedoch so heftig, dass es Adrienne vorkommt, als müsse ihr sichtbar das Blut über die Stirn laufen.

Notar ihrer inneren Passionen

Anfangs war es Hans Urs von Balthasar, der sie sicher geleitet und in den Katholizismus geführt hat, obschon er ihr nie Theologie-Unterricht im eigentlichen Sinn gab. Doch bald wird aus dem Führer ein Geführter. Er lässt sich von ihr mit in die Welt der mystischen Erfahrung und der Visionen nehmen und stellt sich ganz in den Dienst ihrer Begabung. Er leiht ihr sein Ohr, seinen theologischen Sachverstand und seine Feder. Ab Mai 1944 sitzt er nahezu täglich – anfangs nur für 20 Minuten pro Tag, später auch mehrere Stunden – an ihrer Seite und macht sich in großer Hingabe zum Notar ihrer inneren Passionen.

Immer wieder hat Balthasar die Originalität ihrer Theologie betont und darauf bestanden, dass es sich um wirkliche Diktate und keinesfalls um Suggestionen seinerseits gehandelt habe. Selbst die Initiative zu diesen Diktaten sei immer von ihr ausgegangen. Sie habe bereit sein müssen für die Aufnahme des »Eingegebenen«. Sie sei es auch gewesen, die die Übersetzung desselben in eine »menschliche Sprache« bewerkstelligte und das Empfangene an ihn, den treuen Protokollanten, weiterreichte.[29] Die Stenogramme überträgt Balthasar nach und nach. Da sich kein Verlag findet, der bereit ist, diese zu drucken, gründet er 1947 zusammen mit seinem Studienfreund aus Wiener Tagen, Joseph Fraefel, kurzerhand einen eigenen Verlag: den (noch heute existierenden) Johannesverlag. Die dort edierten Werke Adrienne von Speyrs haben einen Umfang von 60 Bänden und sind bis auf einige wenige Ausnahmen aus ihren Diktaten hervorgegangen. Finanziert werden die Druckkosten zunächst durch eine langjährige Gönnerin; die Miete fürs Büro und das Gehalt der Schreibkraft trägt die Johannesgemeinschaft, über die gleich zu sprechen sein wird. Hans Urs von Balthasar arbeitet all die Jahre umsonst.

»Dass Sie für einen ganz theoretischen Menschen schreiben«

Adrienne ist Balthasar ebenfalls behilflich, etwa bei der Korrektur der Druckfahnen seiner eigenen Bücher. Auch liest und beurteilt sie theologische Werke für ihn und gibt auch zu den seinen kritische Bemerkungen ab: »Sie wissen, dass es gewisse Stellen am Anfang gibt, die ich ein wenig lau finde, das heißt die Freude am Spiel mit dem Wort, mit seinem Ton, seiner Zergliederung (...) scheint hie und da das Geistige fast in den Schatten zu stellen.«[30] Sie gibt »Winke und Anregungen«[31] für die Sonntagspredigt in der Marienkirche und die Vortragsreihen, die Balthasar jährlich in Basel hält.

Am wichtigsten, so Balthasar, ist ihm aber ihre Hilfe bei den von ihm geleiteten Exerzitienkursen. Auch wenn sie nicht dabei ist, telefonieren die beiden, und Adrienne diagnostiziert hellsichtig aus der Ferne, welche Teilnehmer der Exerzitien der Schuh wo drückt. Trotz oder gerade wegen der Symbiose ihres Werkes scheut sie auch nicht davor zurück, Balthasar zu kritisieren, der ja keineswegs nur ihre Erlebnisse und Gedanken verschriftlicht, sondern selbst überaus schöpferisch ist und ein beindruckend umfangreiches, weitgefächertes Werk hervorbringt. Wenn sie ihn lese, so Adrienne, dann komme es ihr manchmal so vor, als ob Balthasar »für einen ganz theoretischen Menschen« schreibe, der nur in seinem Intellekt lebe, aber nicht wirklich existiere. »Deshalb glaube ich auch, es sei gut, dass Sie den ›normalen‹ Menschen kennenlernen (…). Man kann nicht nur für die Sache schreiben, man muss es auch für den Leser tun.«[32]

Dezember 1945 – das »Kind« wird geboren

Die enge Symbiose Adrienne von Speyrs und Hans Urs von Balthasars wird noch in anderer Weise fruchtbar. In ihren Visionen sieht Adrienne ein Kind Gestalt annehmen und, so schreibt sie Balthasar, sie realisiere »wie sehr es Ihr (Balthasars) Kind ist«[33]. Einmal wird dieses Kind von der Muttergottes getragen, ein anderes Mal zeigt es sich während einer normalen Geburt, bei der sie als Ärztin dabei ist. Solchermaßen schwanger mit dem Auftrag einer Gründung, steht Adrienne am Scheideweg: entweder »leben ohne Angst und ohne ›Kind‹, oder leben mit der Last«, die das Kind bedeutet. Sie wählt Letzteres. »Meine Hauptzeit gehört dem Kinde, indem vieles in Ruhe jetzt gesichtet, überlegt und irgendwie überbetet wird. Statuten und Gelübde sind jetzt gerade Hauptsache.«[34] Am Fest der Unbefleckten Empfängnis Mariens, dem 8. Dezember 1945, wird das Kind geboren und erhält einen Namen: die Johannesgemeinschaft.

Die Johannesgemeinschaft ist ein sogenanntes Säkularinstitut, das heißt ihre Mitglieder leben nicht im Kloster, sondern in der säkularen Welt und gehen weltlichen Berufen nach. Die Gemeinschaft hat ihren Namen nicht von Johannes dem Täufer, sondern von dem gleichnamigen »Lieblings- und Liebesjünger« Johannes. Dieser stand unter dem Kreuz beim sterbenden Jesus, der ihm seine Mutter Maria – und mit ihr die Kirche – anvertraute. Neben dieser johanneisch-marianischen Grundausrichtung ist als zweiter Pfeiler die Bindung an den Gehorsam für die Gemeinschaft zentral. Der Gehorsam wurzelt in der Spiritualität des Gründers des Jesuitenordens, Ignatius von Loyola (1491–1556). Dieser, den sie abgekürzt »SNP« (sanctus pater noster) nennen, spielt sowohl bei Adrienne von Speyr wie auch bei Hans Urs von Balthasar eine zentrale Rolle. Der weibliche Zweig der Gemeinschaft entstand 1945, wohingegen der männliche Zweig lange nicht Gestalt annehmen wollte. Erst 39 Jahre später folgte die offizielle Gründung der männlichen Priester-Johannesgemeinschaft.

Diese Gemeinschaft aus zunächst nur weiblichen Laien, die sich einem Leben in Armut, Ehelosigkeit und Gehorsam verschreibt, bezieht in Basel eine Etage im Haus an der Wettsteinallee. Adrienne, seit neun Jahren mit Werner Kaegi verheiratet und mit ihm wie eh und je am Münsterplatz wohnend, steht ihr vor. Anfangs kommt sie fast täglich – meist nachdem sie ihre Mittagssprechstunde in der Praxis beendet und bevor sie ihre ärztlichen

Hausbesuche macht – in die Wettsteinallee, um die junge Gemeinschaft in der Schrift zu unterweisen und ganz konkrete Lebensbezüge herzustellen. Sie, die streng ist mit sich selbst, ist es auch mit den anderen. Als sich die jungen Frauen und Studentinnen bei Adrienne beklagen, dass sie kaum Zeit zum Mittagessen hätten, weil sie wieder zur Arbeit respektive zur Universität zurückhetzen müssten, entgegnet sie ihnen barsch, auch die Jünger Jesu und Jesus selbst hätten nicht immer genug Zeit zum Essen gehabt. Außerdem fordert sie die »absolute Trennung von der eigenen Familie«, was bedeutet, dass sowohl Besuche der Familie als auch Telefonate verboten sind, was durchaus als sehr schmerzlich erlebt wird. Adrienne war, so ein Mitglied der Gründerjahre, »eine Frau, die gewusst hat, was sie wollte – auch mit uns«.[35]

»Mehr als einmal alles verlassen«

Das »Kind« sowie die täglichen Besuche Hans Urs von Balthasars im Haus am Münsterplatz bleiben in Basel nicht unbemerkt. Erster Widerstand regt sich. Geschwätz und Gerüchte machen die Runde. Selbst bis zum Bischof von Basel dringt die Kunde. Schließlich verbietet man Balthasar, das Wohnhaus Adrienne von Speyrs weiter zu betreten. Die täglichen Diktate finden fortan in seinem Büro in der Herbergsgasse statt.

Zweimal lädt ihn 1947 der Ordensgeneral der Jesuiten zum Gespräch. Balthasar will, dass der Orden die Echtheit der Gnadengaben Adriennes anerkennt. Mehr noch: dass man ihn den »Auftrag« leben lässt, der ihn mit ihr verbindet und ihn an ihre Seite zwingt und als Mitte ihr »Kind« – die Johannesgemeinschaft – hat. Doch sein Bemühen läuft ins Leere, der Jesuitenorden hält das alles für untragbar und stellt ihn vor ein Entweder-oder – entweder er leistet Gehorsam oder aber er verlässt den Orden.

> Balthasars Begründung für den Bruch mit dem Orden trägt beinahe lutherische Züge des »Hier-stehe-ich-und-kann-nicht-anders«. Zwar anerkennt er in seinem Abschiedsbrief an die Gesellschaft Jesu durchaus, dass er dem Ordensoberen, der im Regelfall den göttlichen Willen auslege, zum Gehorsam verpflichtet sei. Gleichwohl bleibe Gott frei, sich des Menschen auch auf anderen Wegen und nach seinem Wohlgefallen zu bedienen. Sei doch das Ordensleben eben nicht »Eingelaufensein in einen sicheren Hafen« und der Ordensgehorsam »nicht der tote Winkel, wo das Wehen des Geistes uns nicht oder höchstens noch indirekt trifft, etwa weil der Gehorsam uns der letzten Selbstverantwortung vor Gott enthöbe«[36].

In Treue zu Gott und zu seinem Auftrag sieht Balthasar keinen anderen Weg, als den Bettel hinzuschmeißen und dem Orden den Rücken zu kehren – nicht aber der Sache des Ordensgründers, Ignatius von Loyola, dem er zeitlebens verbunden bleibt. Dass er die Gesellschaft Jesu, die ihm »liebste, selbstverständliche Heimat« gewesen ist, verlassen muss, ist für ihn ein harter Schlag.[37]

Seine Odyssee und ihre Schockstarre

Der Priester und Theologe Balthasar ist nun ohne Heimat und ohne rechtlichen Schutz. Zum Jesuitenorden gehört er nicht mehr. Zu einer Diözese gehört er noch nicht. Und es sieht so aus, als wolle ihn kein Schweizer Bischof haben. Eine sechs Jahre währende Odyssee beginnt. Der Bischof von Basel, Franziskus von Streng, verlangt von ihm, sein Territorium – und damit die Grenzstadt am Rhein – zu verlassen. Balthasar nimmt sich ein Zimmer in Zürich, wo er aber vom zuständigen Bischof zunächst nur für drei Jahre geduldet wird. In dieser existenziell ungesicherten und beschwerten Zeit leitet Balthasar den Johannesverlag, hält unzählige Vorträge in Deutschland und trägt sich mit dem Gedanken, sich mit seinem 1951 publizierten Buch über die Theologie des Basler reformierten Universitätsprofessors Karl Barth an einer deutschen Universität zu habilitieren.

> Das 1951 erscheinende Buch Balthasars über den »Kirchenvater« des Protestantismus, Karl Barth, verdankt sich nicht nur einer intensiven Auseinandersetzung mit dessen gedrucktem theologischem Werk, sondern auch zahlreichen Begegnungen und Gesprächen der beiden Theologenköpfe im Basel der 1940er-Jahre. Davon und von Barths Amusement über die Tatsache, dass Balthasar seine »Theologische Dogmatik« in seiner Mappe herumschleppe »wie eine Katze ihr Junges«, wird weiter unten im Postscriptum 1 noch zu berichten sein.

Adrienne bleibt in Schockstarre in Basel zurück. Ihr Teil der Verantwortung am Bruch Balthasars mit dem Jesuitenorden lastet schwer auf ihr, sie ist sterbensmüde. Balthasar – fern von Basel – bittet sie nur mehr selten um Diktate. 1953 werden sie auf seinen Wunsch hin ganz eingestellt. Er sieht sich, wie er selbst schreibt, angesichts des Umfangs und der Fülle der Stenogramme, die er bereits zu bewältigen und zu publizieren hat, außerstande, damit fortzufahren. Mitte der Fünfzigerjahre ist Adrienne in einer körperlich äußerst desolaten Verfassung. Herzkrankheit, Diabetes, Arthritis lauten die medizinischen Namen für ihre Leiden. 1954 gibt sie ihre Praxis auf.

Die Rückkehr nach Basel

Erst sechs lange Jahre nach seinem Bruch mit dem Jesuitenorden nimmt der Bischof von Chur Balthasar definitiv in seine Diözese auf und ermöglicht ihm dadurch auch die Rückkehr nach Basel: »Ich gab das Zimmer in Zürich auf und nahm endgültig die Gastfreundschaft von Professor Werner Kaegi am Münsterplatz in Basel an, wo ich bis zu Adriennes Tod gelebt habe.«[38] Der Austritt aus dem Orden, das Zürcher Exil, die Vortragstätigkeit, die Herausgabe der Schriften Speyrs, die Arbeit am eigenen Werk, all das geht nicht spurlos an Balthasar vorbei. 1958/59 erkrankt er schwer; er hat eine Venenentzündung und zudem Leukämie. Erst nach monatelangem krankheitsbedingtem Pausieren kann er seine Arbeit wieder aufnehmen. Neben den Übersetzungen literarischer Werke aus dem Französischen – den Gedichten Paul Claudels und dem »Großen Welttheater« von Calderón de la Barca – nimmt sein Hauptwerk, die »Theologische Trilogie«, Gestalt an.

Das Oeuvre Balthasars ist ebenso umfang- wie facettenreich. Es umfasst allein über 100 Monografien und zahlreiche Übersetzungen literarischer wie theologischer Werke. Als sein Hauptwerk gilt die »Theologische Trilogie«, bestehend aus der dreibändigen »Herrlichkeit. Eine theologische Ästhetik« (1961–1969), der vierbändigen »Theodramatik« (1971–1983) sowie der dreibändigen »Theologik« (1985–1987).

Das langsame Diminuendo Adriennes

1964 verliert Adrienne wohl als Folge ihrer Diabeteserkrankung ihr Augenlicht. Sie kann keine Bücher mehr lesen. Auch das Stricken ist ihr nicht mehr möglich. Gleichwohl schreibt sie täglich noch mehrere Briefe, vor allem an Ordensfrauen in Deutschland und Frankreich. »Gab die Tinte ihrer Füllfeder nicht an, so blieben oft Zeilen oder auch ganze Seiten weiß und wurden trotzdem abgeschickt.« Schließlich erkrankt sie an Darmkrebs und verbringt die letzten Monate ihres Lebens ans Bett gefesselt. Diese sind »eine einzige grausame Folter«, die sie »mit befriedeter Seele ertrug«. Ihr Sterben, das Balthasar begleitet, ist eines »unter der langsamsten aller Zeitlupen« und kommt einem »unfasslich langsamen Diminuendo« gleich, »das immer noch leiser und leiser« wurde.[39]

Adrienne von Speyr stirbt allein, nachdem sie zwei Tage bewusstlos war. Balthasar sieht abends um elf Uhr nach ihr und legt sich schlafen. Am Morgen des 17. Dezember 1964 ist sie tot. Am Tag ihres 65. Geburtstages wird sie auf dem Grenznacher Friedhof begraben. Nach ihrem Tod verlässt Balthasar das Haus am Münsterplatz und zieht in die Arnold-Böcklin-Straße in ein Haus der Johannesgemeinschaft.

Vom Außenseiter zum Hochdekorierten

Die Zeit des langen und langsamen Verglühens Adrienne von Speyrs war auf der kirchenpolitischen Bühne die Zeit des Aufbruchs. Von 1962 bis 1965 fand in Rom das Zweite Vatikanische Konzil statt. Viele Theologen sind vor Ort in der ein oder anderen Weise involviert und stehen den Konzilsvätern beratend zur Seite. Darunter auch der Jesuitenpater Karl Rahner, über den im nachfolgenden Kapitel zu lesen sein wird. Nicht so Balthasar. Er, dessen theologische Schau des Schönen, Guten und Wahren nicht in das enge Raster der schultheologischen Gewissheiten passt und der namentlich im akademischen Circuit der theologischen Fakultäten nicht verankert ist, bleibt außen vor. Er wird nicht eingeladen. Der Goût des unkonventionellen Außenseiters bleibt ihm.

Kaum aber ist das Konzil zu Ende, verleihen ihm gleich drei Universitäten einen Ehrendoktor, 1980 folgt ein weiterer. Balthasars internationales Renommé steigt, er wird in die den Papst beratende »Internationale Theologenkommission« berufen, er bekommt zahlreiche Preise, darunter auch den Romano-Guardini-Preis (München) und den Mozart-Preis der Goethe-Stiftung (Basel).

In seinem »Bekenntnis zu Mozart« kontrastiert Balthasar die ungeheure Leichtigkeit der Musik Mozarts mit der Angestrengtheit der Musik Beethovens und Bachs. Während man bei Beethoven stets die Schweißtropfen spüre, die sie diesen gekostet habe, und man bei Bach die Arbeit sehe, die hinter so viel Tektonik stecke, scheine das Werk Mozarts ganz ohne jede Anstrengung entstanden zu sein. Ja, es atme gleichsam den Geist und den Adel der paradiesischen Urzelt – jener Zeit, in welcher der Mensch noch nicht im Schweiße seines

Angesichts für sein täglich Brot arbeiten und unter Schmerzen gebären musste. Niemand, so fährt Balthasar fort, könne »bei Mozart das Fluidum eines süßen, unendlich jugendlichen Eros verkennen«, der sich wie ein »starker betörender Duft« durch alles ergießt.[40]

Die Ehrendoktorate, die Preise, die internationale Resonanz und Anerkennung ändern nichts an seiner Unbeirrtheit und seinem trotzigen Beharren auf der bleibenden und unwiderruflichen Symbiose seines Werkes mit dem Adrienne von Speyrs. Er wird als ihr Nachlassverwalter zum Rufer in der Wüste; seine Kritiker sprechen von Nibelungentreue und Verblendung. Er spricht aus, was ihn schmerzt: die allgemeine Gleichgültigkeit ihrer Begabung gegenüber, die bereits zu Lebzeiten Platz griff. Keine Zeitung – abgesehen vom Luzerner »Vaterland« – habe ihr einen Nachruf gewidmet. Die überaus seltenen Rezensionen ihrer Bücher blieben »meist farblos«, niemand habe sich kompromittieren wollen.[41]

Balthasars Dilemma

Balthasar setzt alles daran, das Werk Adrienne von Speyrs zu bewahren, und vor allem sucht er, ihre Seligsprechung zu erwirken. Vergebens. Auch das 1985 in Rom veranstaltete Internationale Kolloquium vermag nichts auszurichten. Die zuständigen Kirchenorgane verweigern sich weiter hartnäckig dem Anliegen. Als Balthasar am 28. Mai 1988 von Papst Johannes Paul II. zum Kardinal ernannt wird, wird gemutmaßt, es handle sich um eine freundliche, kompensatorische Geste des Kirchenoberhauptes. Kardinaler Purpur für ihn als Trostpflaster für die ihr verweigerte Seligsprechung. Balthasar, der ein Leben lang trotzig reklamiert hat, nur eine Hälfte eines Ganzen zu sein, kann eine solche Auszeichnung nicht zurückweisen. Das wäre ein Affront, der einem Sohn der Kirche nicht ansteht. Doch er ist überzeugt: »Im Ganzen habe ich theologisch mehr von ihr erhalten als sie von mir, obwohl das genaue Verhältnis nicht aufgerechnet werden kann.«[42]

Balthasar löst das Dilemma auf seine Weise. Zwei Tage bevor Papst Johannes Paul II. ihm in Rom den Kardinalshut aufsetzen kann, stirbt er am 26. Juni 1988 im Alter von 83 Jahren. Er wird auf dem Friedhof der Luzerner Hofkirche begraben. Beim Requiem in der Hofkirche predigt Joseph Kardinal Ratzinger, der heutige Papst Benedikt XVI., und sagt: »Irgendwie erscheint er bestätigt durch den Ruf ins andere Leben (...). Er durfte ganz er selber bleiben.«[43]

Postscriptum 1

In Basel, der Grenzstadt am Rhein, treffen nicht nur die Zufahrtsstraßen von Adrienne von Speyr und Hans Urs von Balthasar zusammen. Ihre Wege kreuzen sich hier – wie Barths Biograf gezeigt hat und dessen Ausführungen wir hier folgen – auch mit jenem Paar, das im vorherigen Kapitel porträtiert wurde: mit Karl Barth und Charlotte von Kirschbaum, die zusammen mit der Ehefrau Karl Barths in einer Ménage à trois leben.

Der Katholik Hans Urs von Balthasar und der Protestant Karl Barth teilen nicht nur die tiefe Bewunderung für die Musik Mozarts. Sie sind beide von einem theologischen Eros getrieben, der sie auch ins (ökumenische) Gespräch miteinander bringt zu einer Zeit, als das alles andere als Mode ist, und das, obschon Balthasar, wie sein Neffe bemerkt, in Basel den Ruf des »Konvertitenmachers« hat. Barth mutmaßt in einem Brief an seine Söhne aus dem Jahr 1953, er und seine Theologie würden durch Balthasar gar noch als »trojanisches Pferd in die römische Theologie« eingeführt, wobei er doch nicht verkennt, dass Balthasar ihm ein »kritisch-verbesserndes Schwänzlein« anzuhängen pflege.[44]

Anfang der 1940er-Jahre besucht Balthasar Barths Seminar an der Universität über das Konzil von Trient – der katholischen Antwort auf die Reformation. Barth berichtet seinem Sohn Christoph, der Studentenseelsorger Balthasar habe den zweiten Band der Barth'schen Kirchlichen Dogmatik nicht nur gelesen, sondern schleppe ihn in seiner Mappe mit sich herum »wie eine Katze ihr Junges«[45]. Ende der Vierzigerjahre hält Balthasar in Basel mehrere Vorträge über Karl Barth, der es sich wiederum nicht nehmen lässt, wenn irgend möglich, anwesend zu sein. Zur Nachlese und Manöverkritik trifft man sich in einer Weinschenke am Basler Spalentor, wo auch Charlotte von Kirschbaum anwesend ist.

Auch sonst kennen sich die Gefährtinnen Adrienne von Speyr und Charlotte von Kirschbaum und sind mit von der Partie. 1948 reist das »Quartett« gemeinsam von Basel nach Einsiedeln, wo man im Haus Joseph Fraefels, dem Studienfreund aus Wiener Tagen und Mitbegründer des Johannesverlags, einen ganzen Tag lang nichts anderes tut, als gemeinsam Mozartplatten zu hören und abschließend, so Barth, »unseren seltsamen Freund« bei der Messfeier in der Gnadenkapelle von Einsiedeln »zu bewundern«[46]. 1956 fährt man zusammen nach Paris zur Promotion des Jesuitenpaters Henri Bouillard, der über Barth doktoriert. Und selbst gute 20 Jahre später sehen wir Balthasar und Barth im Februar 1968 Seite an Seite einen Vortrag halten, wobei die Tatsache, dass bei dieser Veranstaltung zweimal Mozart gespielt wurde, Barth nicht unerheblich freute.

Postscriptum 2

Noch eine andere Paarung dieses Buches kreuzt die Wege Hans Urs von Balthasars, wenn auch nicht in Basel, sondern »nur« im Tintenraum der theologischen Scharmützel und menschlichen Rankūne. Es ist die Rede vom Jesuitenpater Karl Rahner, den Balthasar 1966 in seiner Schrift »Cordula oder der Ernstfall« scharf angegriffen hat. Karl Rahner, von dessen Gratwanderung mit der Schriftstellerin Luise Rinser in diesem Buch im folgenden Kapitel noch ausführlich die Rede sein wird, war damals durch Balthasars Anwürfe tief getroffen, was in den Briefen Luise Rinsers nachhallt. Im Oktober 1966 schreibt sie: »Dass (Urs von) Balthasar dich so angreift, verstehe ich nicht ganz (…). Ich meine aber, dass es Balthasar zwar um die Sache selbst geht, aber dass er auch ein wenig neidisch ist auf deine Weltgeltung, die er nicht hat, obgleich er wirklich gescheit und auch wissend ist.«[47] Als Rahner in den 1980er-Jahren erneut zur Zielscheibe Balthasar'scher Kritik wird, reagiert Rinser ungehalten: »Eine gescheite Ingenbohler Schwester (Lehrerin) schrieb mir empört, Ratzinger und der Urs v. Balthasar haben dich wieder angegriffen. Strecke ihnen die Zunge raus und sag laut: ›Ihr könnt mich …‹«[48]

Verwendete Literatur

Die Querverbindungen zu Karl Barth verdankt dieses Kapitel ganz der Biografie Eberhard Buschs.

Quellen

Adrienne von Speyr, Aus meinem Leben. Fragment einer Selbstbiografie. Hg. und eingeleitet von Hans Urs von Balthasar. Einsiedeln 1968

Adrienne von Speyr, Aussagen über sich selbst, in: Hans Urs von Balthasar, Erster Blick auf Adrienne von Speyr. Einsiedeln 1968 (1989[4]), S.101–172

Adrienne von Speyr, Erde und Himmel. Ein Tagebuch in 3 Bänden. Hg. von Hans Urs von Balthasar. Einsiedeln 1976

Adrienne von Speyr, Das Themenheft. Hg. von Hans Urs von Balthasar. Einsiedeln 1977

Adrienne von Speyr, Arzt und Patient. Hg. von Hans Urs von Balthasar. Einsiedeln 1983

Hans Urs von Balthasar, Abschiedsbrief an die Gesellschaft Jesu (1950), abgedruckt in: Elio Guerriero, Hans Urs von Balthasar. Eine Monographie. Freiburg i. Br. 1993, S.402–408

Hans Urs von Balthasar, Karl Barth. Darstellung und Deutung seiner Theologie. Köln 1951 (Einsiedeln 1976[4])

Hans Urs von Balthasar, Warum ich Priester wurde (1961), abgedruckt in: Elio Guerriero, Hans Urs von Balthasar. Eine Monographie. Freiburg i. Br. 1993, S.399–401

Hans Urs von Balthasar, Rechenschaft (1965), in: Mein Werk. Durchblicke. Freiburg i.Br. 1990

Hans Urs von Balthasar, Erster Blick auf Adrienne von Speyr. Einsiedeln 1968 (1989[4])

Hans Urs von Balthasar, Unser Auftrag. Bericht und Entwurf. Einsiedeln 1984

Adrienne von Speyr und ihre kirchliche Sendung. Akten des Römischen Symposiums im September 1985, hg. von Hans Urs von Balthasar, Georges Chantraine, Angelo Scola. Einsiedeln 1986

Hans Urs von Balthasar, Eine letzte Rechenschaft, in: Hans Urs von Balthasar. Gestalt und Werk, hg. von Karl Lehmann und Walter Kasper. Köln 1989, S.12–17

Hans Urs von Balthasar, Die Entwicklung der musikalischen Idee: Bekenntnis zu Mozart. Studienausgabe Hans Urs von Balthasar, hg. von Alois M. Haas. Bd.1, Freiburg i.Br. 1998

Übersetzung Hans Urs von Balthasar

Paul Claudel, Der Seidene Schuh oder Das Schlimmste trifft nicht immer ein. Übersetzt und mit einem Nachwort versehen von Hans Urs von Balthasar. Salzburg 1939

Sekundärliteratur

Hans Urs von Balthasar-Stiftung (Hg.), Adrienne von Speyr und ihre spirituelle Theologie. Symposion zu ihrem 100. Geburtstag. Freiburg i.Br. 2002

Eberhard Busch, Karl Barths Lebenslauf. Nach seinen Briefen und autobiografischen Texten. München 1978[3]

Maximilian Greiner, Die Johannesgemeinschaft. Ein Gespräch mit Cornelia Capol und Martha Gisi, in: Hans Urs von Balthasar. Gestalt und Werk, hg. von Karl Lehmann und Walter Kasper. Köln 1989, S.133–151

Elio Guerriero, Hans Urs von Balthasar. Eine Monografie. Einsiedeln 1993

Peter Henrici (Hg.), Hans Urs von Balthasar – ein großer Churer Diözesan (Schriftenreihe der Theologischen Hochschule Chur 7). Freiburg i.Ue. 2005

Peter Henrici, Hans Urs von Balthasar im Blickfeld. Freiburg i.Br. 2008

Peter Henrici, Hans Urs von Balthasar – Aspekte einer Sendung. Freiburg i.Br. 2008

Mauro Jöhri, Hans Urs von Balthasar (1905–1988) – Eine katholische ›dialektische Theologie‹, in: Gegen die Gottvergessenheit. Schweizer Theologen im 19. und 20. Jahrhundert, hg. von Stephan Leimgruber – Max Schoch. Freiburg i.Br. 1990, S.420–439

Thomas Krenski, Hans Urs von Balthasars Literaturtheologie. Hamburg 2007

Karl Lehmann – Walter Kasper (Hg.), Hans Urs von Balthasar. Gestalt und Werk. Köln 1989

Werner Löser, Kleine Hinführung zu Hans Urs von Balthasar. Freiburg i.Br. 2005

Das Leuchten im Antlitz Jesu. Zum 100. Geburtstag von Hans Urs von Balthasar: ein Gespräch mit Professor Eugen Biser, in: http://theodor-frey.de/biser.htm

Joseph Ratzinger, Ein Mann der Kirche in der Welt, in: Hans Urs von Balthasar. Gestalt und Werk, hg. von Karl Lehmann und Walter Kasper. Köln 1989, S.349–355

Luise Rinser, Gratwanderung. Briefe der Freundschaft an Karl Rahner. Hg. von Bogdan Snela. München 1994

Johann G. Roten, Die beiden Hälften des Mondes. Marianisch-anthropologische Dimensionen in der gemeinsamen Sendung von Hans Urs von Balthasar und Adrienne von Speyr, in: Hans Urs von Balthasar. Gestalt und Werk, hg. von Karl Lehmann und Walter Kasper. Köln 1989, S.104–132

Paola Ricci Sindoni, Adrienne von Speyr e Hans Urs von Balthasar, in: Horeb 8 (1999) 48–52

Michael Schulz, Hans Urs von Balthasar begegnen. Augsburg 2002

Anton Štrukelj, Hans Urs von Balthasar und Adrienne von Speyr: Die Einheit zweier Werke, in: Franz Lackner – Wolfgang Mantl (Hg.), Identität und offener Horizont. Festschrift für Egon Kapellari. Wien 2006, S.473–488

Internetadressen

www.balthasar-stiftung.org

www.vonspeyr.net

Gratwanderung und Absturz

Luise Rinser (1911–2002) und
Karl Rahner (1904–1984)

Gratwanderungen verlaufen, wie der Name besagt, auf einem Grat und der ist meist sehr schmal und vor allem nahe am Abgrund – und das auf zwei Seiten. Ein jeder, der sich dort bewegt, muss sich im Klaren darüber sein: Man kann abstürzen. So geschehen in diesem Fall.

Acht Jahre vor ihrem Tod veranlasst die Schriftstellerin Luise Rinser – gebürtige Oberbayerin, seit Anfang der 1960er-Jahre in Rom selbst und später dann vor den Mauern Roms in Rocca di Papa lebend – die Veröffentlichung ihrer Briefe an Karl Rahner unter dem Titel »Gratwanderung. Briefe einer Freundschaft« (1994). Karl Rahner ist nicht irgendwer, sondern die unbestrittene Autorität und integre Lichtgestalt der katholischen Theologie des 20. Jahrhunderts. Der aus Freiburg im Breisgau stammende Jesuitenpater lehrt nicht nur während langer Jahre als Professor für Dogmatik und Religionsphilosophie an österreichischen und deutschen Universitäten. Er nimmt auch als theologischer Berater am Zweiten Vatikanischen Konzil teil, welches von 1962 bis 1965 in Rom stattfindet.

Eine Publikation sorgt für Wirbel

Rinser ist mit ihrer Edition eine kleine Sensation gelungen. Ist doch zumindest einer größeren Öffentlichkeit bis dato nichts bekannt von einer wie auch immer gearteten Verbindung der beiden. Man hatte lediglich zur Kenntnis genommen, dass »die« Rinser sich im Gegensatz zu anderen Schriftstellern während der 1960er- und 1970er-Jahre zu theologischen und namentlich katholisch-kirchlichen Themen im engeren Sinn exponiert hatte, weshalb sie (zu ihrem eigenen Leidwesen) auch als »katholische« Schriftstellerin wahrgenommen wurde.

Dies ändert sich schlagartig durch diese Briefpublikation sowie durch die im selben Jahr erscheinende Autobiografie Rinsers »Saturn auf der Sonne«, in welcher sie ihrer sich überschneidenden Beziehung zu Karl Rahner und einem weiteren Ordensmann M.A. je ein eigenes Kapitel (»Fisch Herz Baum« und »Beweinung«) widmet. Der Briefwechsel sorgt namentlich in Kirchen- und Theologenkreisen für ziemlichen Wirbel. Während man sich mit öffentlichen Mutmaßungen über die Identität von M.A. gänzlich zurückhält – sie zu lüften war und ist aber jedem theologisch Versierten angesichts der unzähligen gezielten (?) Andeutungen ein Leichtes –, gerät lediglich Rahner ins Zwielicht.

Eine chronique scandaleuse – oder: Karl Rahner im Zwielicht

Er, der durch seine Tätigkeit als theologischer Lehrer auf den Lehrkanzeln in Innsbruck, München und Münster i.W. ebenso wie durch seine nahezu unzählbaren, ebenso monumentalen wie gewichtigen Publikationen mehrere Generationen von Theologen und Klerikern nachhaltig geprägt hat, der mit mehr als einem Dutzend Ehrendoktoraten hochdekoriert ist und in weiten Teilen der katholischen Kirche ebenso großes Ansehen wie Autorität genießt, scheint plötzlich Teil einer (vermeintlichen) chronique scandaleuse gewesen zu sein.

Das Oeuvre Karl Rahners ist so umfangreich, dass die 1995 begonnene Werkausgabe 32 Bände umfassen wird. Zu seinen Hauptwerken zählen unbestritten die zwischen 1954 und 1984 in Folge erschienenen, 16 Bände umfassenden

»Schriften zur Theologie«. Rahner war auch Herausgeber der zweiten Auflage des zehnbändigen »Lexikon(s) für Theologie und Kirche« (1957–1968) sowie der Titel »Kleines theologisches Wörterbuch« (1961) und »Kleines Konzilskompendium« (1966). Letzteres gab sämtliche Texte des Zweiten Vatikanischen Konzils erstmals in deutscher Übersetzung wieder und erscheint mittlerweile in der 35. Auflage. 1976 publizierte er seine Einführung in den Begriff des Christentums unter dem Titel »Grundkurs des Glaubens«.

Denjenigen unter den Theologen, die Rahner (schon immer) theologische Rabulistik und häretische Energie unterstellten, ist die Edition des Briefwechsels eine willkommene Gelegenheit, um seine bis dahin unbestrittene moralische Integrität als Mensch und Theologe zu desavouieren. Wer immer nun den Briefwechsel Rinser-Rahner zur Sprache bringt, setzt sich dem Verdacht aus, diesen Demontage- und Herabsetzungsversuchen zuzuarbeiten und zum Sturz des Denkmals beizutragen. Selbst der Verlag, »der diese Veröffentlichung veranstaltete«, wurde an den Pranger gestellt mit dem Hinweis, dass in vorkonziliarer Zeit so etwas »kaum zu erwarten gewesen« wäre. Aber auch Luise Rinser wurde nicht geschont ob dessen, was sie da angestellt hatte, wobei nicht deutlich wurde, was man denn mehr missbilligte: die Tatsache ihrer Verbindung zu Rahner oder deren Öffentlichmachung.

Was umfasst der Briefwechsel der beiden, der, schon was den Umfang angeht, beachtlich zu nennen ist? Allein Rahner hat von 1962 bis zu seinem Tod über 1800 Briefe und Postkarten an die Poetessa geschrieben, wobei die Hoch-Zeit des Austausches in den Jahren 1962 bis 1966 liegt, in denen manchmal bis zu fünf Briefe am Tag ausgetauscht werden. Unter dem Titel »Gratwanderung« gelangte freilich »nur« eine Auswahl von Rinsers Briefen an Rahner zur Publikation. Seine Briefe blieben unter Verschluss. Der Jesuitenorden untersagte ihre Publikation, was einen Rahner wohlgesinnten Rezensenten veranlasste zu fragen: Schützt der Orden Rahner vor dessen Kirche?

Die Schriftstellerin, »M.A.« und der Herr Professor

Wenn nachfolgend die während vier Jahren besonders intensiv gelebte Gratwanderung der Schriftstellerin Luise Rinser und des Theologieprofessors Karl Rahner zur Darstellung kommt, so leidet diese unter jenem Makel, der nachgerade zwangsläufig mit dem Publikations-Veto des Jesuitenordens einhergeht. Muss sie doch in Ermangelung der Rahner'schen Briefe der Optik Luise Rinsers und Rahners unmittelbarem Widerhall darin vertrauen und folgen, ohne diese in der Gegenüberlieferung verifizieren respektive abgleichen zu können.

Auch steht Rinsers im Jahr 2005 geschriebene Autobiografie (2.Teil) und ihre darin kolportierte Deutung ihrer Dreieicksbeziehung zu den beiden Ordensmännern in einer gewissen Spannung zu den veröffentlichten Briefen. Im autobiografischen Rückspiegel wirken die Gewichte bisweilen etwas anders verteilt. Manches erscheint in einem weicheren Licht, und nicht alle dort gezogenen Schlüsse sind durch die publizierten Briefe gedeckt.

Als Luise Rinser im Frühjahr 1962 den Kontakt zu Karl Rahner sucht, ist die 51-Jährige eine bekannte und erfolgreiche Schriftstellerin, der jedoch von intellektuellen Kreisen, und namentlich dem deutschen Feuilleton, die Anerkennung versagt wird. Sie hat mehrere Beziehungen und drei Ehen – mit Horst Günther Schnell, Klaus Hermann, Carl Orff – hinter sich und ist alleinerziehende Mutter von zwei Söhnen. Ihre Verbindung zu dem Ordensmann M.A. währt 1962 bereits sieben Jahre. In ihr Leben getreten war er auf ganz ähnliche Weise wie später Karl Rahner. Rinser bat M.A. um eine Unterredung, die im Dezember 1955 im Sprechzimmer seines Klosters stattfand. Sie wollte ihn zu ihrem geistlichen Führer machen, doch er fühlte sich dazu »ganz und gar nicht geeignet« und lehnte ab. »Dass«, so Rinser in ihrer Autobiografie, »zwischen uns Liebe war, wurde M.A. nicht sofort klar. Er hatte ja keine Erfahrung. Der Pfeil hatte ihn hinterrücks getroffen. Er spürte nicht, wie tief er eingedrungen war.«[1] Rinsers dritter Ehemann, der Komponist Carl Orff, lässt sich aus diesem Grund 1960 von ihr scheiden. Die Bürde, Scheidungsgrund zu sein, will M.A. jedoch nicht tragen und verschließt sich zunehmend. Mehr noch, er entzieht sich ihr. Das Jahr 1962 war, so Rinser im Rückblick, die Zeit »meiner tiefen verworrenen Leiden um ›M.A.‹«[2].

Karl Rahner ist im Jahr des Zusammentreffens mit Luise Rinser knapp 58 Jahre alt und gehört seit 40 Jahren dem Jesuitenorden an. Seine Theologenlaufbahn verläuft zunächst alles andere als glatt. Nach den bei den Jesuiten üblichen langen Jahren des Studiums der Philosophie und Theologie macht er sich an seine Doktorarbeit – die zunächst abgelehnt wird. Rahner geht seinen Weg trotzdem. Er promoviert und habilitiert schließlich erfolgreich und wird zunächst Dozent für Dogmatik in Wien, worauf Jahre in München folgen. Im Alter von 38 Jahren wird er nach Innsbruck berufen und an der Seite seines (Theologen-)Bruders Hugo Rahner ordentlicher Professor für Dogmatik und Dogmengeschichte, wo er im Februar 1962 immer noch lebt und lehrt.

Erstes Treffen im »Grauen Bären« in Innsbruck

Das erste Treffen findet auf Bitten Rinsers, die an einem (freilich nie zustande gekommenen) Text über »Frau und Askese« arbeitet, am 27. Februar 1962 in Innsbruck statt. Man hat sich mittags um 12 an der Pforte des Jesuitenkollegs in der Sillgasse 6 verabredet. Doch der Mann, der dann vor ihr steht, entspricht so gar nicht ihrer Erwartung eines »hochgewachsenen, hageren, strengen Mann(es)«. Stattdessen steht der Professor »klein und unscheinbar«, »unterm Arm zusammengeknautscht einen Regenmantel« und »an der Hand eine Mappe«, vor ihr. Man geht zusammen in den »Grauen Bären« essen. Rinser redet, Rahner hört zu. Schnell kommt man vom Askese-Problem auf das eigentliche Lebensproblem der Schriftstellerin zu sprechen: ihre schwierige Liebe zu einem Ordensmann (M.A.), der sie »entsetzlich quälte«, indem er sie »zurückstieß, sich wieder näherte, um das Spiel von Neuem zu beginnen mit immer höherem Einsatz«.[3]

»Wuschel« und »Fisch«

Das Gespräch im »Grauen Bären« im Februar 1962 ist der Auftakt zu einem während vier Jahren überaus intensiv geführten (Gedanken-)Austausch zwischen der Schriftstellerin und dem Jesuitenpater Karl Rahner. »Auf den Knien des Herzens« bedankt sich Rinser für die gewährte Unterredung, die in ihrer Erinnerung acht Stunden gedauert hat. In ihrem Dank klingt an, was später immer wieder – selbst in Zeiten der Entfremdung und des Haderns – im Briefwechsel greifbar wird: ihre immense

Bewunderung für Rahners Intellekt, für sein geistig-geistliches Format und seine tiefe Frömmigkeit. Der Ton zwischen beiden ist anfangs noch eher förmlich – sie nennt ihn »Verehrter Pater Rahner«, dann »Lieber Pater Rahner«, und er scheint sie mit »Liebe Luise Rinser« angesprochen zu haben.[4]

Doch recht bald wechselt man vom »Sie« zum »Du«. Im März 1962 unterzeichnet Luise Rinser noch mit »Ihre, im Augenblick noch auf einen Namen Wartende«[5], doch bereits im April wird sie ihm zum »Wuschel« und Rahner ihr zum »Fisch«. Den Namen »Wuschel« legt sie selbst Rahner nahe, nannten doch schon ihre Kinder sie so in Anlehnung an das Tier aus der Kindergeschichte »Pu der Bär«, dessen Spuren im Schnee zwar gefunden werden, das aber selbst nie gesichtet wurde. Seinen Kosenamen »Fisch« verdankt der im März geborene Jesuit seinem astrologischen Sternzeichen.

Mit den Kosenamen wird auch der Ton insgesamt vertrauter und intimer. Rinser ist geradezu »verhext« vom »Magier« Rahner und reibt sich verwundert die Augen. »Was tust du mit mir, mein Fisch? Wie sehr ziehst du mich an dich!« Liebesbeteuerungen fließen ihr, die sich von ihm tief in ihrem Innersten berührt fühlt, bereits Mitte April aus der Feder: »Ich hab dich lieb.« Sie sieht sich durch Rahner erlöst von ihrer unglückseligen Bindung an den Ordensmann M.A.: »Du hast mich erlöst von meiner etwas starr gewordenen Askese, die mir M.A. anerzogen hatte zu *seiner* Rettung (nicht zu meiner), und die gewiss gut ist für eine Weile, – ich hab viel gelernt in sechs langen, harten Jahren (es war das Noviziat) –, aber nun, da ich's kann, was da zu lernen war, darf ich wieder locker werden, ein wenig glücklich sein, ganz einfach menschlich und dich liebhaben. Nicht wahr, du verstehst? *Du* hast nicht Angst vor so etwas? Du kannst das. *Du* darfst dir erlauben, die Süßigkeit einer Begegnung anzunehmen.«[6]

»So ungeheuer gemeingefährlich gescheit«

Rinser ist von Anfang an tief beeindruckt von Rahners geistigem Zuschnitt und theologischem Format. Was sie zunächst fast ein bisschen einschüchtert, das erfüllt sie gleichzeitig auch mit Stolz, nämlich dass der »große Karl Rahner«, »der fleischgewordene, höchste geistige Anspruch«, ihr »so bestürzend-beglückend nah« ist. »Wer's mit dir hält, – wer es wagt, sich mit dir einzulassen, der wagt etwas Großes. So nimm also meine Hand und führe mich. Wenn nötig, mit männlicher Gewalt«.[7]

Ein andermal sitzt sie staunend da und fragt sich (und ihn): »Wie kann das denn sein, wie ist das nur möglich, dass der große Karl Rahner (ich meine mit ›groß‹ nicht *nur* deinen wissenschaftlichen Rang) mich gern hat, mir Freund ist, Partner, ich weiß nicht, was alles. Was bin ich denn, dass Gott mir diesen Menschen gab. (...) Wie sehr vertraut ER mir, dass Er mir diesen Karl Rahner, seinen Liebling, gab als Weggefährten zu beiderseitigem Heile.« Nicht nur seine Gedankenschärfe – »so furchtbar grundgescheit« – rühmt sie, sondern sie ist sich auch sicher: »Du schreibst *die* Theologie der nächsten 200 Jahre.« Voller Begeisterung ruft sie ihm zu: »Du bist ein Wurf Gottes! Du bist ihm schön gelungen« und nennt ihn gar den »Aristokrat(en) unter den Intellektuellen«.[8]

Sie selbst wird in diesen Jahren immer wieder Vorträge – sei es im Rundfunk, sei es direkt vor Publikum – zu religiösen Themen halten und auch schriftliche Beiträge verfassen, wovon auch ihr Briefwechsel mit Rahner zeugt. Sie liest viel Einschlägiges, darunter auch Martin Heidegger, der sie aber »allmählich verdrießt«[9]. und natürlich Rahner. Sie ist dabei »schlechthin entzückt« über seine »Art zu denken. Das ist ein Charisma, so gescheit *und* so fromm zu sein. Du bist meine Schatzkammer edler Schätze, du!«[10]. Rahner – so legt zumindest das Echo in den Briefen Rinsers nahe – gibt ihr immer wieder nicht nur Literaturhinweise, sondern sendet ihr auch (sehr viele) Fachbeiträge aus seiner eigenen Feder wie auch von ihm besprochene Schallplatten-Aufnahmen.

Luise Rinser ist wie ein Schwamm, sie saugt alles auf. Sie geht in den »Theologiebriefen« Rahners in die Schule und bescheinigt sich selbst, von der Rahner-Sprache – »ich werde Rahnerisch« – infiziert zu sein. »Du bist ungeheuer (gemeingefährlich ...) gescheit! (...) Du bist für mich überaus anregend. Was alles ich durch dich lerne! Wie anders als früher kann ich, mit Hilfe *deiner* Theologie, mit Menschen reden!« Sie befragt ihn immer wieder zu philosophischen und theologischen Sachfragen. »Du, eine philosophische Frage, die mich brennend beschäftigt: Wie geht das zu, dass man so gänzlich unbestimmte Worte (Begriffe) wie ›Gott‹ oder ›Seele‹ oder meinetwegen auch ›Glück‹ (und so fort) begreift?«.[11]

> Die Aufsätze Luise Rinsers zu theologischen Themen während der 1960er-Jahre tragen unter anderem folgende Titel: Über die Hoffnung (1964); Hat Beten einen Sinn? (1966); Zölibat und Frau (1967); Laie, nicht ferngesteuert (1967); Von der Unmöglichkeit und der Möglichkeit, heute Priester zu sein (1968).

Intellektuelle Akrobatik

Rahner seinerseits erzählt von seinen jeweils gerade aktuellen, im Entstehen begriffenen theologischen Arbeiten, was Rinser nachfragen lässt: »Was macht dein Aufsatz über Objektiv-Subjektiv und umgekehrt? Ritzest du dir deinen Verstand blutig im

Denkgestrüpp?« »*Warum* fällt dir die Arbeit über den Zölibat so schwer? (...) Weil du nicht mehr wagst, Gültiges darüber zu sagen?« Bei aller ungebrochenen und offen gezeigten Begeisterung ist sie dem Theologenkopf auch kritischer Widerpart. Sie äußert Bedenken, nennt manches seiner theologischen Argumente zweifelhaft, tadelt gar seine Art, Theologisches bisweilen wie eine mathematische Gleichung abzuhandeln, und fragt seine »Art der intellektuellen Akrobatik« an: »Warum gebrauchst du Wörter, die kein normaler Mensch versteht???«[12]

Von scheinbar banalen, alltäglichen Dingen schlägt sie den Bogen zu theologisch großen Fragen und hält dem Herrn Professor dabei durchaus kokett den Spiegel vor. So beispielsweise in der »Zigarettenfrage«: »Aber Norbert Westerich sagte, dass es besser für dich sei, nicht zu rauchen. Und wenn ich ›fünf am Tag‹ erlaubte, du aber nicht im Stande bist, bis fünf zu zählen, dann – ja, dann zieh die Konsequenz selbst. Aber dass du dann nicht unleidlich wirst in der Askese, du! Besser zehn Zigaretten am Tag und lieb zum Nächsten sein, als asketisch und ekelhaft. Hab ich recht, oder ist es so??? Dass du für *mich* verzichten willst aufs Rauchen, rührt mich sehr. Natürlich hilft nicht das Nicht-Rauchen, sondern deine Liebe – mein geliebter Herr Theologe! Der Sinn der Askese ist nicht nur, wie K. Rahner sagt, Einübung des Todes; sondern wie Wuschel lehrt (eine große Theologin des 20. Jahrhunderts, leider als Theologin nicht geschätzt), die Bereitwilligkeit zum Lieben, die sich in kleinen asketischen Akten symbolisch ausdrückt.«[13]

Luise Rinser erzählt auch von ihren vielfältigen Begegnungen mit Menschen – etwa mit Martin Buber in Jerusalem, mit Kardinal Döpfner in Rom –, berichtet immer wieder von ihren Besuchen der heiligen Messe, von ihrer Bibellektüre und stellt ihr ganzes Alltagserleben und ganz besonders ihren Austausch mit Rahner vor das Licht des Kreuzes und ihres Gottes: »Ich glaube, meine *eigentliche* Aufgabe ist es, den Leuten zu zeigen, dass der Katholizismus etwas Großartiges, etwas Freies, Heiteres ist.« Und immer wieder bringt sie, die zu dieser Zeit noch voll und ganz in und aus der Mystik des Katholizismus lebt, ihre Sicht auf den Glauben und das Göttliche ein: »Im Übrigen begreife ich, nachts wachliegend, einiges von Gott und warum *seine* Art der Heiligkeit nichts mit der üblichen Vorstellung vom Heiligsein zu tun hat ... Das ist: fromm sein«.[14]

»Sagen Sie mir viel Liebes«

Es ist bereits weiter oben deutlich geworden: Rinser spart bei der Gratwanderung mit Rahner auch nicht mit sich als Frau. Noch keinen Monat nach ihrem Kennenlernen – man hat noch nicht einmal zum »Du« gefunden – gesteht sie: »Ich spare nie mit mir, ich werde *ganz* da sein für Sie und auch für M.A., denn beides ist etwas für sich Ganzes und Heiles. Dass Sie mir in gewisser Weise näher sind als er, weiß ich. Was *er* falsch macht, das machen *Sie* richtig. Ich lege mich ganz vertrauensvoll in Ihre Hand oder wenn die zu klein ist, in Ihren Arm und lasse mich beschützen und wärmen.« »Wenn Sie *können,* sagen Sie mir viel Liebes, und *haben* Sie mich lieb ... ich will Ihnen auch Liebes sagen und tun, denn vielleicht brauchen auch *(sogar!)* Sie das. Sie sind ja nicht so dumm und verbohrt wie M.A., der glaubt, dem lieben Gott etwas wegzunehmen, wenn er seine Gefühle für mich eingesteht, und der glaubt, ich betrüge den lieben Gott, wenn ich jemand Irdisches liebe«.[15]

Im Sommer 1962 bringt sie ihr Unvermögen, eine rein geistliche Gemeinschaft mit Rahner zu leben, zur Sprache und klagt: »Es ist schrecklich von einem Heiligen geliebt zu werden.« Er,

Fisch, würde, so Rinser, »vielleicht aus lauter geistlicher Liebe zu mir mich umarmen, um mir etwas unendlich Liebes zu tun. Aber es wäre nicht dein eigentlicher Wunsch. (...) Fast möchte ich aus lauter Verzagtheit rebellisch werden und fortgehen. (...) Aber sollen wir uns denn nur ›einfach‹ geistlich lieben? Was ist das denn? Ich kann das nicht, weil ich nicht weiß, wie das geht.« Die »Sehnsucht nach dem allerletzten ›Erkennen‹ des anderen« treibt sie um. Doch bei aller verzagten Rebellion besänftigt sie Rahner und wohl auch sich selbst, wenn sie ihn bittet, nicht mehr zu denken, »dass es traurig sei, dass du mir nicht *alles* geben kannst«. Sie beide, so Rinser, würden »das schon zu gestalten, zu tragen, zu erleiden wissen«.[16]

»Ich komm mir vor wie die Geliebte eines Schahs«

Rinsers Interesse an religiösen und theologischen Fragen ist so ausgeprägt und Rahner scheint sich so tiefgehend mit ihr darüber in seinen Briefen ausgetauscht zu haben, dass sie im August 1964 sogar anregt, diese zu veröffentlichen. »Deine Höllenlehre ist faszinierend. Warum schreibst du das nicht öffentlich? Ich *muss* ja doch deine Briefe (abzüglich des Allzu-Privaten) drucken lassen ...! Sonst geht doch sehr viel großartige Theologie einfach verloren. Ich komm mir vor wie die Geliebte eines Schahs, der ihr jeden Morgen einen Brillanten von etwa 1 cm Durchmesser auf den Frühstückstisch legt; jetzt hat sie schon eine ganze Kette; von unschätzbarem Wert ist die, und keine andere Frau auf Erden hat *so* eine (vielleicht noch Teilhards Kusine, die Empfängerin vieler seiner Briefe und wohl auch ›*sein* Wuschel‹ – oder ??).«[17]

Die Schriftstellerin nimmt regen Anteil an allen Weichenstellungen und Ereignissen der Theologen-Vita des Jesuiten. Sie taucht in der 1964 erscheinenden zweibändigen Festschrift zu Rahners 60. Geburtstag »Gott in Welt« unter den Gratulanten auf. Sie zeichnet, wie in einer Rezension des Briefwechsels zu Recht vermerkt, mit viel Witz und luzider Hand ein ganzes Panoptikum an Doktorhüten, als sie ihm im Mai 1964 zum Ehrendoktor der Theologischen Fakultät der Universität Münster gratuliert: »pudelmützige Winterhüte«, beschleifte »für den Frühling«, einen mit einem »Blitzableiter«, einen »für sensible zarte Seelen (mit Schleier!)«, einen Zylinder »für würdige junge Herren«[18]. Sie gratuliert auch zum Reuchlin-Preis, den Rahner im Juni 1965 von der Stadt Pforzheim bekommt.

Auch die Berufung Rahners nach München und seine Ernennung zum Professor für christliche Weltanschauung und Religionsphilosophie im Jahr 1964 sowie die Aufnahme seiner Vorlesungen dort finden im brieflichen Austausch Widerhall. Rahner scheint hin- und hergerissen zwischen Gelingen und Zweifeln. Rinser gibt sich zuversichtlich: »Ich freu mich von Herzen und vom Geiste, dass deine Vorlesungen gelingen, bis jetzt, – und sie werden es weiter tun; der Hl. Geist ist mit im Spiel.« Kurz darauf ermuntert sie ihn: »Ich bet fest für dich, dass deine Vorlesungen gut werden. Sie werden es. Je mehr Lampenfieber ein Schauspieler hat, desto besser wird die Aufführung.« Anfang Mai stellt sie sogar in Aussicht, nach München zu kommen, um »deine erste Vorlesung« dort zu hören.[19]

14 Jahre lang lehrt Rahner bereits in Innsbruck als Professor für Dogmatik, als ihn im Februar 1963 erste Anfragen aus München erreichen. Im November desselben Jahres erfolgt – nachdem er grünes Licht gegeben hat – seine Berufung auf den prestigiösen Romano-Guardini-Lehrstuhl für christliche

Weltanschauung und Religionsphilosophie. Zum Sommersemester tritt Rahner seine Professur in München an. Doch richtig glücklich wird er dort nicht werden. Bereits drei Jahre später wird er nach Münster i.W. auf den Lehrstuhl für Dogmatik wechseln, den er bis zu seiner Emeritierung im Jahr 1967 inne haben wird.

»Dieses Schweigen schrie laut«

Während Luise Rinser sich im Sommer 1962 vor Rahner niederwirft (»auf den Knien meines Herzens«[20]), treten römische Kirchenkreise ihn zur selben Zeit mit Füßen. Im Nachgang zu einem Aufsatz Rahners aus dem Jahr 1960 zur Frage, ob die Gottesmutter Maria auch während der Geburt Jesu Jungfrau geblieben sei, verhängt das Heilige Offizium in Rom im Juni 1962 über ihn die römische Vor-Zensur. Im Gespräch erinnert sich Karl Rahner später daran: Kurz vor Konzilsbeginn habe er vom Heiligen Offizium die Verfügung erhalten, dass er fortan nur noch dann etwas Theologisches publizieren dürfe, wenn es vorher durch eine römische Vorzensur gegangen sei. Daraufhin habe er, Rahner, erklärt, dass er dann eben gar nichts mehr schreiben werde. Letztlich löste sich die Angelegenheit aber in Wohlgefallen auf und Rahner konnte weiterhin unbehelligt publizieren. Nicht zuletzt deshalb, weil er nach eigenem Bekunden während des Konzils mit dem Chef des Heiligen Offiziums, Kardinal Ottaviani, »ganz gut ausgekommen« ist. »Und wie das dann in Rom so geht, werden diese Sachen nicht feierlich zurückgenommen, sondern nicht mehr beachtet.«[21]

Auch im Briefwechsel mit Rinser ist die römische Vorzensur ein Thema. Rahner hat ihr, so lässt sich schließen, davon berichtet. Rinsers Reaktion ist gespalten. Einerseits teilt sie seine Empörung und freut sich, dass er – ihr gegenüber – so »heftig zornig und männlich« reagiert habe. Andererseits mahnt sie ihn zur Besonnenheit und rühmt seine »demütige Gelassenheit«. Die Anordnung, so schreibt sie am Pfingstsonntag, werde wohl nicht durchgesetzt werden. Gleichwohl ermahnt sie ihn: »Sei vorsichtig mit Rom, du! Sei diplomatisch. Wir brauchen dich!« Tags darauf kommt Rinser nochmals auf das verordnete Schweigen zu sprechen: »Liebster Fisch, weißt du, es wäre gar nicht so schlecht, wenn ›die‹ dich wirklich nicht mehr schreiben ließen, d.h., wenn du nicht mehr schriebest. Es entstünde ein tiefes Schweigen (einerseits), und dieses Schwiegen schrie laut! Und (andererseits) aber würden viele sich laut äußern zu diesem Fall, und das gäbe dann viel Ärger für die Verbietenden«.[22]

Das Zweite Vatikanische Konzil wurde am 11. Oktober 1962 nach drei Jahren Vorbereitungszeit von Papst Johannes XXIII. eröffnet. Sein Ziel war die umfassende Erneuerung der katholischen Kirche. Während vier Sitzungsperioden berieten die 2540 Konzilsväter unter anderem über die Anerkennung der Religionsfreiheit und die Öffnung der katholischen Kirche gegenüber anderen christlichen Kirchen und nicht christlichen Religionen. Unterstützt wurden die Konzilsväter durch theologische Berater (»periti«). Unter ihnen war auch der Theologieprofessor Karl Rahner, der als persönlicher Berater von Kardinal Franz König (Wien) und als offizieller Konzilstheologe am Konzil teilnahm und Stellungnahmen, Gutachten und eigene (Gegen-)Entwürfe zu Sachthemen erarbeitete. Das Konzil dauerte drei Jahre. Es fand am 8. Dezember 1965 unter Papst Paul VI. – er war im Juni 1963 nach dem Tod Papst Johannes XXIII. zu dessen Nachfolger bestimmt worden – seinen feierlichen Abschluss. Bereits vier Tage später, am 12. Dezember 1965, hielt Rahner im Herkulessaal der Residenz in München einen Vortrag über »Das Konzil – ein neuer Beginn«.

Konzilsjahre in Rom (1962–1965)

Luise Rinser freut sich auf das Konzil und das, was es als Verheißung mit sich bringt – im Theologischen wie im Privaten. Ermöglicht es doch eine räumliche Nähe zu Rahner, die sie ungeduldig herbeisehnt. »Was wird aus *mir* so nah bei Dir, monatelang! (M-o-n-a-t-e-l-a-n-g! Hörst du! Unausdenkbar herrlich!) Gott gebe, dass das Konzil lange lange sich hinzieht. Jahre, ›Jahrende?‹, wie Karl Valentin sagte.«[23]

Während der Konzilsjahre ist aber nicht nur Karl Rahner als theologischer Berater oft in Rom, sondern auch der Dritte auf ihrer Gratwanderung: der Ordensmann M.A. Er ist zwar nicht zum offiziellen Sachverständigen berufen, doch nimmt er als Abt am Konzil teil. Rinser, die zu dieser Zeit noch am Fuß des Aventin an der Piazza Albania wohnt, besucht jeden Morgen im nahe gelegenen Konvent Sant' Anselmo die Morgenmesse, die M.A. dort zelebriert.

Sie, die Rahner um seine aktive Rolle auf dem Konzil beneidet, beobachtet das konziliare Geschehen aus nächster Nähe und gleichsam in offizieller Mission. Sie ist als akkreditierte Journalistin für das deutsche Blatt »Welt am Sonntag« Sonderberichterstatterin vom Konzil. »Gestern«, so berichtet sie Rahner im September 1962, »rief mich zu allem hin die ›Welt am Sonntag‹ (in Hamburg) an, ich sollte sofort einen Aufsatz (5 Schreibmaschinen-Seiten) zum Konzil schreiben. Ich wollte nicht. Ist ja so viel schon da. Und jetzt im letzten Augenblick ... Sie boten mir 500

DM. Nun ja. Und ich hab ja Material genug. Also schreib ich's halt, und jetzt macht mir's sogar Spaß. Ich hab *natürlich* auch dich genannt, weil du nämlich heute im ›Osservatore Romano‹ stehst unter den 200 periti, den theologischen Sachverständigen (...). Und ich zehre auch von deinem Aufsatz in den ›Stimmen der Zeit‹ und vom ›Kleinen Theologischen Wörterbuch‹.«[24] Rahner und Rinser sind in Rom des Öfteren – unabhängig voneinander – zusammen eingeladen, sei es bei Freunden, sei es beim Deutschen Vatikan-Botschafter. Niemand, so Rinser in ihrer Autobiografie, habe geahnt, dass sie »Komparsen waren in einem stillen, heilig-unheiligen Drama«[25].

M.A. geht Rinser in Sachen Konzil sogar zur Hand und diese berichtet Rahner davon im November 1964: »(...) am Morgen bat mich M.A. etwas für ihn zu tippen, für ›sein‹ Schema. Ich tippte (...) aus einer mir völlig unbekannten, noch dazu englischen Handschrift (...), ich las Korrigiertes, Durchgestrichenes, tippte (und las) Latein, mir fremde termini technici der Ostkirche usw., jeweils sechs Kopien, zehn Seiten. Ich tippte von neun Uhr bis um halb zwei ohne Unterbrechung, nachher flimmerte mir alles vor Augen.«[26]

Kirchenpolitisch wichtige Ereignisse wie auch private Begegnungen und Überlegungen rund um das Konzil sind immer wieder Gegenstand ihres brieflichen Austausches. Ist doch Rahner nicht ununterbrochen, sondern namentlich um die Sitzungsperioden herum in Rom. Im Vorfeld des Konklaves zur Wahl des neuen Papstes – Johannes XXIII. war am 3. Juni 1963 gänzlich unerwartet verstorben – erzählt Rinser am 16. Juni von ihrem Treffen mit dem Konzilsvater Kardinal Döpfner und ihrer Unterhaltung über die bevorstehende Papstwahl: »Ich sagte gestern, ich tippte auf Montini und Lercaro, aber ich meinte, auch die seien nicht ganz die Richtigen. Da rief Döpfner: ›Wenn Ihnen *die* nicht einmal passen, dann müssen Sie sich einen backen.‹«[27]

Rinser lag mit ihrem Tipp genau richtig. Am 21. Juni 1963 wurde der Erzbischof von Mailand, Giovanni Battista Montini (1897–1978), zum Nachfolger Johannes XXIII. gewählt. Er gab sich den Namen Paul VI. und führte das Zweite Vatikanische Konzil fort. Furore gemacht hat namentlich seine 1970 erscheinende Enzyklika »Humanae vitae«, die als sogenannte »Pillen-Enzyklika« in die Geschichte eingehen sollte.

»Ich bitte dich, mich weniger zu lieben«

Während der Konzilsjahre besucht Rinser fast täglich die Morgenmesse in Sant' Anselmo, wenn diese von M.A. zelebriert wird. M.A.s Anwesenheit in Rom macht, dass die Poetessa sich ihm wieder vermehrt zuwendet. Rahner, dem »Ansturm seiner Gefühle« erlegen, beginnt gemäß der Erinnerung Rinsers erkennbar zu leiden. Er habe sich zunehmend von ihr getäuscht gefühlt. Die täglichen Messbesuche seien ihm »ein Dorn« im Auge gewesen und er habe »durch immer häufigere Treffen (...) das Seil stärker (zu) knüpfen« gesucht. Bisweilen, so erinnert sie sich rückblickend, sei er »schon am frühen Morgen, unangemeldet, und auch tagsüber« zu ihr gekommen und habe ihr aus Innsbruck »täglich oft zwei oder drei Briefe« geschrieben, in denen seine »verzweifelte Liebe« die »theologischen Inhalte mehr und mehr überdeckte«.[28]

Mehr als zwei Jahre dauert die Gratwanderung der beiden bereits an, als Luise Rinser versucht, die Karten neu zu mischen und gleichzeitig Rahners Gemüt zu besänftigen. »Traurig bist du. Ach Fisch. Du wartest auf ein Wort von mir. Ich weiß auch welches (...). Ist's nicht doch bloß ein Wort? (...) Ich meine nur: Mein ganzes Zu-dir-Sein ist doch eine Form der Liebe, die sehr edel und schön und hoch gelegen ist. – Dass ich sonst halt ›M.A. die Seine‹ bin, mein Gott – es ist eben so seit 9 Jahren. Keine Katz der Welt beißt diesen Faden ab. Fisch – Lieber –, dir wird von Gott nichts erspart. Vergib, dass ich Medium bin dafür.« Und an Allerheiligen 1965 bittet sie Rahner um »discretio«: »Wenn ich dir jetzt sagen würde, ich bitte dich, mich weniger zu lieben – könntest du gehorchen?«[29]

Der Jesuitenpater steht, schenkt man dem Widerhall in Rinsers Briefen Glauben, während dieser Zeit bereits nahe am Abgrund. Von »tiefer Schwermut« ist die Rede, von seiner Furcht, auch sie – den einen-einzigen Menschen, den er habe – zu verlieren. Auch von abgründiger »Verzweiflung« und tiefem »Schmerz« ist immer wieder die Rede. Doch alles Zureden Rinsers scheint nichts zu nützen. Das Wort vom »Lückenbüßer« steht im Raum. Schließlich gesteht sie ihm im Juni 1966 ein: »Ja (...). Ich weiß doch, wie das ist, wenn du, fast 60 Jahre alt, zum ersten Mal dich öffnest einem Menschen und dich ganz gibst und du ganz vertraust – und der andre dann sagt: ›Aber so hab ich's nicht gemeint.‹ – Ich bin damit nach 2 Seiten hin schuldig geworden, dir und M.A. gegenüber. Damit muss ich eben leben, und du bist also mein ›Gewissenswurm‹, der mich dies nicht vergessen lässt. Aber meinst du, es sei nötig, mich immer wieder darauf hinzuweisen?«[30]

Von Namen und Zeichen

Verlässt man für einen Moment die Binnenoptik Rinsers und blickt gleichsam von »außen« auf die drei Gratwanderer, dann zeigen sich überraschende Parallelen in der Art und Weise, wie die Schriftstellerin das Verhältnis zu ihren beiden Mitwanderern initiiert und orchestriert. Bei beiden ist sie es, die die Initiative ergreift und um theologisches Geleit und Führerschaft in einer Krisensituation bittet. Bei M.A. in der Zeit der Krise mit ihrem dritten Ehemann Carl Orff, bei Rahner in der Zeit der Krise mit M.A.

Beide lässt sie Namen für sich finden. »M.A. nennt (nannte) mich Maria – die Hälfte seines Namens. – Ihnen bleibt ein weites Feld!« Rahner nennt sie »Wuschel«. Mit beiden hat sie sich in vieldeutigen Zeichen verbunden. M.A. steckt ihr auf dem Petersplatz den Ring mit der Gravur seines Monogramms an, und mit Rahner tauscht sie ein Fisch-Baum-Herzmedaillon und das feierliche »Versprechen der Treue«. Die Initiative ging zumindest bei Letzterem von Rinser aus, die Rahner schrieb: »Ich wünsche mir von dir ein kleines goldenes Herz, in dem dies eingraviert ist. Wir machen's in Brixen dann. Willst du? Willst du dann auch so eines? Einen Herzenstausch. Erfinde eine Inschrift dazu!«[31]

Mit beiden Männern hat sie eine Art Geheimcode. Die Code-Wörter lauten »TVB« (Ti voglio bene) mit M.A. und »Beides« mit Rahner. Während in der Anfangszeit Rahner und Rinser mit »Beides« die unmögliche Möglichkeit thematisieren, dem Zölibat treu zu bleiben und doch auch die Liebe zwischen Mann und Frau zu leben, will Rinser in späteren Jahren darunter die Verkörperung respektive Aufspaltung »meines eigenen animus in zwei Männern« verstanden wissen, die beide in ihr »ihr Mädchen«, ihre »anima« gesehen hätten.[32]

Mit beiden feiert sie Privatmessen. Sowohl Rahner wie auch M.A. lesen in der Hauskapelle in ihrem Haus in den Albaner Bergen wiederholt die Messe, wobei auch hier M.A. den Vortritt hatte. Ihm kam das Privileg zu, die erste Messe in der Hauskapelle ihres 1965 bezogenen Domizils in Rocca di Papa vor den Toren Roms zu lesen.

»Etwas, das so nicht hätte sein sollen«

Glaubt man der Spiegelung in den Briefen Rinsers, so werden Rahners Briefe zunehmend zirkulär, je mehr er unter der Dreiecksbeziehung und namentlich der Gewichtsverlagerung zugunsten M.A.s zu leiden scheint. Sie kreisen um das Abkühlen der Beziehung, die veränderte Tonlage, das – vermeintliche oder wirklich zunehmende – Desinteresse an seinen (theologischen wie alltäglichen) Briefen. Seine Vorwürfe treffen Luise Rinser ebenso, wie sie sie ermüden. »Hört das nie auf? Kommt etwas dabei heraus? Ich bin ratlos.« Im Februar 1965 räumt sie ein: »Ich kann eigentlich nur eins mit Sicherheit sagen: dass ich eines Tages entsetzlich erschrocken bin, weil ich merkte, dass ich beinahe zu dir ›übergelaufen‹ wäre, statt M.A. treu zu bleiben. Ob du das verstehst? Der zweite Schrecken kam dazu: dass ich dich in eine Art von Leben hineingezogen habe, die wohl nicht richtig war für dich (...). Da habe ich mir einfach geboten, einen anderen Weg einzuschlagen. Mit Gewalt. Das kann ich«.[33]

Gleichzeitig rechnet sie Rahner aber auch seinen »Anteil« an der verfahrenen Situation vor: »Ja, ich finde, ich habe einiges getan, was ich nicht hätte tun sollen; wegen dir, wegen M.A. und grundsätzlich, du verstehst. Darüber komme ich nicht hinweg. Und dass du mich nicht davon abgehalten hast, rechne ich dir zur ›Schuld‹ an. Ich setze es in ›...‹, weil ich mir nicht klar darüber bin, was ich damit *genau* meine. Aber ich glaube, ich liebe M.A. so sehr, weil er mit aller Härte vermied, den Kreis zu übertreten, der uns vorgezeichnet ist. – Es ist hart für dich (auch für mich, glaub mir), etwas, das so schön war, jetzt doch als etwas, das *so* nicht hätte sein sollen, zu betrachten.«[34]

Die emotionale Distanz zwischen beiden wird zunehmend größer. Luise Rinser ist absorbiert. Der Hausbau in Rocca di Papa und ihre eigenen, nun genuin literarischen Projekte beanspruchen ihre ganze Aufmerksamkeit: »Ich habe große Angst, nicht wieder in die Romanarbeit hineinzukommen. Überhaupt: nicht mehr zur Literatur gezählt zu werden (siehe letzten Brief), und ich flüchte dann zu Gott. – Wenn du auf meine Nöte *auch* einmal wieder eingehen würdest?« Sie ist abweisend. Sie rechtfertigt sich, warum sie am Telefon so zurückhaltend ist: »Übrigens: dass ich neulich am Telefon so kurz war, oh Gott, hast du denn kein Verständnis für die Situation: ich eingeschneit, windumtost, aufs befreiende Taxi wartend, zitternd vor Kälte – meinst du, da kann man lang und lieb telefonieren? Manchmal bist du doch seltsam egoistisch (...) Vergiss nicht, dass ich in der Einsamkeit hause!!!« Sie rechtfertigt sich, warum sie nicht schreibt. Sie rechtfertigt sich, warum sie sich vermeintlich nicht interessiert: »Wieso interessiere ich mich für Theologie nicht mehr?« Und sie warnt Rahner eindringlich. Seine Liebe dürfe nicht zu einer »idée fixe« werden: »Aber ich will nicht, dass du dich (...) fallenlässt. Du tust es fast mit Absicht. Du steigerst dich in den Schmerz. Das ist schlecht«.[35]

Rinsers Bitte und Rahners Beitrag

Bei allem Gut-Zureden und Einhalt-Gebieten insistiert Luise Rinser hartnäckigst darauf, Rahner möge doch etwas über sie als Schriftstellerin schreiben. Mehrfach hakt sie 1966 nach und ist bitter enttäuscht, dass Rahner ihre mehrfach vorgetragene Bitte schweigend übergeht. »Weißt du, ein bisschen wunderts mich schon, dass du einfach mit *keinem* Wort erwähnst, was uns doch einige Schwierigkeiten macht: dass du nicht über mich schreiben willst. (...) Es war immerhin die 1. wirkliche Bitte, die ich an dich richtete, und die blieb unerfüllt – wegen Zeitmangel (*auch*. Du schriebst es.) Ich komme nicht wirklich darüber hinweg. Wenn du mir nicht so viel wert wärest als der, der du bist, so hätte ich ziemlich harte Konsequenzen daraus gezogen.« Im Februar 1967 kommt sie erneut darauf zu sprechen: »Ich muss lächeln, wie du dich vor dem Aufsatz über mich zu drücken versuchst in aller Unschuld. Aber ich erlasse dir ihn nicht«.[36]

Rahner gibt schließlich nach monate- und jahrelangem Zögern nach, und es erscheint 1971 sein Beitrag mit dem Titel »Von der Größe und dem Elend des christlichen Schriftstellers« im Werkheft zum 60. Geburtstag Rinsers. Der Artikel, den Rahner sich abringt, ist merkwürdig blutleer und unpersönlich. Er werde die Problematik der »christlichen« Kunst (und ihre vermeintliche oder wirkliche künstlerische Unzulänglichkeit) sehr allgemein abhandeln, räumt er gleich zu Beginn seines Artikels ein: Denn der Theologe, der er nun einmal sei, könne das Werk Luise Rinsers nicht nach dem ihm eigentlich angemessenen, literarischen Maßstab beurteilen. Sondern er habe, wenn er bei seinem Handwerk und Leisten bleibe, anderes zu sagen. Er könne nur hoffen, dass der Leser selbst die Verbindung zum Werk Luise Rinsers herzustellen vermag. Lediglich im Abgang erlaubt sich Rahner eine persönliche Wendung dort, wo er abschließend Bezug nimmt auf eine Aussage Rinsers, wonach jeder Mensch ein unzerlegbar Ganzes darstelle, das es nur in einem allereinzigen Exemplar gebe. Auch Rinser, so Rahner, »ist selbst ein solches ›unzerlegbar Ganzes‹. Ich weiß nicht, wer gemeint ist mit dem ›per te‹, das Luise Rinser aus Dante in einer Widmung zitiert. Aber sie darf schreiben: per te poeta, per te cristiano«.[37]

Letzte Tage

Nach 1967 dünnt Rinsers dokumentierter und edierter Briefwechsel aus. Es sind im Vergleich zu den ersten Jahren nur mehr magere drei Briefe – zwei aus dem Jahr 1968 und einer aus dem Jahr 1984 – abgedruckt, die letztlich nicht zulassen, sich ein Bild vom Fortgang und der Gestalt ihrer weiteren Beziehung zu machen. Bleiben die verbrieften Fakten: Rahner wechselt 1967 von München nach Münster auf den Lehrstuhl für Dogmatik. 1971 wird er emeritiert und lebt zunächst in München, ab 1981 dann in Innsbruck. Luise Rinser ist viel auf Reisen, ihr Domizil hat sie aber weiter vor den Toren Roms. Ihre letzten Lebensjahre verbringt sie in München.

Der alte Rahner wurde anlässlich seines 80. Geburtstages zu seinen verschiedenen Lebensstationen befragt. Auf die Frage, warum er denn 1922 Jesuit geworden sei, antwortete er mit einem Vergleich. Es sei wie bei einem Mann, den man nach 60 Jahren Ehe frage, warum er denn die Berta und nicht die Andrea geheiratet habe. So ergehe es auch ihm: Er könne es einfach nicht mehr so genau sagen. Allerdings, so fügt er an, wenn er sich vorstelle, dass er Rechtsanwalt geworden wäre, Frau und Kinder gehabt, ein Haus gebaut und schöne Ferien in Tunis gemacht und womöglich noch im »Weltrechtsanwaltsverein« eine Rolle gespielt hätte, dann erscheine ihm gegenüber solch »spießbürgerlicher Banalität« ein Jesuitenleben zehnmal erfreulicher. Doch auch das so ganz andere Leben in einem Orden, so fügt er selbstkritisch an, sei »irgendwo von Sand und Asche, von Unzulänglichkeit und Enttäuschung bedeckt«. Letztlich seien »alle möglichen Leben, wenn man sie vergleicht, etwas mühsam und enttäuschend«[38]. Er selbst habe im Grunde genommen gar nicht

> ein Leben »geführt«, sondern schlicht und einfach Tag für Tag seine Pflicht getan: gearbeitet, geschrieben, doziert. Und in den (wenigen) Ferien, die er sich genommen habe, habe er immer ein schlechtes Gewissen gehabt. In dieser »üblichen Banalität«, so Rahner, habe er versucht, Gott zu dienen.[39]

Das letzte Zusammentreffen der beiden findet eineinhalb Monate vor Rahners Tod statt. Am 11./12. Februar 1984 veranstaltet die Freiburger Katholische Akademie eine Tagung anlässlich des 80. Geburtstages von Rahner, an der auch Rinser teilnimmt. In ihrer Autobiografie erinnert sie sich: »Wir saßen uns gegenüber, durch die Saalbreite getrennt, und unsere Augen ruhten ineinander, und später, im Foyer, nahm er mich vor allen Leuten einfach in den Arm und küsste mich. Öffentlich. Mit der Freiheit der Kinder Gottes.«[40] Eineinhalb Monate später ist Rahner tot. Er stirbt am 30. März 1984. Luise Rinser stirbt 18 Jahre nach ihm am 17. März 2002 in Unterhaching bei München.

Postscriptum

Warum Luise Rinser mit der Veröffentlichung ihrer Briefe zwar ihre Gratwanderung mit dem Jesuitenpater Karl Rahner dem Licht der Öffentlichkeit preisgab und damit sich und ihn der Gefahr aussetzte, ins Zwielicht zu geraten, in Bezug auf den anderen Grat-Mitwanderer, M.A., jedoch Verschwiegenheit wahrte und nur in Kürzeln und Andeutungen sprach, das bleibt ihr Geheimnis. Die Beweggründe dafür hat sie mit ins Grab genommen.

Auch M.A. kann dazu nicht mehr befragt werden. Er starb am 4. April 1995, im Jahr nach dem Erscheinen der Autobiografie Rinsers, in der sie ihrer Liebe zu ihm unter dem Titel »Beweinung« nicht nur ein Denkmal setzte, sondern ihn im Gegensatz zu Rahner auch von jeder Schuld freisprach: »Denke ich mir ein ›Gericht‹ über uns, die Beteiligten an einem Schicksals-Spiel, so würde ich M.A. verteidigen. Er konnte nicht anders handeln. Er war das Opfer seiner klerikalen Verbildung und seines zweispältigen (sic) Charakters. Er hat genug gelitten. Ich beantrage Freispruch. Und ich? Ich bitte um Erbarmen für mich. Aber wenn M.A. ins Purgatorium muss, so will ich ihn begleiten. Ihn. Niemanden anderen.«[41] Rinser sprach M.A. damit nicht nur von jeder Schuld frei. Mehr noch: Sie verknüpfte durch die gewählte Formulierung ihr eigenes Liebesschicksal mit dem ihrer Namensvetterin »Heloise«. Diese hatte ihrem zum Mönch gewordenen Ehemann nachgerufen, was sich in Rinsers Roman »Abaelards Liebe« aus dem Jahr 1991 so liest: »Es tat bitter weh, dass ich so wenig Vertrauen bei dir fand. Ich wäre doch, weiß Gott, ohne Zaudern auf dein Geheiß hin in die Hölle dir vorausgeeilt oder doch nachgestürzt.«[42]

Verwendete Literatur

Quellen

Luise Rinser, Abaelards Liebe. Roman. Frankfurt a.M. 1991

Luise Rinser, Saturn auf der Sonne (Autobiographie Teil 2). Frankfurt a.M. 1994

Luise Rinser, Gratwanderung. Briefe der Freundschaft an Karl Rahner, hg. von Bogdan Snela. München 1994

Karl Rahner, Im Gespräch. Bd. 2 (1978–1982), hg. von Paul Imhof – Hubert Biallowons. München 1983

Karl Rahner, Bekenntnisse. Rückblick auf 80 Jahre, hg. von Georg Sporschill. Wien 1984

Karl Rahner, Von der Größe und dem Elend des christlichen Schriftstellers, in: Luise Rinser. Materialien zu Leben und Werk, hg. von Hans-Rüdiger Schwab. Frankfurt a.M. 1986, S.89–102

Bei den Zitaten aus dem Band »Gratwanderung« von Luise Rinser wurden Hervorhebungen und Sperrungen nicht übernommen, da sie zu zahlreich sind.

Sekundärliteratur

Andreas R. Batlogg (Hg.), Begegnungen mit Karl Rahner. Weggefährten erinnern sich. Freiburg i.Br. 2006

Giuseppe Alberigo, Art. Vaticanum II, in: Lexikon für Theologie und Kirche, hg. von Walter Kasper. Freiburg i.Br. 2001³, Bd.10, Sp.561–566

Hans Martin Barth, Luise Rinsers Briefe an Karl Rahner, in: Lutherische Monatshefte 34 (1995) S.34–36

Herders Kommentar zum Zweiten Vatikanischen Konzil, hg. von Peter Hünermann und Bernd Jochen Hilberath. Freiburg i.Br. 2009

Friedrich W. Kantzenbach, Eine Schriftstellerin-Theologen-Beziehung, in: Deutsches Pfarrblatt 95 (1995) S.186–187

Pamela Kirk, Reflections on Luise Rinsers ›Gratwanderung‹, in: Philosophy and Theology 10 (1997) S.293–300

Ralf Miggelbrink (Hg.), Karl Rahner 1904–1984: Was hat er uns gegeben? Was haben wir genommen? Auseinandersetzung mit Karl Rahner (Theologie: Forschung und Wissenschaft 29). Berlin 2009

Albert Raffelt – Hansjürgen Verweyen, Karl Rahner. München 1997

Selma Polat, Luise Rinsers Weg zur mystischen Religiosität. Glaube erwachsen aus Erfahrung. Mit einem Interview (Literatur – Medien – Religion Bd.2). Münster 2001

Michael Schulz, Karl Rahner begegnen. Augsburg 1999

Herbert Vorgrimler, Karl Rahner – Gotteserfahrung in Leben und Denken. Darmstadt 2004

Herbert Vorgrimler, Karl Rahner verstehen. Eine Einführung in sein Leben und Denken. Freiburg i.Br. 1985

Karl-Heinz Weger, Karl Rahner. Eine Einführung in sein theologisches Denken. Freiburg i.Br. 1986

(o.A.), Wuschel an Fisch, in: Der Spiegel 30 (1994) vom 25. 7. 1994, S.163 B – 164 A

Internetadressen

www.karl-rahner-archiv.de

www.rinser.org

Paare – Passionen – Parallelen

(K)ein Schluss

Die Geschichte und die Geschichten, die von diesen acht Paaren und ihren Passionen zu erzählen waren, kommen hier an ein vorläufiges Ende. Nach dem Gang durch so verschiedene Zeiten und geografische Räume, durch so unterschiedliche Glaubens- und Seelenlandschaften stellt sich das Wissen ein: Eine jede dieser Geschichten steht für sich. Eine jede dieser Geschichten hat ihre ganz eigene Melodie und ihr eigenes Parfum, hat ihr eigenes Gelingen und ihr eigenes Scheitern. Eine jede von ihnen weiß um ein großes oder weniger großes, ein gelungenes oder weniger gelungenes, ein dramatisches oder weniger dramatisches »experimentum passionis« zweier oder dreier Menschen. Dem Wissen um das »Für-sich-Stehen« dieser Geschichten gesellt sich ein »Aufmerken« hinzu. Und zwar dann, wenn man sie aneinanderreiht und eine nach der anderen erzählt und liest. Dann finden plötzlich Töne der einen ihren Widerhall in der Melodie einer anderen Geschichte. Dann klingen Motive und Rhythmen in den Weisen der anderen nach.

Ausbrechen und Aufbrechen

Da ist zum einen das Motiv der Lebenskrisen und der Lebenswenden. Die Menschen, die uns in den Geschichten begegnen, suchen sich und ihren Platz im Leben. Sie suchen auch ihren Platz vor Gott. Sie sind zum Teil rastlos und seelenwund. Sie werden oft nicht satt an dem Ort und in dem Leben, das das ihre ist: der Kaufmannssohn genauso wenig wie der junge Adelige mit Karrierechancen in der Politik oder wie der Ordensmann oder der vielversprechende Theologieprofessor; die Hausfrau und Mutter von sechs Kindern genauso wenig wie die junge Adelige mit der Aussicht auf eine standesgemäße Partie oder die junge Ordensfrau. Ihr Tasten und Suchen, das durch alle Menschen-Jahreszeiten hindurchgeht und gerade nicht auf ein bestimmtes Lebensalter fixiert ist, wird zum »experimentum passionis«, das nicht nur ein biografisches Ausbrechen, sondern auch ein amouröses Aufbrechen und ein religiöser Neuanfang ist.

Das Ausbrechen und das Aufbrechen hat viele Richtungen. Mal ist es ein Aufbrechen aus dem elterlichen Herkunftsmilieu beziehungsweise der eigenen Familie mit Kindern in einen neu zu gründenden Orden (Klara und Franz von Assisi; Johanna Franziska von Chantal und Franz von Sales). Mal ist es ein Aufbrechen aus der bürgerlichen Ehe in eine lebenslang währende Ménage à trois (Karl Barth, Nelly Barth und Charlotte von Kirschbaum). Mal ist es ein Aufbrechen aus der Verwurzelung in einem Orden hinein in eine tiefe Lebenssymbiose, die sich auf ein Drittes – die selbst entworfene, neue ordensähnliche Gemeinschaft – hin öffnet (Adrienne von Speyr und Hans Urs von Balthasar). Mal ist es ein Ausbrechen aus dem Ordensleben in die Ehe als bewusst gewählter Lebensform (Katharina von Bora und Martin Luther).

Die Geschichten zeigen auch: Nicht jedem dieser Aufbrüche ist ein Gelingen vergönnt. Nicht jeder Aufbruch ist zukunftsweisend und Zukunft eröffnend. So mancher ist brüchig. Verletzungen bleiben nicht aus. Enttäuschung stellt sich ein, ebenso wie Kränkung. Das geteilte »experimentum passionis« wird zur nachgetragenen Liebe, der nichts anderes mehr bleibt als das Verstummen angesichts des gefühlten Verrates (Heloise und Abaelard; Luise Rinser und Karl Rahner; Clemens Brentano und Anna Katharina Emmerick und Luise Hensel).

Intimität und Beschämung

Das Motiv der Lebenskrisen und der Aufbrüche ist mit einem zweiten Motiv vermengt: dem der Scham und Beschämung. Es ist nicht nur der gefühlte Verrat und die nachgetragene Liebe, es ist nicht nur das Scheitern, sondern mehr noch das Gelingen und Glücken, das in unseren Geschichten nicht selten Scham und Beschämung hervorruft. Das Erschrecken über die sich einstellende Vertrautheit, über die Töne intimer Herzlichkeit, über die Dämme, die kein Halten mehr kennen – das befällt die Hauptfiguren so mancher Geschichte ebenso wie diejenigen, die ihre Geschichten überlieferten und weitererzählten. Protagonisten wie Überliefernde glaubten, es dem guten Ruf und kirchlichen Ansehen schuldig zu sein, einzelne Briefe, mehrere Briefe, ja ganze Briefsammlungen aus mehreren Jahrzehnten wegzusperren, zu bereinigen oder gar eigenhändig zu verbrennen. So als ob das, was sich ihnen zuschickte und was sich (auch) in ihren Briefen ausspricht, etwas ist, das »eigentlich« nicht sein darf.

Deshalb nicht sein darf, weil sie doch als Ordensmänner und Ordensfrauen dem Gebot der Enthaltsamkeit und damit dem Zölibat verpflichtet waren. Deshalb nicht sein darf, weil sie als Theologen von sich selbst oder weil andere von ihnen, den Theologen, erwarten, dass sie das, was sie von der Kanzel oder dem akademischen Katheder als moralischen Kodex des Christentums in seiner römisch-katholischen oder protestantischen Ausprägung predigen, auch selbst leben. Deshalb nicht sein darf, weil sie als Mütter an der Seite ihrer Kinder zu bleiben haben, statt in Passionen zu entflammen, die sie von diesen wegführen.

Scheitern wie Gelingen haben ihre je eigene Scham und Beschämung. Die Gründe dafür auf einen einzigen Aspekt zu reduzieren – ob das, was das Herz dieser Menschen-Paare weit und ohne Grenzen machte, »nur« eine geistliche, platonische amitié oder aber »mehr« war – greift viel zu kurz, weil Intimität auf Sexualität reduziert respektive mit dieser verwechselt wird. Dabei zeigen doch alle Geschichten, dass intime Nähe und vertrauter Verkehr nicht nur oder gar ausschließlich aus dem Eros des Begehrens erwächst, sondern in gleicher Weise aus dem geteilten Eros des Glaubens und des Denkens.

Ungleichzeitigkeit

Ein letztes, drittes Motiv sei zum Abschluss noch genannt: das der Ungleichzeitigkeit weiblicher und männlicher Lebensentwürfe. So synchron oder gar einmütig die gemeinsame Grundwahl der vorgestellten Paare auch ist, so verschieden sind dann doch die konkreten Wege, die für sie aus ihrem »experimentum passionis« folgen.

Die männlichen Hauptfiguren führt ihre Leidenschaft und die konkrete Wahl für den christlichen Weg in die nähere oder gar die weite Welt, die sie gestalten und die sie prägen: Sie gründen Orden oder lehren an Universitäten, sie schreiben Bücher und machen Konzilsgeschichte, sie gestalten die Geschicke ihrer Diözese. Kurz: Sie sind sichtbare und exponierte Protagonisten in der christlichen Frömmigkeits- und Theologiegeschichte. Und das auch dann, wenn sie die Option »Kloster« gewählt haben.

Die weiblichen Hauptfiguren aber führt ihre Passion und die konkrete Wahl, namentlich dann, wenn sie auf das Kloster fällt, oft aus der Welt und der Wahrnehmbarkeit heraus. Klara und Franz von Assisi sind beide Liebhaber von Frau Armut. Doch während diese Klara ein Leben lang hinter immer höher werdende Klostermauern »zwingt«, ist Franz mit seinen Ordensbrüdern in ganz Europa unterwegs. Während Franz von Sales als

Bischof die Geschicke seiner Diözese lenkt, führt zwar auch Madame Chantal als Äbtissin – im Rahmen zahlreicher Klostergründungen – zunächst ein unstetes Leben. Doch die ihr und ihren Mitschwestern aufgezwungene Klausur vermag sie letztlich nicht abzuwenden.

Der weibliche Rückzug aus der Welt ist zwar nicht immer, aber doch meist durch die gesellschaftlichen Rahmenbedingungen und Usancen der Zeit bedingt und letztlich auch der »Preis« für die Treue zur eigenen Wahl. Ein hoher Preis. Für so manche dieser Frauen geht dieser Rückzug einher mit zunehmender Passivität. Die ehemalige Ordensfrau Anna Katharina Emmerick legt sich nach ihrer Vertreibung aus dem Kloster für den ganzen Rest ihres Lebens ins Bett – nur mehr geistig bewegt sie sich: in den Räumen ihrer Gesichte und Visionen. So auch Adrienne von Speyr, deren Weg mit Hans Urs von Balthasar letztlich zum Rückzug aus der (Arbeits-)Welt führt und in Bettlägerigkeit und Erblindung mündet. Karl Barths Ehefrau Nelly erstarrt zunehmend und vermag bald nicht einmal mehr den häuslichen Raum und Rahmen zu füllen. Andere Frauen hingegen gestalten mit großem Geschick die begrenzten Räume: Heloise zeigt als Äbtissin eine ebenso glückliche Hand in der Verwaltung und Vermehrung des Klostervermögens wie Mère Chantal. Katharina von Bora erweist sich ebenfalls als Meisterin der Ökonomie und sichert und mehrt das Luther'sche Vermögen. Klara von Assisi verfasst als erste Frau in der Geschichte des Christentums eine eigene Ordensregel für sich und ihre Mitschwestern und Charlotte von Kirschbaum schreibt faktisch Theologiegeschichte, auch wenn sie nicht als Autorin genannt wird.

Nachwort

Wenn wir an dieser Stelle die Motivsuche über die Grenzen der einzelnen Geschichten hinweg abbrechen, dann nicht deshalb, weil sich das Aufmerken, weil sich der Hall und der Widerhall in den drei genannten Motiven erschöpft und es über sie hinaus keine anderen gäbe. Das Gegenteil ist der Fall. Die Querverbindungen im Motivischen sind so reich und so vielfältig, dass es nachgerade unmöglich ist, vollständig zu sein.

Es ist aber im Rahmen dieses Buches nicht nur nicht möglich, sondern auch gar nicht nötig, vollständig zu sein. Gewiss: Es wäre durchaus reizvoll, die vielen Motive, die in den Passionsgeschichten dieser acht Paare anklingen, zu inventarisieren und zu katalogisieren, um sie dann mit den Methoden der Wissenschaft psychologisch, sozialhistorisch und theologisch auszuleuchten. Doch das wäre wieder eine andere, eine neue Geschichte, die nach einem ganz anderen literarischen Genre verlangte. Diese ist nicht mehr von der theologischen Hintertreppe aus, sondern nur mehr von der »Bel étage« der einzelnen Wissenschaftsdisziplinen zu leisten.

Und so kommt dieses Buch, und so kommen damit auch die darin vorgestellten Zwiegespräche von Herz zu Herz hier nun zu ihrem definitiven Ende. Wir verlassen die theologische Hintertreppe. Wer weiß, vielleicht ist ja die ein oder andere Leserin, ist der ein oder andere Leser durch die Lektüre ermutigt worden, auf eigene Faust die Welt der christlichen Frömmigkeitsgeschichte zu erkunden. Sei es, dass sie Lust bekommen haben, an die geografischen Orte zu reisen, wo diese Paare sich gefunden haben. Sei es, dass sie Lust bekommen haben, die geistig-geistlichen Räume und Landschaften zu besuchen, die diese Paare bewohnt haben. Und wer weiß, wessen Wege sich dann auf welchen Zufahrtsstraßen wo kreuzen werden.

Anmerkungen

Da sich dieser Band dem journalistisch-literarischen Genre verpflichtet weiß und sich nicht primär an ein Fachpublikum richtet, glaubten wir im Sinne der Lesbarkeit auf einen wissenschaftlichen Anmerkungsapparat verzichten zu können. Die zugrunde gelegte, teils referierte, teils paraphrasierte Sekundärliteratur wird aber im Anschluss an die einzelnen Kapitel jeweils ausgewiesen, sodass deutlich und nachvollziehbar wird, auf welchen Schultern wir stehen und woraus wir unsere Einsichten beziehen.

Ganz ohne Fußnoten kommt aber auch dieser Band nicht aus. Sie wurden so sparsam wie möglich gesetzt und namentlich dort, wo die Protagonisten dieses Bandes selbst zu Wort kommen, sprich bei Zitaten aus den Primärquellen. Um die Anzahl der Anmerkungen zu begrenzen sind, wo mehrere Zitate kurz aufeinanderfolgen, die einzelnen Quellenangaben in einer Fußnote am Ende des Satzes beziehungsweise des Abschnitts zusammengefasst.

Kapitel 1: Nachgetragene Liebe

1 Briefwechsel II, S.7.

2 Briefwechsel I, S.2.

3 Briefwechsel I, S.12.

4 Briefwechsel I, S.12.

5 Briefwechsel II, S.8.

6 Briefwechsel I, S.12.

7 Briefwechsel I, S.13.

8 Briefwechsel I, S.14.

9 Briefwechsel I, S.16.

10 Brenda M. Cook, One Astralabe or two?

11 Briefwechsel II, S.7.

12 Briefwechsel I, S.18.

13 Briefwechsel I, S.24.

14 Briefwechsel V, S.14.

15 Briefwechsel I, S.24.

16 Briefwechsel I, S.25.

17 Briefwechsel I, S.37.

18 Briefwechsel I, S.43.

19 Briefwechsel I, S.45.

20 Briefwechsel I, S.45.

21 Briefwechsel V, S.16.

22 Briefwechsel V, S.15.

23 Briefwechsel V, S.16.

24 Briefwechsel II, S.9.

25 Briefwechsel II, S.7.

26 Briefwechsel II, S.9.

27 Briefwechsel I, S.49.

28 Briefwechsel I, S.50.

29 Briefwechsel I, S.49.

30 Briefwechsel V, S.12.

31 Briefwechsel VI, S.1.

32 Briefwechsel X, S.1.

33 Briefwechsel VI, S.2.

34 Briefwechsel VI, S.4.

35 Briefwechsel VI, S.10.

36 Briefwechsel VIII, S.108.

37 Rinser, Abaelards Liebe, S.7.

Kapitel 2: Nie mehr getrennt, wenn die Rosen blühen

1 1 Cel 18, in: Celano, Leben und Wunder des heiligen Franziskus, S.80.

2 Vgl. Feld, Franziskus von Assisi und seine Bewegung, S.31–32.

3 2 Cel 10, in: Celano, Leben und Wunder des heiligen Franziskus, S.234.

4 2 Cel 12, in: Celano, Leben und Wunder des heiligen Franziskus, S.236.

5 1 Cel 7, in: Celano, Leben und Wunder des heiligen Franziskus, S.69.

6 1 Cel 21, in: Celano, Leben und Wunder des heiligen Franziskus, S.83.

7 Thomas von Celano, Leben der heiligen Klara von Assisi, in: Leben und Schriften der heiligen Klara, S.38–39.

8 Testament Franz von Assisi, zitiert nach der Übersetzung von Feld, Franziskus von Assisi (2001), S.27.

9 Das Testament der heiligen Klara, Nr. 9, in: Leben und Schriften der heiligen Klara S.111.

10 Thomas von Celano, Leben der heiligen Klara von Assisi, in: Leben und Schriften der heiligen Klara, S.43.

11 Thomas von Celano, Leben der heiligen Klara von Assisi, in: Leben und Schriften der heiligen Klara, S.48.

12 Thomas von Celano, Leben der heiligen Klara von Assisi, in: Leben und Schriften der heiligen Klara, S.40–41.

13 Thomas von Celano, Leben der heiligen Klara von Assisi, in: Leben und Schriften der heiligen Klara, S.50.

14 Thomas von Celano, Leben der heiligen Klara von Assisi, in: Leben und Schriften der heiligen Klara, S.46.

15 2 Cel 204, in: Celano, Leben und Wunder des heiligen Franziskus, S.417.

16 2 Cel 205, in: Celano, Leben und Wunder des heiligen Franziskus, S.418.

17 2 Cel 207, in: Celano, Leben und Wunder des heiligen Franziskus, S.420.

18 2 Cel 111, in: Celano, Leben und Wunder des heiligen Franziskus, S.334.

19 Volkslegende, zitiert nach Rotzetter, Klara und Franziskus, S.41–42.

20 Fioretti, S.52–54.

21 Fioretti, S.52.

22 Fioretti, S.53.

23 Fioretti, S.54.

24 Zeugnis der Schwester Filippa, Tochter des Herrn Leonardo di Gislerio aus den Akten des Heiligsprechungsprozess für Klara, zitiert nach Kreidler-Kos – Röttger – Kuster, Klara von Assisi, S.111–112.

25 Das Testament der heiligen Klara Nr. 11, in: Leben und Schriften der heiligen Klara, S.112.

26 Thomas von Celano, Leben der heiligen Klara von Assisi, in: Leben und Schriften der heiligen Klara, S.67.

27 1 Cel 94–95, in: Celano, Leben und Wunder des heiligen Franziskus, S.162–163.

28 2 Cel 116, in: Celano, Leben und Wunder des heiligen Franziskus, S.339.

29 Auszug aus dem Sonnengesang des Franziskus (»Canticum Fratris Solis«), zitiert nach der Übersetzung durch Feld, Franziskus von Assisi (2001), S.57.

30 1 Cel 109, in: Celano, Leben und Wunder des heiligen Franziskus, S.180.

31 1 Cel 116, in: Celano, Leben und Wunder des heiligen Franziskus, S. 181; S.189.

32 Thomas von Celano, Leben der heiligen Klara von Assisi, in: Leben und Schriften der heiligen Klara, S.67.

Kapitel 3: Sein »Herr Käthe« und ihr »Herr Doctor«

1 Hofmann, Katharina von Bora, S.165–166.

2 Thoma, Katharina von Bora, S.3.

3 Kroker, Katharina von Bora, S.53.

4 WA Werke 11, S.394–395.

5 Albrecht Steinwachs, Der Reformations-Altar von Lucas Cranach der Ältere in der Stadtkirche St. Marien, Lutherstadt Wittenberg. Spröda 1998.

6 WA Briefe 3, S.358.

7 WA Briefe 3, S.475.

8 WA Briefe 3, S.474–475.

9 WA Briefe 3, S.522.

10 WA Briefe 3, S.480.

11 WA Briefe 3, S.482.

12 WA Tischreden 2, S.135 (Nr.1563).

13 Zitiert nach Hofmann, Katharina von Bora, S.33.

14 WA Briefe 3, S.537–538.

15 WA Briefe 3, S.538–539.

16 WA Tischreden 3, S.212.

17 Weber, Die Möncherey, S.59.

18 WA Briefe 11, S.149 und 275.

19 WA Briefe 3, S.539.

20 WA Briefe 7, S.285.

21 WA Tischreden 1, S.73 (Nr.154).

22 WA Briefe 5, S.174 u.ö.

23 WA Briefe 6, S.312.

24 WA Briefe 11, S.275, 291 und 149.

25 WA Tischreden 1, S.17 (Nr.49).

26 WA Briefe 9, S.175.

27 WA Briefe 11, S.276.

28 WA Briefe 9, S.174.

29 WA Briefe 11, S.286.

30 WA Briefe 8, S.55.

31 WA Tischreden 5, S.191 (Nr.5494).

32 De Wette – Seidemann, Dr. Martin Luther's Briefe V, S.529.

33 De Wette – Seidemann, Dr. Martin Luther's Briefe VI, S.650.

Kapitel 4: Mein Verlangen, Sie zu lieben

1 Briefe Franz (Heine 1929), S.9.

2 Briefe Franz (Heine 1929), S.9. 14.19.26 u.ö.; S.57 u.ö.; S.89.99.250 u.ö.; S.158.

3 Briefe Franz (Heine 1929), S.67.

4 Briefe Franz (Heine 1929), S.18.

5 Briefe Franz (Heine 1929), S.113; S.125.

6 Briefe Johanna Franziska (Heine 1929), S.52; S.59.

7 Briefe Johanna Franziska (Heine 1929), S.8.

8 Briefe Franz (Heine 1929), S.28–29.

9 Briefe Johanna Franziska (Heine 1929), S.26.

10 Franz von Sales, Briefe (Reisinger 1990), S.274.

11 Briefe Franz (Heine 1929), S.309.

12 Briefe Franz (Heine 1929), S.13.

13 Briefe Franz (Heine 1929), S.185.

14 Briefe Franz (Heine 1929) S.252; S.25; S.62.

15 Briefe Franz (Heine 1929), S.148.

16 Briefe Franz (Heine 1929), S.39.

17 Briefe Franz (Heine 1929), S.103; S.128.

18 Briefe Franz (Heine 1929), S.121.

19 Briefe Franz (Heine 1929), S.149.

20 Briefe Franz (Heine 1929), S.112.

21 Briefe Franz (Heine 1929), S.145.

22 Briefe Franz (Heine 1929), S.284; S.159; S.57; Briefe Johanna Franziska (Heine 1929), S.41 (Brief Franz vom 18. Mai 1616, hier abgedruckt S.40–41).

23 Briefe Franz (Heine 1929), S.56.

24 Briefe Franz (Heine 1929), S.317–318.

25 Briefe Franz (Heine 1929), S.145; S.103.

26 Briefe Franz (Heine 1929), S.145

27 Briefe Franz (Heine 1929), S.316; S.121; S.105.

28 Briefe Franz (Heine 1929), S.169.

29 Briefe Franz (Heine 1929), S.173; S.172.

30 Briefe Johanna Franziska (Heine 1929), S.45.

31 Briefe Johanna Franziska (Heine 1929), S.46.

32 Briefe Johanna Franziska (Heine 1929), S.85.

33 Franz von Sales, Briefe (Reisinger 1990), S.264.283.288.300.312 u.ö.

34 Franz von Sales, Briefe (Reisinger 1990), S.286.

35 Franz von Sales, Briefe (Reisinger 1990), S.335.

Kapitel 5: Liebeswund(en)

1 FBA 28/1, S.575.

2 Hensel, Nachtgebet, in: Freund, Müde bin ich, geh zur Ruh, S.100.

3 Schultz, Schmetterling, S.402; Schultz, Clemens Brentano S.146.

4 Vgl. Schultz, Clemens Brentano.

5 Achim von Arnim und Clemens Brentano, Bd. 1, S.37.

6 FBA 28/1, S.437.

7 FBA 28/1, S.272; S.438; S.259; S.438; S.247.

8 FBA 28/1, S.325–326.

9 FBA 28/1, S.347; S.341; S.341; S.345; S.346.

10 FBA 28/1, S.13.

11 FBA 28/1, S.449–450.

12 FBA 33, S.252; S.253; S.251.

13 FBA 33, S.346; S.332.

14 FBA 33, S.340; S.335–336; S.343; S.346.

15 FBA 33, S.342.

16 FBA 33, S.396; S.400.

17 FBA 33, S.403.

18 Hensel, Erinnerungen, S.381.

19 FBA 34, S.48–49.

20 Hensel, Erinnerungen, S.356–357.

21 Wesener an Brentano (11. Februar 1819), in: Hümpfner, Akten (1929), S.399; S.400.

22 FBA 34, S.50–51.

23 Emmerick an Brentano (11. Februar 1819), in: Hümpfner, Akten (1929), S.398–399.

24 FBA 34, S.52.

25 Hensel, Erinnerungen, S.355.

26 Hensel, Erinnerungen, S.356.

27 Hensel, Erinnerungen, S.357, Anm.3.

28 FBA 34, S.47.

29 FBA 34, S.66–68.

30 Emmerick an Hensel (8. Mai 1819), in: Hümpfner, Akten (1929), S.341.
31 Wesener an Brentano (19. April 1819), in: Hümpfner, Akten (1929), S. 416.
32 FBA 34, S.48.
33 FBA 34, S.74–76.
34 FBA 34, S.77–78.
35 FBA 34, S.114.
36 FBA 34, S.207; 211.
37 FBA 28/1, S.408.
38 Das Leben unseres Herrn und Heilandes Jesu Christi. Nach den Gesichten der gottseligen Anna Katharina Emmerich aufgeschrieben von Clemens Brentano. Bd. 1, Regensburg 1858, S.LIV-LV.
39 Arnim, Briefe IV, S.235.
40 Arnim, Briefe IV, S.234–235.
41 Achim und Bettina in ihren Briefen Bd. 1, S.253–254.
42 Hensel, Erinnerungen, S.385.
43 Hensel, Erinnerungen, S.365; S.384.
44 FBA 28/1, S.408.
45 FBA 28/1, S.410.
46 Das Leben unseres Herrn und Heilandes Jesu Christi. Nach den Gesichten der gottseligen Anna Katharina Emmerich aufgeschrieben von Clemens Brentano. Bd. 1, Regensburg 1858, S.LXXXVIII.

Kapitel 6: Das strengste Urteil wider mein irdisches Leben

1 Briefwechsel Barth – Kirschbaum Bd. 1, S.XX Anm.1; S.27.
2 Briefwechsel Barth – Kirschbaum Bd. 1, S.32.
3 Briefwechsel Barth – Kirschbaum Bd. 1, S.XIX.
4 Briefwechsel Barth – Kirschbaum Bd. 1, S.25.5
5 Autobiographische Skizzen, in: Briefwechsel Barth – Bultmann, S.301; S.296.
6 Autobiographische Skizzen, in: Briefwechsel Barth – Bultmann, S.290.

7 Briefwechsel Barth – Brunner, S.14–15.

8 Unveröffentlicht, zitiert nach Busch, Karl Barth, S.140 mit S.526 Anm.12.

9 Autobiographische Skizzen, in: Briefwechsel Barth – Bultmann, S.299.

10 Friedrich Gogartens Briefwechsel, S.195.

11 Briefwechsel Barth – Kirschbaum Bd. 1, S.23.

12 Briefwechsel Barth – Kirschbaum Bd. 1, S.20–21.

13 Briefwechsel Barth – Kirschbaum Bd. 1, S.21–22.

14 Briefwechsel Barth – Kirschbaum Bd. 1, S.24; S.23–24; S.30.

15 Briefwechsel Barth – Kirschbaum Bd. 1, S.27; S.24.

16 Briefwechsel Barth – Kirschbaum Bd. 1, S.25; S.28–29.

17 Briefwechsel Barth – Kirschbaum Bd. 1, S.31; S.24.

18 Briefwechsel Barth – Kirschbaum Bd. 1, S.35.

19 Briefwechsel Barth – Kirschbaum Bd. 1, S.72; S.156; S.129; S.104; S.200; S.81; S.217; S.435.

20 Briefwechsel Barth – Kirschbaum Bd. 1, S.46–49.

21 Briefwechsel Barth – Kirschbaum Bd. 1, S.78; S.85.

22 Briefwechsel Barth – Thurneysen Bd. 2, S.662.

23 Briefwechsel Barth – Kirschbaum Bd. 1, S.88.

24 Briefwechsel Barth – Kirschbaum Bd. 1, S.XIX.

25 Briefwechsel Barth – Kirschbaum Bd. 1, S.83.

26 Briefwechsel Barth – Kirschbaum Bd. 1, S.174.

27 Barth, Kirchliche Dogmatik Bd. III/3, Vorwort S.VII.

28 Briefwechsel Barth – Thurneysen Bd. 3, S.378.

29 Briefwechsel Barth – Kirschbaum Bd. 1, S.139.

30 Briefwechsel Barth – Kirschbaum Bd. 1, S.138.

31 Briefwechsel Barth – Kirschbaum Bd. 1, S.140.

32 Nelly Barth an Anna Barth, in: Briefwechsel Barth – Thurneysen Bd. 3, S.35–36.

33 Briefwechsel Barth – Thurneysen Bd. 3, S.404; Briefwechsel Barth – Kirschbaum Bd. 1, S.289.

34 Briefwechsel Barth – Thurneysen Bd. 3, S.34; S.378; S.379.

35 Karl Barth an Nelly Barth, in: Briefwechsel Barth – Thurneysen Bd. 3, S.372.

36 Karl Barth an Nelly Barth, in: Briefwechsel Barth – Thurneysen Bd. 3, S.373–374.

37 Kirschbaum an Thurneysen, in: Briefwechsel Barth – Thurneysen Bd. 3, S.401.

38 Briefwechsel Barth – Thurneysen Bd. 3, S.403 Anm.7.

39 Briefwechsel Barth – Kirschbaum Bd. 1, S.291.

40 Autobiographische Skizzen, in: Briefwechsel Barth – Bultmann, S.302.

41 Gertrud Lindt an Charlotte Kirschbaum, in: Briefwechsel Barth – Thurneysen Bd. 3, S.827 Anm.1; S.828 Anm.1.

42 Briefwechsel Barth – Kirschbaum Bd. 1, S.288; S.483; S.553–554; S.556; S.547.

43 Briefwechsel Barth – Kirschbaum Bd. 1, S.419.

44 Briefwechsel Barth – Thurneysen Bd. 3, S.373; S.922.

45 Briefwechsel Barth – Kirschbaum Bd. 1, S.246.

46 Briefwechsel Barth – Kirschbaum Bd. 1, S.217; S.435; S.115; S.392.

47 Briefwechsel Barth – Kirschbaum Bd. 1, S.277.

48 Briefwechsel Barth – Thurneysen Bd. 3, S.674.

49 Briefwechsel Barth – Thurneysen Bd. 3, S.843.

50 Briefwechsel Barth – Kirschbaum Bd. 1, S.159.

51 Barth, Briefe 1961–1968, S.408–410; S.478.

52 Barth, Briefe 1961–1968, S.476.

Kapitel 7: Zwei Hälften eines Ganzen

1 Balthasar, Rechenschaft [1965], in: Mein Werk, S.71.

2 Biser, Das Leuchten im Antlitz Jesu.

3 Balthasar, Unser Auftrag, S.17.

4 Speyr, Aus meinem Leben, S.7.

5 Balthasar, Vorwort, in: Speyr, Aus meinem Leben, S.7–8.

6 Balthasar, Erster Blick, S.9.

7 Speyr, Aussagen über sich selbst, S.121–122.

8 Speyr, Aus meinem Leben, S.16.

9 Speyr, Aus meinem Leben, S.352.

10 Speyr, Aus meinem Leben 342; S.17; S.18.

11 Speyr, Aussagen über sich selbst, S.118; S.117; S.114.

12 Speyr, Aus meinem Leben, S.155.

13 Balthasar, Erster Blick, S.25.

14 Speyr, Aussagen über sich selbst, S.142.

15 Balthasar, Erster Blick, S.25.

16 Balthasar, Unser Auftrag, S.30; S.31.

17 Balthasar, Unser Auftrag, S.31.

18 Balthasar, Unser Auftrag, S.32.

19 Balthasar, Warum ich Priester wurde, S.400.

20 Speyr, Aussagen über sich selbst, S.146.

21 Speyr, Aus meinem Leben, S.219.

22 Balthasar, Unser Auftrag, S.23.

23 Balthasar, Nachwort, in: Claudel, Der seidene Schuh, S.381.

24 Balthasar, Unser Auftrag, S.37.

25 Balthasar, Nachwort, in: Claudel, Der seidene Schuh, S.401.

26 Balthasar, Unser Auftrag, S.29.

27 Balthasar, Erster Blick, S.31.

28 Balthasar, Erster Blick, S.31.

29 Balthasar, Unser Auftrag, S.50.

30 Aus Adriennes Briefen, in: Balthasar, Unser Auftrag, S.80.

31 Balthasar, Unser Auftrag, S.62.

32 Aus Adriennes Briefen, in: Balthasar, Unser Auftrag, S.79.

33 Aus Adriennes Briefen, in: Balthasar, Unser Auftrag, S.74.

34 Balthasar, Unser Auftrag, S.44; S.40.

35 Greiner, Johannesgemeinschaft, S.145; S.140.

36 Balthasar, Abschiedsbrief, S.405–406.

37 Balthasar, Erster Blick, S.38.

38 Speyr, Erde und Himmel, Bd. 3, S.227.

39 Balthasar, Erster Blick, S.40.

40 Balthasar, Bekenntnis zu Mozart, S.61–62.

41 Balthasar, Erster Blick, S.10.

42 Balthasar, Erster Blick, S.11.

43 Ratzinger, Ein Mann der Kirche, S.353.

44 Nicht edierter Brief Barths an seine Söhne (14.9.1953), zitiert nach Busch, Karl Barths Lebenslauf, S.437.

45 Nicht edierter Brief Barths an Christoph Barth (31.5.1941), zitiert nach Busch, Karl Barths Lebenslauf, S.316.

46 Nicht edierter Brief Barths an Christoph Barth (15.2.1949), zitiert nach Busch, Karl Barths Lebenslauf, S.376.

47 Rinser, Gratwanderung, S.398.

48 Gratwanderung, S.417.

Kapitel 8: Gratwanderung und Absturz

1 Rinser, Saturn auf der Sonne, S.149.

2 Gratwanderung, S.9.

3 Gratwanderung, S.9–10.

4 Gratwanderung, S.17; S.15; S.16; S.22.

5 Gratwanderung, S.25.

6 Gratwanderung, S.33; S.43; S.31; S.39.

7 Gratwanderung, S.46; S.49; S.48; S.44; S.48.

8 Gratwanderung, S.49; S.111; S.86; S.100; S.221.

9 Gratwanderung, S.185.

10 Gratwanderung, S.150–151.

11 Gratwanderung, S.230; S.160; S.121; S.176.

12 Gratwanderung, S.162; S.399; Saturn auf der Sonne, S.215; Gratwanderung, S.173.

13 Gratwanderung, S.97.

14 Gratwanderung, S.117; S.125.

15 Gratwanderung, S.23; S.26.

16 Gratwanderung S.92–93.

17 Gratwanderung, S.229–230.

18 Gratwanderung, S.196.

19 Gratwanderung, S.186; S.188; S.194.

20 Gratwanderung, S.17.

21 Rahner, Im Gespräch Bd. 2, S.158.

22 Gratwanderung, S.58.

23 Gratwanderung S.111.

24 Gratwanderung, S.109.

25 Saturn auf der Sonne, S.235.

26 Gratwanderung, S.250.

27 Gratwanderung, S.140–141.

28 Saturn auf der Sonne, S.225; S.234.

29 Gratwanderung, S.216–217; S.246.

30 Gratwanderung, S.214; S.247; S.278; S.371.

31 Gratwanderung, S.25; Saturn auf der Sonne, S.228; Gratwanderung, S. 79.

32 Saturn auf der Sonne, S.162; S.237.

33 Gratwanderung, S.274; S.271.

34 Gratwanderung, S.271.

35 Gratwanderung, S.276–277.

36 Gratwanderung, S.403; S.412.

37 Rahner, Von der Größe und dem Elend, S.89; S.102.

38 Rahner, Bekenntnisse, S.50.

39 Rahner, Bekenntnisse, S.58

40 Saturn auf der Sonne, S.238.

41 Saturn auf der Sonne, S.165.

42 Rinser, Abaelards Liebe, S.96.

Bild- und Textnachweis

S.13 Heloise und Abaelard, Kupferstiche © akg-images, Berlin

S.39 Franz von Assisi, Cimabue (ca. 1240–1302), Gekrönte Madonna mit Kind, vier Engeln und dem heiligen Franziskus (Detail); Klara von Assisi, Fresko von Simone Martini (14. Jh.), beide in der Kapelle der Unterkirche der Basilika San Francesco, Assisi, Fotos: Kösel-Archiv

S.63 Luther und Katharina von Bora, Lucas Cranach d.Ä. (1472–1553). Öl auf Holz, je 37 x 23 cm. Galleria degli Uffizi, Florenz © akg-images, Berlin

S.95 Franz von Sales, nach einem Kupferstich von G. Bonafede di Roma, 1707, im Heimsuchungskloster von Beuerberg, Bayern. © Foto: Herbert Winklehner OSFS, Franz Sales Verlag, Eichstätt, Bayern; Johanna Franziska von Chantal, Gemälde im Heimsuchungskloster von Dietramszell, Bayern. © Foto: Herbert Winklehner OSFS, Franz Sales Verlag, Eichstätt, Bayern

S.123 Clemens von Brentano, nach der Radierung von Ludwig Emil Grimm 1837 © akg-images, Berlin; Luise Hensel, Stich © Ullsteinbild, Berlin; Anna Katharina Emmerick, Zeichnung 1879, von Zodel nach einem zeitgenössischen Bildnis © akg-images, Berlin

S.159 © Karl-Barth-Archiv, Basel

S.191 Hans Urs v. Balthasar und Adrienne von Speyr, Portraits von Monika Neuser, München © Kösel-Verlag 2011; Balthasar nach einem Foto des Herder-Verlags

S.212 Luise Rinser, Karl Rahner, Fotos: Kösel-Archiv

Luise Rinser, Saturn auf der Sonne © S.Fischer Verlag GmbH, Frankfurt am Main 1994

Luise Rinser, Abaelards Liebe © S.Fischer Verlag GmbH, Frankfurt am Main 1991

Luise Rinser, Gratwanderung © Kösel-Verlag, München, in der Verlagsgruppe Random House GmbH, München 1994